BLAUE
REIHE

Aus der BLAUEN REIHE empfehlen wir:

**Strategisches Management
im Sozialen Bereich**
978-3-8029-5473-3

**Personalmanagement
in Sozialunternehmen**
978-3-8029-5489-4

**Krisenfestigkeit sozialwirtschaftlicher
Unternehmen**
978-3-8029-5499-3

**Kostenmanagement
in Sozialunternehmen**
978-3-8029-5498-6

Wir freuen uns über Ihr Interesse an diesem Buch. Gerne stellen wir Ihnen zusätzliche Informationen zu diesem Programmsegment zur Verfügung.

Bitte sprechen Sie uns an:

E-Mail: WALHALLA@WALHALLA.de
http://www.WALHALLA.de

Walhalla Fachverlag · Haus an der Eisernen Brücke · 93042 Regensburg
Telefon 0941/56 84-0 · Telefax 0941/56 84-111

Jochen Ribbeck

QUALITÄTS-MANAGEMENT IN DER SOZIALWIRTSCHAFT

Grundlagen – Qualitätsmanagementsysteme – Implementierung und Steuerung

2., neu bearbeitete Auflage

Bibliografische Information der Deutschen Nationalbibliothek
Die Deutsche Nationalbibliothek verzeichnet diese Publikation in der Deutschen Nationalbibliografie;
detaillierte bibliografische Daten sind im Internet über www.dnb.de abrufbar.

Zitiervorschlag:
Ribbeck, J. (2022): Qualitätsmanagement in der Sozialwirtschaft
Walhalla Fachverlag, Regensburg

Herausgeber der BLAUEN REIHE sind:

- Prof. Dr. Paul Brandl, Fachhochschule Oberösterreich
- Prof. Dr. Thomas Prinz, Fachhochschule Oberösterreich
- Prof. Dr. Klaus Schellberg, Evangelische Hochschule Nürnberg
- Prof. Dr. Armin Schneider, Hochschule Koblenz

Beiräte der BLAUEN REIHE sind:

- Prof. Dr. Thomas Beyer, Katholische Universität Eichstätt-Ingolstadt
- Christian Koch, Diplom-Kaufmann, Unternehmensberater npo consult
- Stefanie Krones, Caritasdirektorin, Caritasverband Westerwald-Rhein-Lahn e.V.
- Daniela Palk, Vorständin Diakoniewerk Gallneukirchen, Österreich
- Nina Taubenreuther, Kaufmännische Geschäftsführerin des Vereins „Die Zweitzeugen e.V."

Weitere Infos zur BLAUEN REIHE finden Sie unter: www.fokus-sozialmanagement.de

Hinweis: Unsere Werke sind stets bemüht, Sie nach bestem Wissen zu informieren. Alle Angaben in diesem Buch sind sorgfältig zusammengetragen und geprüft. Durch Neuerungen in der Gesetzgebung, Rechtsprechung, neue wissenschaftliche Erkenntnisse sowie durch den Zeitablauf ergeben sich zwangsläufig Änderungen. Bitte haben Sie deshalb Verständnis dafür, dass wir für die Vollständigkeit und Richtigkeit des Inhalts keine Haftung übernehmen.

© Walhalla u. Praetoria Verlag GmbH & Co. KG, Regensburg
Alle Rechte, insbesondere das Recht der Vervielfältigung und Verbreitung
sowie der Übersetzung, vorbehalten. Kein Teil des Werkes darf in
irgendeiner Form (durch Fotokopie, Datenübertragung oder ein anderes
Verfahren) ohne schriftliche Genehmigung des Verlages reproduziert oder
unter Verwendung elektronischer Systeme gespeichert, verarbeitet,
vervielfältigt oder verbreitet werden.
Produktion: Walhalla Fachverlag, 93042 Regensburg
Umschlaggestaltung: grubergrafik, Augsburg
Printed in Germany
ISBN 978-3-8029-5497-9

Gesamtinhaltsverzeichnis

Verzeichnis der Grafiken und Tabellen		9
Abkürzungsverzeichnis		12
Vorwort zur 1. Auflage		13
Vorwort zur 2. Auflage		15
1.	**Einführung**	17
2.	**Begriffliche und konzeptionelle Grundlagen**	19
2.1	Qualität	19
2.1.1	Grundlegende Begriffsklärung	19
2.1.2	Besonderheiten des Qualitätsverständnisses in der Sozialwirtschaft	21
2.2	Qualitätsmodelle	23
2.2.1	Qualitätsdimensionen nach Donabedian	23
2.2.2	Das Modell der Dienstleistungsqualität nach Parasuraman, Zeithaml und Berry	25
2.2.3	Das Kano-Modell	27
2.2.4	Qualitätsdimensionen nach Maxwell	28
2.2.5	Modell der integrierten Qualitätsentwicklung nach Meinhold und Matul	29
2.3	Qualitätsmanagement	30
2.3.1	Historischer Kontext	30
2.3.2	Qualitätsmanagement als qualitätsorientierte Steuerung der Organisation	32
2.4	Einordnung des Qualitätsmanagements in sozialwirtschaftlichen Organisationen	33
2.5	Qualitätsmanagement und Recht	34
3.	**Grundsätze des Qualitätsmanagements**	36
3.1	Anspruchsgruppenorientierung	36
3.2	Kontinuierliche Verbesserung	38
3.3	Prozessorientierung	40
3.4	Qualitätsmessung	42
3.5	Beteiligungsorientierung	43
3.6	Führungsverantwortung	43

Gesamtinhaltsverzeichnis

4.	**Qualitätsmanagementsysteme**	45
4.1	DIN EN ISO 9001	45
4.1.1	Entwicklung und Struktur der DIN EN ISO 9000er Normenreihe	45
4.1.2	Managementgrundsätze der DIN EN ISO 9000ff.	46
4.1.3	Grundidee der DIN EN ISO 9001:2015	47
4.1.4	Prozessmodell der DIN EN ISO 9001:2015	48
4.1.5	Besonderheiten des Revisionsstands 2015	49
4.1.6	Kapitelstruktur der DIN EN ISO 9001:2015	50
4.1.7	Dokumentierte Information	53
4.1.8	Auditierung und Zertifizierung	55
4.2	Struktur und Excellenceorientierung der DIN EN ISO 9004:2018	57
4.3	EFQM	61
4.3.1	Entwicklung und Ansatz von EFQM	62
4.3.2	Kriterienmodell	63
4.3.3	RADAR-Matrix	67
4.3.4	Anwendungsoptionen des EFQM-Modells, Preisverfahren	74
4.4	Kritische Bewertung der Qualitätsmanagementsysteme	75
5.	**Branchenspezifische Qualitätsmanagementkonzepte**	78
5.1	GAB-Verfahren	78
5.1.1	Entwicklung und Ansatz des GAB-Verfahrens	78
5.1.2	Modell des GAB-Verfahrens	79
5.1.3	Instrumente und Organisation des GAB-Verfahrens	81
5.2	KTQ	83
5.2.1	Entwicklung und Ansatz von KTQ	83
5.2.2	KTQ-Modell und Kategorien	83
5.2.3	Bewertungsverfahren	86
5.2.4	Fremdbewertung, Zertifizierung	89
5.3	Das Aachener Qualitätsmanagementmodells und Q.Wiki	90
5.3.1	Entwicklung und Ansatz des Aachener Modells	90
5.3.2	Kernelemente	91
5.3.3	Q.wiki	93

6.	**Implementierung und Steuerung von Qualitätsmanagement**	95
6.1	Strategische Vorüberlegungen	95
6.1.1	Einführung von Qualitätsmanagement als Change-Vorhaben	95
6.1.2	Strategische Ausrichtung des Qualitätsmanagements	97
6.1.3	Wahl des Qualitätsmanagementsystems	98
6.2	Organisation des Qualitätsmanagements	98
6.2.1	Aufbauorganisation	98
6.2.2	Ablauforganisation	101
6.2.3	Qualitätszirkel	102
6.3	Qualitätsplanung	103
6.3.1	Ermittlung von Qualitätsforderungen	103
6.3.2	Zielentwicklung	105
6.3.3	Qualitätsstandards	106
6.4	Prozessmanagement	108
6.4.1	Entwicklung einer Prozesslandkarte	108
6.4.2	Prozesssteuerung	110
6.5	Qualitätsdokumentation	111
6.5.1	Zweck und Systematik der Qualitätsdokumentation	111
6.5.2	Prozessbeschreibung	115
6.6	Qualitätsmessung und -bewertung	118
6.6.1	Grundbegriffe	119
6.6.2	Qualitätskennzahlen, -indikatoren	120
6.6.3	Verfahren der Qualitätsmessung	122
6.7	Qualitätscontrolling	123
6.7.1	Controlling und Qualitätscontrolling	123
6.7.2	Elemente des Qualitätscontrolling	124
6.7.3	Controlling über die Balanced Scorecard	126
7.	**Qualitätswerkzeuge**	129
7.1	Fischgrätendiagramm	129
7.2	Fehlersammelkarte	131
7.3	Relationendiagramm	131

Gesamtinhaltsverzeichnis

7.4	SERVQUAL	132
7.5	SIPOC-Analyse	133
7.6	CtQ-Analyse	135
8.	**Funktionale Schnittstellen des Qualitätsmanagements**	**138**
8.1	Beschwerdemanagement	138
8.2	Fehlermanagement	139
8.3	Risikomanagement	140
9.	**Qualitätskosten**	**145**
Literaturverzeichnis		**147**
Stichwortverzeichnis		**153**

Verzeichnis der Grafiken und Tabellen

Abb. 1:	Qualitätswaage. Eigene Darstellung nach Geiger	19
Abb. 2:	Qualitätsmerkmale und Merkmalswerte	20
Abb. 3:	Zweistufige Dienstleistungsproduktion	22
Abb. 4:	Beispiele zu den Qualitätsdimensionen nach Donabedian	24
Abb. 5:	Zusammenhang zwischen Struktur-, Prozess- und Ergebnisqualität	25
Abb. 6:	GAP-Modell der Dienstleistungsqualität	25
Abb. 7:	Kano-Modell	27
Abb. 8:	Ansatz zur Integration der verschiedenen Qualitätsperspektiven	29
Abb. 9:	Integrierte Qualitätsspirale, Regelkreis der Verbesserungen	30
Abb. 10:	Beispielhafte Qualitätsforderungen ausgewählter Anspruchsgruppen	37
Abb. 11:	Der PDSA-Zyklus	38
Abb. 12:	PDCA-Zyklus	39
Abb. 13:	Kaizen-Schirm	40
Abb. 14:	Leistungs-/Wertschöpfungsprozess	41
Abb. 15:	Prozessmodell der DIN EN ISO 9001:2015	48
Abb. 16:	Normkapitel im PDCA-Kreislauf	49
Abb. 17:	Einflussfelder des Organisationskontextes	49
Abb. 18:	Normabschnitte der DIN EN ISO 9001:2015 mit Angaben über geforderte Dokumentation	54
Abb. 19:	Ablauf eines Zertifizierungsverfahrens	56
Abb. 20:	Kostenrichtwerte für einer Erstzertifizierung	57
Abb. 21:	Kostenrichtwerte für externe Beratungen	57
Abb. 22:	Kontext einer Organisation	58
Abb. 23:	Allgemeines Modell der Selbstbewertungselemente und -kriterien in Verbindung mit den Reifegraden	59
Abb. 24:	Tabelle A.2 für die Selbstbewertung des Normabschnitts „5.2 Relevante interessierte Parteien"	61
Abb. 25:	Das EFQM-Modell 2020	63
Abb. 26:	Übersicht über Kriterien und Teilkriterien im EFQM-Modell	66
Abb. 27:	Teilkriterium 1.1 mit Ansatzpunkten und Fragen	67
Abb. 28:	Elemente und Attribute der Teilkriterien der Kategorie Ausrichtung	68
Abb. 29:	Elemente und Attribute der Teilkriterien der Kategorie Realisierung	68

Verzeichnis der Grafiken und Tabellen

Abb. 30:	Elemente und Attribute der Kategorie Ergebnisse	69
Abb. 31:	RADAR-Bewertungsmatrix für die Ausrichtung	70
Abb. 32:	RADAR-Bewertungsmatrix für die Realisierung	71
Abb. 33:	RADAR-Bewertungsmatrix für die Ergebnisse	72
Abb. 34:	Punkteverteilung im Kriterienmodell	73
Abb. 35:	Kosten für Assessments und Preisverfahren der ILEP	75
Abb. 36:	Das Modell des GAB-Verfahrens	79
Abb. 37:	Die vier Qualitätsdimensionen (GAB)	80
Abb. 38:	Der Aufbau einer Handlungsleitlinie im Überblick	81
Abb. 39:	Das KTQ-Modell	83
Abb. 40:	KTQ-Katalog Krankenhaus 2021 im Überblick: Kategorien, Subkategorien, Kriterien	86
Abb. 41:	Beispiel Themen/Anforderungen	86
Abb. 42:	Prozessbeschreibung nach dem PDCA-Zyklus im KTQ-Modell	87
Abb. 43:	Beispiel für die Bewertung eines Kriteriums	87
Abb. 44:	Beispielhafte Selbstbewertung des Kriteriums 2.2.2, stationäre Pflegeeinrichtung	88
Abb. 45:	Ablauf des KTQ-Zertifizierungsverfahrens	89
Abb. 46:	Das unternehmerische Qualitätsverständnis	91
Abb. 47:	Das Aachener Qualitätsmanagement Modell	92
Abb. 48:	mod. n. unveröffentlichter Präsentation Modell Aachen	93
Abb. 49:	Ebenen des organisationalen Wandels	96
Abb. 50:	Handlungsfelder des Veränderungsmanagements	96
Abb. 51:	Beispiel für die primäre Qualitätsorganisation	99
Abb. 52:	Qualitätszirkel als Teil der Sekundärorganisation	100
Abb. 53:	Optimaler Organisationsgrad der Ablauforganisation	101
Abb. 54:	Arbeitssystematik im Qualitätszirkel	102
Abb. 55:	Schema der Anspruchsgruppenanalyse	103
Abb. 56:	Anspruchsgruppen-Portfolio	104
Abb. 57:	Qualitätsforderungen auf unterschiedlichen Planungsebenen	105
Abb. 58:	Zielhierarchie	105
Abb. 59:	Klassifikation Standards	107
Abb. 60:	Modellhafte Prozesslandkarte für ein sozialwirtschaftliches Unternehmen	109

Abb. 61:	System der Qualitätsdokumentation	113
Abb. 62:	Beispiele für Verfahrens- und Arbeitsanweisungen, Aufzeichnungen und Nachweise	114
Abb. 63:	Prozessübersicht	116
Abb. 64:	Standardsymbole bei Flussdiagrammen	116
Abb. 65:	Prozessbeschreibung als Flussdiagramm	117
Abb. 66:	Prozessbeschreibung in Textform	118
Abb. 67:	Prozessbeschreibung in tabellarischer Form	118
Abb. 68:	Grundprinzipien des Qualitätsvergleichs	119
Abb. 69:	Prozess der Entwicklung von Qualitätskennzahlen	122
Abb. 70:	Messverfahren nach Qualitätsperspektive	122
Abb. 71:	Konzeptionelle Verbindung Qualitätscontrolling und Qualitätsmanagement	125
Abb. 72:	Strategiefelder der Balanced Scorecard	127
Abb. 73:	Cause-and-effect diagram	129
Abb. 74:	Fischgrätendiagramm am Beispiel eines Teamproblems	130
Abb. 75:	Detaildarstellung der Hauptursache „Leitung überfordert"	130
Abb. 76:	Beispiel für eine Fehlersammelkarte	131
Abb. 77:	Beispielhafte Darstellung eines Relationendiagramms	132
Abb. 78:	Beispielhafter Auszug aus der SERVQUAL-Doppelstufenskala	133
Abb. 79:	Schema der SIPOC-Analyse	134
Abb. 80:	Beispiel für eine SIPOC-Analyse	135
Abb. 81:	Beispiel einer CtQ- Matrix	136
Abb. 82:	Schema des CtQ-Flowdown	137
Abb. 83:	Direkter und indirekter Beschwerdemanagementprozess	138
Abb. 84:	Prozess des Fehlermanagements	139
Abb. 85:	Arbeitsmodell Risikomanagementsystem	141
Abb. 86:	Beobachtungsbereiche und Frühwarnindikatoren	144
Abb. 87:	Neugliederung von Qualitätskosten	146

Abkürzungsverzeichnis

AktG	Aktiengesetz
AZAV	Akkreditierungs- und Zulassungsverordnung Arbeitsförderung
BGB	Bürgerliches Gesetzbuch
CIP	Continuous Improvement Process
CIRS	Critical Incident Reporting System
CtQ	Critical to Quality
DCGK	Deutscher Corporate Governance Kodex
DIN	Deutsche Industrienorm
EFQM	European Foundation for Quality Management
EN	Europäisches Institut für Normung
GAB	Gesellschaft für Ausbildungsforschung und Berufsentwicklung
GAP	englische Bezeichnung für „Lücke"
GenG	Genossenschaftsgesetz
HGB	Handelsgesetzbuch
ISO	International Standards of Organization
KonTraG	Gesetz zur Kontrolle und Transparenz im Unternehmensbereich
KTQ	Kooperation für Transparenz und Qualität im Gesundheitswesen
KVP	Kontinuierlicher Verbesserungsprozess
NPO	Non-Profit-Organisation
PDCA	Plan – Do – Check – Act
PDSA	Plan – Do – Study – Act
PublG	Publizitätsgesetz
QFD	Quality Function Deployment
QM	Qualitätsmanagement
RADAR	Results – Approach – Deployment – Assessment – Refinement
RWTH	Rheinisch-Westfälische Technische Hochschule Aachen
SERVQUAL	Service Qualität
SGB	Sozialgesetzbuch
SIPOC	Supplier Input Process Output Customer
StGB	Strafgesetzbuch
TQM	Total Quality Management
WZL	Lehrstuhl für Fertigungsmesstechnik und Qualitätsmanagement des Werkzeugmaschinenlabors

Vorwort zur 1. Auflage

In Literatur und Praxis wird heute meist festgestellt, dass die Betriebswirtschaft im Sozialsektor „angekommen" sei. Dies mag grundsätzlich zutreffend sein. Gleichzeitig erlebe ich immer noch grundlegende Abwehrhaltungen gegenüber betriebswirtschaftlicher Logik. Neben aller berechtigter Kritik an den Auswirkungen einer weiterhin fortschreitenden Ökonomisierung im Sozialbereich sind meiner Einschätzung nach auch hartnäckige Missverständnisse Hintergrund für Konflikte mit betriebswirtschaftlichen Konzepten. Das scheint in besonderer Weise für das Qualitätsmanagement zu gelten. Schon vor über 20 Jahren haben Bobzien, Stark und Straus (1996) darauf hingewiesen. Noch heute wird etwa Qualitätsmanagement vielfach mit der ISO-Norm gleichgesetzt, was nicht zuletzt durch immer wiederkehrende und auch aktuelle „ISO-lastige" Veröffentlichungen verstärkt wird. Der Blick auf die funktionale Logik und die zentralen Ansätze von Qualitätsmanagement wird dabei verstellt. Immer wieder wird auch vorgebracht, dass Qualitätsmanagement im Kern auf eine Standardisierung zulaufe und dies mit dem Wesen personenbezogener Dienstleistungen nicht in Einklang gebracht werden könne. Die vorliegende Veröffentlichung möchte neben der Vermittlung notwendigen Wissens auch Überzeugungsarbeit leisten. Die „großen" Qualitätsmanagementsysteme sollen erst mal zurückgestellt und zunächst ein differenziertes Verständnis für die methodischen und konzeptionellen Grundlagen von Qualitätsmanagement erreicht werden. Die damit verbundene Hoffnung ist, dass das Verstehen elementarer Prinzipien des Qualitätsmanagements hilft, die Anschlussfähigkeit dieses Steuerungsansatzes in Feldern des Sozial- und Gesundheitswesens zu erkennen. Mit diesem Vorgehen ist eine Art Versachlichung der Auseinandersetzung verbunden, die Widerstände gegenüber Qualitätsmanagement im Allgemeinen und Qualitätsmanagementsystemen wie die DIN EN ISO 9001 im Besonderen abbauen kann.

Qualitätsmanagement wird in der vorliegenden Publikation als unternehmensweiter und unternehmensweit zu integrierender Management- beziehungsweise Steuerungsansatz vorgestellt. Auch hier sind in der betrieblichen Praxis oftmals wenige Erfolge zu vermelden. Qualitätsmanagementsysteme werden vielfach organisatorisch eingeführt, die Zertifizierung mit großem Aufwand erreicht – der Arbeitsalltag jedoch stellt eine Art Parallelwelt dar. Neben der Vermittlung theoretischer und methodischer Grundlagen sowie der Darstellung bekannter Qualitätsmanagementsysteme gilt ein Augenmerk daher auch der Implementierung und praxisgerechten Steuerung von Qualität. Die Einführung von Qualitätsmanagement darf dabei nicht primär als technisches System verstanden werden, denn Qualitätsmanagement tangiert in elementarer Weise auch die normativen Ebenen des Unternehmens. Soll Qualitätsmanagement dauerhaft umgesetzt werden, muss auch eine kulturelle Verankerung erfolgen. Der dritte Teil des Lehrbuches widmet sich daher grundlegenden Aspekten der Implementierung beziehungsweise Steuerung von Qualitätsmanagement.

Die Idee zum vorliegenden Lehrbuch entstand während der ersten Jahre meiner Lehrtätigkeit. Ziel der Veröffentlichung ist es, primär ein grundlegendes und umfassendes Verständnis für Qualitätsmanagement als unternehmensweiten und branchenübergreifenden Steuerungsansatz zu vermitteln. Den Besonderheiten des Qualitätsmanagements in den Feldern der Sozialen Arbeit und des Gesundheitswesens wird dabei Rechnung getragen. Spezifische Aspekte des Qualitätsmanagements in Sozialunternehmen fließen im allgemeinen Qualitätsverständnis ein, in den Qualitätsmodellen, den Rechtsgrundlagen und feldeigenen Qualitätsmanagementkonzepten. Das Lehrbuch umfasst drei Teile: Grundlagen – Qualitätsmanagementsysteme und -konzepte – Implementierung und Steuerung von Qualitätsmanagement. Die Teile verbindet eine inhaltliche Systematik. Gleichwohl ist es möglich, einzelne Kapitel oder Abschnitte separat zu studieren.

Im Sinne des im Qualitätsmanagement zentralen Prinzips einer kontinuierlichen Weiterentwicklung und Verbesserung freue ich mich auf Rückmeldungen und Veränderungsvorschläge aus der Leserschaft.

Jochen Ribbeck *München, Oktober 2017*

Vorwort zur 2. Auflage

Das vorliegende Lehrbuch wurde 2018 in der ersten Auflage veröffentlicht. Durch den Einsatz in der Lehre, weitere eigene praktische Erfahrungen im Qualitätsmanagement und insbesondere Entwicklungsschritte wichtiger Qualitätsmanagementsysteme sehe ich den Bedarf für eine Aktualisierung.

Ziel der zweiten Auflage ist ebenfalls, eine theoretische, konzeptionelle Grundlegung des Qualitätsmanagements in sozialwirtschaftlichen Organisationen vorzunehmen.

Dabei wird in dieser Auflage die Frage der Implementierung und Steuerung von Qualitätsmanagementsystemen stärker fokussiert. Auch in der ersten Auflage wurde diese Thematik behandelt, aber eher separat am Ende des Buches. Nun wird das Thema inhaltlich stärker integriert.

Die Darstellung der Grundlagen wurde gestrafft, teilweise auch gekürzt. Gleichzeitig sind sinnvolle Erweiterungen und Differenzierungen aufgenommen worden. So wird Qualitätsmanagement in seiner historischen Entwicklung betrachtet, um ein besseres Verständnis für die Vielschichtigkeit und die unternehmerische Ausrichtung dieses Managementansatzes zu erzeugen.

Die Grundsätze des Qualitätsmanagements blieben als zentrales Element für das Verständnis von Qualitätsmanagement erhalten. Gleichzeitig wurden Veränderungen vorgenommen, um die Logik des Qualitätsmanagements besser herauszustellen.

Bei der Darstellung der Qualitätsmanagementsysteme wurden Änderungen im EFQM-Modell eingearbeitet. Die Qualitätsmanagementsysteme wurden insgesamt noch differenzierter und konkreter erläutert, um die komplexen und abstrakten Modelle greifbarer zu machen. Zudem erfolgte eine kritische Bewertung der ISO 9001 und des EFQM-Modells als „Branchenriesen".

Insgesamt soll – wie bereits in der ersten Auflage – auch in dieser Aktualisierung die Idee von Qualitätsmanagement als umfassenden Steuerungs- oder auch Führungsansatz durchgehend deutlich werden.

Sprachlich haben Autor und Verlag – noch mehr als in der ersten Auflage – daran gearbeitet, den Text genderneutral zu halten. Wo das nicht möglich war, wurde die Schreibweise mit Schrägstrich verwendet. Bei Fachbegriffen wie etwa „Kundenorientierung" haben wir auf die Genderschreibweise verzichtet, um keine wissenschaftlichen Unschärfen zu erzeugen. Gleiches gilt bei Textpassagen, bei denen die Genderschreibweise zu orthografischen oder stilistischen Untiefen oder zu Verständnisschwierigkeiten geführt hätte.

Auch für diese Auflage gilt: Im Sinne des im Qualitätsmanagement zentralen Prinzips einer kontinuierlichen Weiterentwicklung und Verbesserung freue ich mich auf Rückmeldungen und Veränderungsvorschläge aus der Leserschaft!

Jochen Ribbeck *München, Juli 2022*

1. Einführung

Wenn in sozialen Berufsfeldern von Qualität gesprochen wird, ist oft Fachlichkeit gemeint. Das ist insofern richtig, als es eben genau um die Realisierung grundlegender Sachziele geht, die fachlicher Natur sind. Fachliche Qualität realisiert sich wiederum stets im organisationalen Kontext. Die Verbindung der fachlichen und der organisationalen Ebene wird heute auch grundlegend anerkannt. Entscheidend ist dabei, wie sich das Verhältnis zwischen diesen beiden Ebenen gestaltet. In jedem Fall muss die Organisation die Umsetzung fachlicher Ziele konstruktiv unterstützen. Organisationsgestaltung bzw. Management sind kein Selbstzweck. Aber auch fachliche Qualität und fachliche Entwicklung verstehen sich nicht von selbst. Daher kommt es auf ein gutes Zusammenwirken aller organisationalen Aktivitäten und Funktionsbereiche an.

Sozialwirtschaftliche Organisationen werden von einem ideellen Auftrag getragen und geleitet. Die Realisierung dieses Auftrags – oder anders formuliert der Qualität oder Wertschöpfung – ist die eigentliche Legitimation und das wichtigste Ziel jeder sozialwirtschaftlichen Organisation. Qualitätsmanagement fokussiert im Kern die Realisierung dieses organisationalen Auftrags und hat damit einen strategischen Steuerungsanspruch. Diese Sichtweise von Qualitätsmanagement als unternehmensweiten, umfassenden Steuerungs- und Führungsansatz herauszuarbeiten, ist das vordringlichste Anliegen dieses Buches.

Intention des Buches

Zum Aufbau des Buches:

In **Kapitel 2** werden die begrifflichen und konzeptionellen Grundlagen des Qualitätsmanagements erläutert. Dabei werden die Besonderheiten des Qualitätsverständnisses in sozialwirtschaftlichen Organisationen gesondert betrachtet. Es werden Qualitätsmodelle vorgestellt, um die unterschiedlichen Bezugsmaßstäbe von und Sichtweisen auf Qualität zu systematisieren und Ansatzpunkte für Qualitätsmanagement zu finden. Die Definition von Qualitätsmanagement wird vor dem Hintergrund der geschichtlichen Entwicklung herauskristallisiert. Es folgt die konzeptionelle Einordnung von Qualitätsmanagement in sozialwirtschaftlichen Organisationen.

Aufbau des Buches

Kapitel 3 erläutert die Grundsätze des Qualitätsmanagements. Damit sollen die leitenden konzeptionellen Ideen von Qualitätsmanagement unabhängig bestimmter Systeme vermittelt werden. Im Vergleich zur ersten Auflage wurden Änderungen vorgenommen. Die Einbindung aller Mitarbeitenden in unterschiedlicher Weise wurde im Grundsatz – damals noch Strukturprinzip – der unternehmensweiten Integration gefordert. Die Aufgabe der Integration des Qualitätsmanagementsystems ist aber eher eine Folge bzw. eine Anforderung an die Implementierung von Qualitätsmanagement. Der Grundsatz Beteiligungsorientierung trifft im Kern besser eine zentrale Idee des Qualitätsmanagements und wurde daher als eigener Grundsatz neu hinzugenommen.

In **Kapitel 4** werden dann branchenübergreifende Qualitätsmanagementsysteme erläutert, nämlich die DIN EN ISO 9001:2015 sowie das EFQM-Modell als die bekannten „Branchenriesen". Weiter wird die DIN EN ISO 9004:2017 erläutert. Diese Norm ist zwar nicht zertifizierungsfähig, kann aber zur Förderung der Qualitätsfähigkeit der Organisation zusätzlich eingeführt werden.

1. Einführung

Kapitel 5 stellt branchenspezifische Qualitätsmanagementkonzepte vor. Dabei wurde eine stellvertretende Auswahl getroffen. Ausschlaggebend war wiederum, dass der Anspruch einer unternehmensweiten Steuerung umgesetzt wird. Für den Bereich des Gesundheitswesens wird KTQ vorgestellt, für die Soziale Arbeit GAB. Die Wohlfahrtsverbände haben zwar eigene Ansätze entwickelt, greifen aber wiederum auf die bestehenden Qualitätsmanagementsysteme zurück. Das universitär entwickelte Aachener Qualitätsmanagementmodell entspricht dem Grundgedanken von Qualitätsmanagement als unternehmensweiten Führungsansatz, verspricht auch eine branchenübergreifende Anwendung, wird aber nicht in gleicher Weise als Qualitätsmanagementsystem marktbezogen „vertrieben". Es wird in diesem Kontext daher als Qualitätsmanagementkonzept vorgestellt.

Die wichtigsten Schritte bei der Implementierung und Steuerung von Qualitätsmanagement werden in **Kapitel 6** erläutert. Der Themenbereich wurde im Vergleich zur ersten Auflage mehr auf die Praxis ausgerichtet. Grundlegende Erläuterungen zum Change-Management wurden gestrafft. Einige Methoden sind nun nicht mehr separat, sondern in ihrem Verwendungskontext dargestellt.

In **Kapitel 7** werden für den Sozialbereich nutzbare Qualitätswerkzeuge vorgestellt und in **Kapitel 8** werden mit Beschwerde-, Fehler- und Risikomanagement ausgewählte Funktionsbereiche und deren Schnittstellen zum Qualitätsmanagement erläutert. **Kapitel 9** geht abschließend auf den Aspekt der Qualitätskosten ein.

2. Begriffliche und konzeptionelle Grundlagen

2.1 Qualität

Die Klärung des Qualitätsbegriffs erfolgt in zwei Schritten. Der Qualitätsbegriff wird erst grundlegend erläutert, anschließend werden die Besonderheiten des Qualitätsverständnisses in sozialwirtschaftlichen Organisationen beschrieben.

2.1.1 Grundlegende Begriffsklärung

Im Qualitätsmanagement bezieht sich Qualität allgemein auf die Güte, den Wert oder die Beschaffenheit von Leistungen oder Produkten. Dabei wird mit Qualität in der Regel etwas Positives assoziiert. Bei dieser sehr allgemein gehaltenen Feststellung bleibt offen, in welchem Bezugsrahmen Qualität inhaltlich bestimmt wird und auf welchem Weg diese Festlegung erfolgt.

Der Bezugsrahmen für Qualität kann sehr unterschiedlich gewählt werden. Maßgebend für eine Qualitätsbewertung können technische Produktmerkmale sein, die Kundenzufriedenheit, fachliche Standards, rechtliche oder ökonomische Kriterien. Qualität ist also immer relational zu verstehen.

Bezugsrahmen der Definition

Die Relationalität des Qualitätsbegriffs wird in der Definition von Walter Geiger, einem deutschen Ingenieur und Wissenschaftlicher, der sich insbesondere um die Terminologie des Qualitätsmanagements verdient gemacht hat, prägnant auf den Punkt gebracht:

Qualität ist „die Relation zwischen realisierter Beschaffenheit und geforderter Beschaffenheit" (Geiger, 1998, S. 63).

Der Begriff ‚Beschaffenheit' bezieht sich auf die Summe aller Qualitätsmerkmale einer betrachteten Einheit. Der Begriff ‚Einheit' bezeichnet dabei den Gegenstandsbereich einer qualitätsorientierten Betrachtung. Es kann sich dabei um materielle wie auch immaterielle Gegenstandsbereiche handeln.

Qualität bemisst sich also stets im Verhältnis zu angelegten Maßstäben. Dieses Grundverständnis von Qualität wird vielfach als Waage dargestellt.

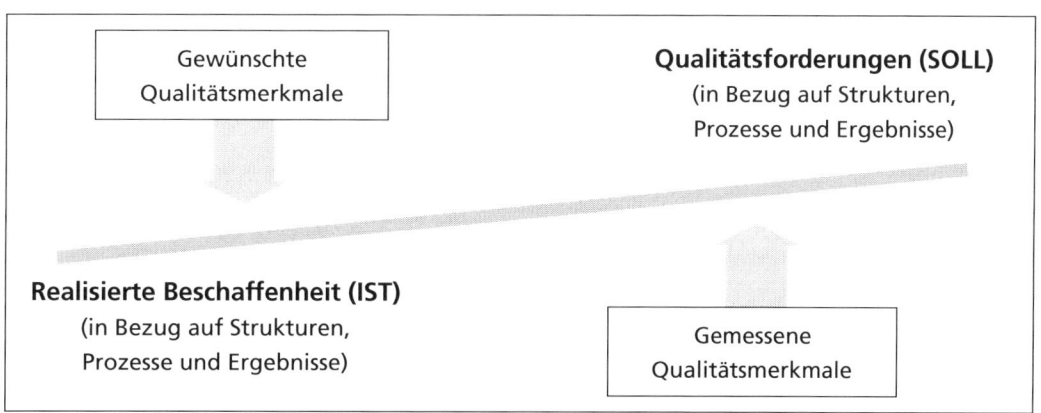

Qualitätswaage

Abb. 1: Qualitätswaage (eigene Darstellung nach Geiger, 1998, S. 64)

2.1 Qualität

Das Bild der Waage veranschaulicht einen fundamentalen Zusammenhang im Qualitätsmanagement: Qualität ist ein abhängiges, relationales Konstrukt.

Qualitätsmerkmale

Qualität wird über Merkmale bzw. Kriterien operationalisiert und dann mittels geeigneter Kennzahlen bzw. Indikatoren gemessen und überprüft. Damit haben Qualitätsmerkmale im Qualitätsmanagement eine zentrale Funktion: Über Merkmale bzw. Kriterien wird eine bestimmte Vorstellung von Qualität präzisiert und näher beschrieben. Erst durch diesen Schritt wird eine Steuerung von Qualität grundsätzlich ermöglicht.

Qualitätsmerkmale weisen in der Regel bestimmte Ausprägungen bzw. Werte auf.

Merkmal	Merkmalsausprägung
Geschlecht	männlich, weiblich, divers
Alter	X Jahre
Prozesszeiten	X Minuten
Kundenbeschwerden	X Beschwerden (pro Jahr)
Kundenzufriedenheit	sehr zufrieden, wenig zufrieden, unzufrieden …
Wartezeit	X Minuten

Abb. 2: Qualitätsmerkmale und Merkmalswerte (eigene Darstellung nach Hensen, 2019, S. 14)

Inhärent oder zugeordnet

Qualitätsmerkmale lassen sich systematisieren (vgl. Hensen, 2019, S. 12 f.; Herrmann & Fritz, 2021, S. 37). So können Qualitätsmerkmale inhärent oder zugeordnet sein. Inhärente Qualitätsmerkmale beschreiben die Beschaffenheit einer Einheit unmittelbar und sind daher für die zu betrachtende Einheit charakteristisch – beispielsweise Farbe, Größe und Gewicht eines Produkts. Zugeordnete Qualitätsmerkmale werden einer Einheit von außen zugewiesen, sie verändern diese nicht. Zugeordnete Qualitätsmerkmale sind etwa der Preis oder die Bezeichnung eines Produkts..

Quantitativ und qualitativ

Weiterhin wird zwischen quantitativen und qualitativen Qualitätsmerkmalen differenziert. Quantitative Merkmale, wie ebenfalls das Gewicht, sind in Zahlen abbildbar und werden mittels metrischer Skalen oder auch Kardinalskalen gemessen. Qualitative Merkmale dagegen werden auf einfachen topologischen Skalen (Ordinal- oder Nominalskala) abgebildet. Merkmale auf Ordinalskalen lassen sich nicht in Stufen einteilen, wie z. B. Hautfarbe oder Geschlecht. Rangskalen lassen eine Stufenfolge zu, wie etwa eine Einteilung in gut, mittel und schlecht.

Subjektiv und objektiv

Schließlich ist noch die Aufteilung in subjektive und objektive Qualitätsmerkmale zu nennen. Subjektive Merkmale beziehen sich auf persönliche Einschätzungen, Einstellungen oder Beurteilungen, die insbesondere mittels Befragungen erhoben werden. Die Merkmalswerte entsprechen damit den persönlichen Angaben befragter Personen. Objektive Qualitätsmerkmale sind hingegen von außenstehenden Personen überprüfbar.

Vom Begriff ‚Qualitätsmerkmal' ist der Begriff ‚Qualitätsforderung' abzugrenzen. Qualitätsmerkmale haben eine rein deskriptive Funktion, sie beschreiben die Beschaffenheit von Produkten und Leistungen. Die Festlegung auf bestimmte Qualitätsmerkmale basiert aber auf bewussten Entscheidungen und ist ein inhaltlicher, bewertender Vorgang. Dies führt uns zum Begriff der Qualitätsforderungen.

2. Begriffliche und konzeptionelle Grundlagen

Qualitätsforderungen bezeichnen die Summe der Wertaussagen bzw. der Soll-Vorstellungen bezüglich der Qualität einer betreffenden Einheit (vgl. Geiger & Kotte, 2005, S. 142). *Qualitätsforderung*

Qualitätsforderungen ergeben sich nicht zwingend aus der Summe aller Qualitätsmerkmale. Qualitätsforderungen können sich widersprechen. Es gilt einerseits, unterschiedliche sachliche Forderungen zu koordinieren, etwa in Gestalt von Risikoabwägungen oder Diskrepanzen zwischen fachlichen Vorstellungen und ökonomischer Ressourcenlage. Andererseits spielen auch Interessen, Erwartungen und Motivationen eine entscheidende Rolle.

Eng mit dem Begriff „Qualitätsforderungen" ist der Terminus „Anspruchsgruppe" (oder Interessengruppe, Stakeholder) verbunden.

Anspruchsgruppen sind Personen, Personengruppen oder auch Organisationen, die Forderungen an die Qualität von Produkten oder Leistungen stellen. *Anspruchsgruppen*

Interessen und grundlegende Wertvorstellungen spielen dabei eine zentrale Rolle. Diese können auf unterschiedliche Weise und mit unterschiedlicher Intensität eingefordert werden. Konflikte sind vielfach die Folge. Um dennoch eine konstruktive und zielführende Auseinandersetzung über Qualität zu ermöglichen, ist ein Verständigungsprozess unumgänglich. Im Zentrum steht also die Frage, wie die verschiedenen Sichtweisen auf Qualität erfasst, gewichtet und realisiert werden können. Qualitätsmanagementstrukturen und -systeme sind mit Blick auf diese Relationalität in jedem Fall partizipativ zu gestalten. Die Anspruchsgruppenorientierung ist eines der zentralen strukturbestimmenden Prinzipien im Qualitätsmanagement (siehe 3.1 „Anspruchsgruppenorientierung").

2.1.2 Besonderheiten des Qualitätsverständnisses in der Sozialwirtschaft

Bei der Frage nach den Besonderheiten des Qualitätsverständnisses in sozialwirtschaftlichen Organisationen ist zunächst der Gegenstand der Betrachtung zu klären. Der Zugang zu einem spezifischen Qualitätsverständnis in sozialwirtschaftlichen Organisationen führt über das Konzept der personenbezogenen Dienstleistung.

Der Dienstleistungsbegriff geht seinem Theoriekonzept nach auf soziologische Studien von Badura und Gross in den 1970er-Jahren zurück. Das Ziel der Analysen war es, „den Charakter und die spezifische Eigenlogik von Dienstleistungstätigkeiten im engeren Sinne" zu beschreiben (vgl. Grunwald & Thiersch, 2003, S. 78 ff.). *Dienstleistungsbegriff*

Als zentrales Kennzeichen personenbezogener Dienstleistungen beschrieben die beiden Soziologen das sog. „uno-actu-Prinzip", wonach Leistungserstellung und -empfang im Kontext eines Interaktionsgeschehens gleichzeitig stattfinden (vgl. ebd., S. 79). Leistungsempfangende sind nicht in einer passiven Rolle, sondern sind Koproduzierende im Prozess der unmittelbaren Leistungserstellung (vgl. ebd.). *Uno-Actu-Prinzip*

Ab Mitte der 1980er-Jahre entwickelte sich neben diesem sozialwissenschaftlichen Ansatz ein ökonomischer, wirtschaftswissenschaftlicher Dienstleistungsbegriff (Grunwald K., 2013, S. 242). Als ökonomische Merkmale personenbezogener Dienstleistungen wurden insbesondere die Immaterialität bzw. Intangibilität der Leistung sowie die sog. Integration **des externen Faktors** herausgestellt (vgl. Grunwald & Thiersch, 2003, S. 78). *Immaterialität, Intangibilität, Integration externer Faktor*

2.1 Qualität

Aus der Immaterialität und Intangibilität folgt, dass die Qualität personenbezogener Dienstleistungen im Vorfeld der Leistungserstellung nicht in Augenschein genommen und geprüft werden kann. Für Leistungsnehmende ist es daher nicht möglich, sich im Vorfeld der Leistungserbringung von der Leistungsqualität zu überzeugen. Die mangelnde Einsehbarkeit der Qualität kann durch vertrauensbildende Maßnahmen der Organisation kompensiert werden, etwa mittels transparenter Information über geplante fachliche Aktivitäten.

Zweistufige Dienstleistungsproduktion

Die Integration des externen Faktors hat grundlegende Auswirkungen auf die Leistungserbringung und damit auch auf die Steuerung von Leistungsprozessen. Aus betriebswirtschaftlicher Sicht wird von einer zweistufigen Dienstleistungsproduktion oder auch -erstellung gesprochen. Personenbezogene Dienstleistungen können ohne Leistungsnehmende nicht vorab erstellt oder produziert werden. Vielmehr müssen die für eine potenzielle Leistung erforderlichen Leistungsfaktoren als sog. Vorkombination im Sinne einer Leistungsbereitschaft vorgehalten werden. Erst durch die Koproduktion, das Mitwirken der Leistungsempfangenden entsteht das eigentliche Leistungsergebnis, die sog. Endkombination.

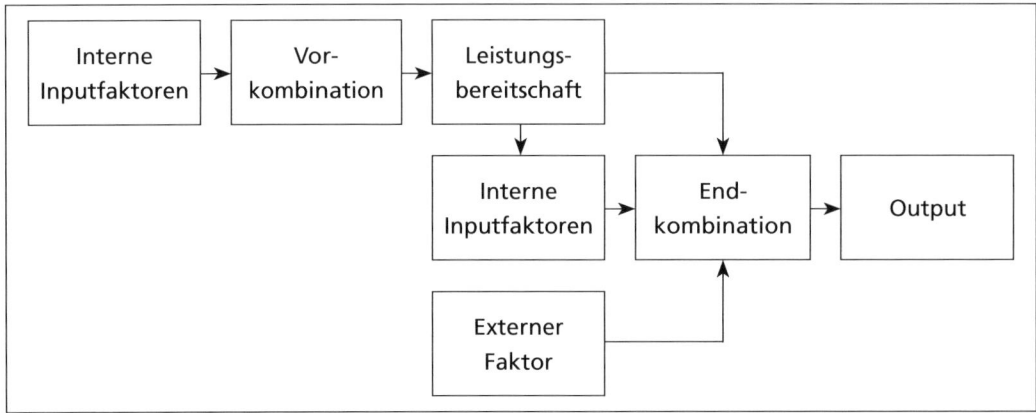

Abb. 3: Zweistufige Dienstleistungsproduktion. nach Schellberg (2017, S. 123)

Diese zweistufige Leistungserstellung hat zunächst wirtschaftliche Konsequenzen. Da der konkrete Zeitpunkt des Leistungsbedarfs nicht immer vorhersehbar ist, die Leistungserbringung im Bedarfsfall aber unmittelbar erfolgen muss, sind personelle Ressourcen dennoch vorzuhalten. Bedingt durch die Mitwirkung der Leistungsnehmenden ist der Leistungsprozess nur in Grenzen steuerbar und standardisierbar.

Sozialrechtliches Leistungsdreieck

Der Aspekt der Koproduktion ist aber wiederum nicht mit „Kundensouveränität" zu verwechseln. Tatsächlich haben Leistungsnehmende bei personenbezogenen Dienstleistungen in aller Regel keine schlüssigen, unmittelbaren Tauschbeziehungen mit den leistungserbringenden Organisationen, erbringen also keinen direkten monetären Gegenwert für den Leistungsempfang. Leistungsnehmende stehen stattdessen in einem sozialrechtlichen Leistungsdreieck mit der leistungserbringenden Organisation und dem zuständigen Leistungsträger.

Konkurrierende Anspruchsgruppen

Qualität ist, wie in 2.1.1 bereits ausgeführt, ein dynamisches, relationales Konstrukt und die Ermittlung von Qualitätsforderungen setzt prinzipiell einen Kommunikations- und Aushandlungsprozess voraus. Den Akteursgruppen im genannten Leistungsdreieck können grundsätzlich spezifische Qualitätserwartungen zugeschrieben werden – wobei das eine vorbehaltliche, weil grobkategorische Zuschreibung ist. Vonseiten der Sozialleistungsträger werden Forderungen nach Effizienz, Effektivität und insbesondere Wirkung sozialer Leistungen gestellt. Die leistungserbringende Organisation stellt die Fachlichkeit, das professionelle Handeln, in den Vordergrund. Dabei wird die Qualitätserwartung der Leistungsnehmenden – so der Anspruch – mitgedacht. Die Leistungsempfangenden vertreten in der Regel persönliche Interessen, wie etwa die Wahrung eigener Autonomieansprüche. Hier können Konflikte entstehen, wenn beispielsweise eine stationäre Heimunterbringung gegen die Einsicht der Betroffenen erfolgen soll.

Entscheidend ist, wie Anspruchsgruppen ihre spezifische Qualitätsforderungen artikulieren und diese Forderungen im Rahmen organisationalen Qualitätsmanagements berücksichtigt werden. Im sozialwirtschaftlichen Leistungskontext ist hier oftmals ein Missverhältnis gegeben, weil Leistungsnehmende in sozialen und gesundheitlichen Notlagen ihre Vorstellungen und Erwartungen an die Leistung nicht adäquat vertreten können. Mit Blick auf die gerade erfolgte betriebswirtschaftliche und sozialrechtliche Analyse erscheint es daher unumgänglich, gerade die Vorstellungen und Interessen der Leistungsnehmenden zu stärken und ins Zentrum der Qualitätsplanung zu stellen.

Stärkung der Qualitätsforderung Leistungsnehmender

Gerade im Kontext personenbezogener Dienstleistungen, wie der Sozialen Arbeit oder der Pflege, ist die Koproduktion oder die Mitwirkung der Leistungsnehmenden ein zentraler Einflussfaktor auf die Qualität und damit den Erfolg der Leistung. Das gilt für den Einzelfall und kumulativ für die Gesamtorganisation. Die gezielte Berücksichtigung der Qualitätsforderungen der Leistungsnehmenden ist darüber hinaus auch eine Frage der Legitimation des fachlichen und organisationalen Handelns. Nicht nur sollten sich sozialwirtschaftliche Organisationen gegenüber Sozialleistungsträgern legitimieren, insbesondere über Wirkungsnachweise, sondern auch, oder noch viel mehr, gegenüber den Leistungsberechtigten. Das würde bedeuten, das Ungleichgewicht bezüglich der Durchsetzungsmöglichkeit eigener Qualitätsforderungen wenigstens dadurch zu kompensieren, dass konfligierende Erwartungen und Interessen offengelegt und ernsthaft reflektiert werden.

Nutzen und Legitimation der Integration von Leistungsnehmenden

2.2 Qualitätsmodelle

Bislang wurde der Qualitätsbegriff konzeptionell geklärt. Offen ist weiterhin, wie mit der Vielzahl möglicher Vorstellungen von Qualität sinnvoll umgegangen werden kann. Qualitätsmodelle helfen, die in der betrieblichen Praxis sehr unterschiedlichen Bezugsrahmen und Bewertungsmaßstäbe von Qualität zu systematisieren. Darüber können Implikationen für die Umsetzung des Qualitätsmanagements abgeleitet werden. Die hier vorgestellten Modelle beziehen sich jeweils auf einen bestimmten Kontext, sind aber durchaus auf andere berufliche Felder übertragbar.

Systematisierung

2.2.1 Qualitätsdimensionen nach Donabedian

Weit bekannt sind die Qualitätsdimensionen von Avedis Donabedian, der in den 1960er-Jahren einen wissenschaftlichen Qualitätsbegriff im Gesundheitswesen einführte.

Ausgangspunkt seiner Analysen war die grundsätzliche Unterscheidung einer technischen und einer interpersonalen Perspektive der medizinischen Versorgung (vgl. Donabedian, 1980, S. 5). Die technische Seite von Qualität, so Donabedian, muss sich am Stand aktueller Wissenschaft und Technik bemessen – unter Berücksichtigung möglicher

2.2 Qualitätsmodelle

Risiken. Die interpersonale, soziale Dimension von Qualität, die schwieriger zu bestimmen ist, orientiert sich an allgemeinen berufsbezogenen ethischen Richtlinien sowie den Erwartungen und Vorstellungen der Patientinnen und Patienten. Der Leistungsprozess war für Donabedian der Kern seiner Betrachtung: „... the primary object of study is a set of activities that go on within and between practitioners and patients. This set of activities I have called the ‚process' of care" (1980, S. 79). Donabedian hat damit – entgegen gelegentlicher Einschätzung – die Interaktivität personenbezogener Dienstleistungen bereits erkannt.

Drei Qualitätsdimensionen

Nach dem Modell von Donabedian werden drei Qualitätsdimensionen unterschieden: Struktur-, Prozess- und Ergebnisqualität (vgl. 1980, S. 79 ff.).

- Die Dimension **Strukturqualität** (structure) bezieht sich auf die für die Leistungserstellung notwendigen organisationalen Voraussetzungen. Darunter fallen räumliche Ausstattung, technische Ausrüstung, wirtschaftliche Ressourcen, Anzahl und Qualifikation des Personals wie auch die Zugangs- und Nutzungsmöglichkeiten durch die Leistungsempfangenden.

- Zur Dimension **Prozessqualität** (process) werden alle Aktivitäten, Abläufe und Verfahren im Zusammenhang der Leistungserstellung gezählt. Die Qualität der Prozesse wird dabei sowohl von der Planung als auch der Einhaltung definierter Standards beeinflusst. Das Prozessgeschehen, so Donabedian, spielt sich dabei in Interaktion zwischen Leistungserstellenden und Leistungsempfangenden ab.

- Schließlich umfasst die Dimension **Ergebnisqualität** (outcome) alle Resultate von Leistungsprozessen aus der Sicht des Leistungsempfangenden. Donabedian legte seinen Überlegungen zur Ergebnisqualität dabei ein breites Verständnis von Gesundheit zugrunde. Übertragen auf personenbezogene Dienstleistungen im Allgemeinen kann Ergebnisqualität somit an objektiven wie auch subjektiven Merkmalen kenntlich gemacht werden.

Strukturqualität	**Prozessqualität**	**Ergebnisqualität**
Anzahl Mitarbeitende	Einhalten von Prozessstandards	Zufriedenheit von Leistungsempfangenden
Qualifikation Personal		
Technische Ausstattung	Reibungslose Zusammenarbeit	Gewünschte Verhaltensänderungen
Erreichbarkeit der Organisation	Warte- oder Bearbeitungszeiten	Verbesserung körperlicher Zustände

Abb. 4: Beispiele zu den Qualitätsdimensionen nach Donabedian

Funktionaler Zusammenhang

Donabedian nahm zwischen den drei Qualitätsdimensionen einen funktionalen Zusammenhang an. Dabei war er sich der Abstraktion dieser Funktionalität bewusst und verwies auf die tatsächlich differenzierteren, vielschichtigen Verbindungen zwischen den Dimensionen (vgl. 1980, S. 84).

2. Begriffliche und konzeptionelle Grundlagen

Abb. 5: Zusammenhang zwischen Struktur-, Prozess- und Ergebnisqualität (Donabedian, 1980, S. 83)

Die von Donabedian vorgenommene Unterscheidung zwischen Prozess, Struktur und Ergebnisqualität zählt heute feldübergreifend zum zentralen Wissensbestand im Qualitätsmanagement.

2.2.2 Das Modell der Dienstleistungsqualität nach Parasuraman, Zeithaml und Berry

Parasuraman, Zeithaml und Berry entwickelten in den 1980er-Jahren ein Modell, das die Entstehung von Dienstleistungsqualität im Prozess der Leistungserstellung erklärt (1985; 1988a). Damit ist es gerade für die Praxis des Qualitätsmanagements in Dienstleistungsunternehmen – und damit in sozialwirtschaftlichen Organisationen – von hoher Bedeutung.

Dienstleistungsqualität

Grundlegende Annahme ist, dass sich Dienstleistungsqualität nicht nur aus der unmittelbaren Interaktion zwischen Fachkräften und Leistungsempfangenden, sondern aus dem Zusammenwirken einer Vielzahl unterschiedlicher Faktoren, Abläufe und Strukturen ergibt.

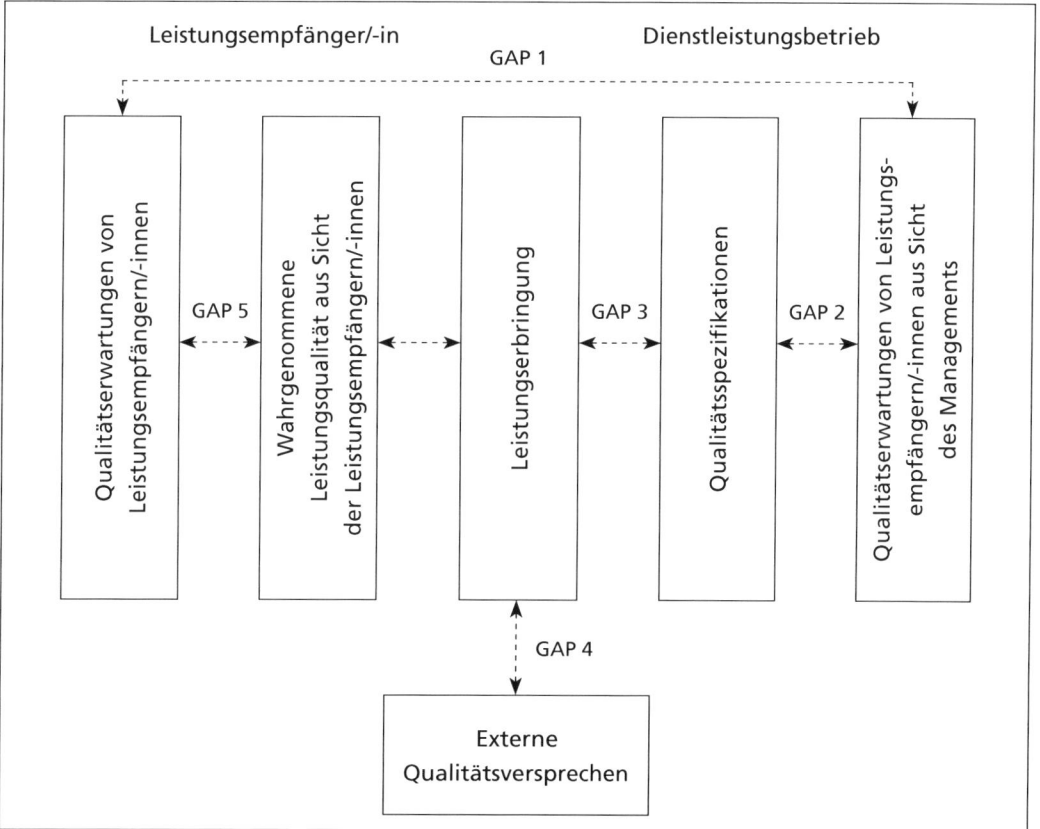

Abb. 6: GAP-Modell der Dienstleistungsqualität (vgl. Parasuraman, Zeithaml, Berry, 1985, S. 44)

2.2 Qualitätsmodelle

Fünf Schnittstellen

In diesem vielschichtigen Prozess der Leistungserstellung werden fünf Schnittstellen beschrieben – im Modell Lücken, oder englisch Gaps bezeichnet –, von denen die Realisierung der Qualitätserwartungen aus Sicht der Leistungsnehmenden abhängt. Das Autorenteam beschreibt zudem Einflussmöglichkeiten des Unternehmens, an den entsprechenden Schnittstellen aktiv auf Qualität einzuwirken (vgl. 1988a).

Qualitätserwartung der Kundschaft

- **Gap 1** bezeichnet das Wissen des Managements um die Qualitätserwartungen der Leistungsempfangenden. Je größer eine Organisation und je komplexer damit deren Struktur ist, desto weiter weg sind Führungskräfte von den Erwartungen und Bedürfnissen der Leistungsnehmenden. Wichtig ist, dass innerhalb der Organisation Qualitätserwartungen über Hierarchien hinweg weitergegeben werden. Die Ermittlung wesentlicher Qualitätserwartungen soll dabei gezielt und systematisch erfolgen, in größeren Unternehmen etwa mittels Marktforschung.

Spezifikation von Qualitätserwartungen

- **Gap 2** bezieht sich auf die systematische Übersetzung kundenbezogener Qualitätserwartungen in Qualitätsspezifikationen. Grundlegende Voraussetzung ist hierfür die verbindliche Verpflichtung zu Qualität, allen voran der Führungskräfte und darüber hinaus aller Mitarbeitenden. Für die Spezifikation von Qualitätserwartungen sind klare, operationalisierbare Zielvorgaben erforderlich. Durch eine Standardisierung von Aufgaben ist Wissen über qualitätsbezogene Qualitätserwartungen gezielter umzusetzen. Schließlich ist auch die Durchführbarkeit von Qualitätsvorgaben zu berücksichtigen.

Handlungsbezogene Spezifikationen der Dienstleistungsqualität

- **Gap 3** bedeutet, Spezifikationen der Dienstleistungsqualität in konkretes Handeln zu übersetzen. Dabei ist Teamarbeit insofern wichtig, als Kolleginnen und Kollegen gleichsam als interne Kundinnen und Kunden wahrgenommen werden. Auch das Gefühl der Wertschätzung der Arbeitsleistung durch Vorgesetzte und die Identifikation mit dem Unternehmen sind in diesem Kontext relevant. Zwei weitere Einflussfaktoren sind die Mitarbeiter-Arbeitsplatz-Entsprechung und die Technologie-Arbeitsplatz-Entsprechung. Hier geht es einmal um die Frage, inwieweit Mitarbeitende den übertragenen Aufgaben gewachsen sind und desweiteren, in welcher Weise die Aufgabenausführung mit geeigneten technischen Hilfsmitteln möglich ist. Zudem ist das Maß der wahrgenommenen aufgabenbezogenen Kontrolle von Belang, also die Frage der selbstständigen Entscheidungs- und Handlungskompetenz der Mitarbeitenden. Dienstleistungsqualität hängt vielfach von Prozessvariablen ab und kann nicht primär oder sogar ausschließlich am Ergebnis gemessen werden. In diesen Kontexten sind Kontrollsysteme erforderlich. Schließlich sind als weitere Einflussfaktoren Rollenkonflikte zu nennen. Diese entstehen einmal, wenn Anforderungen der Organisation im Kontext der Leistungserbringung, z. B. in Form bestimmter Dokumentationsvorgaben, einer vollständigen Leistungserstellung aus Kundensicht im Wege stehen. Zudem können Rollenkonflikte entstehen, wenn Erwartungen und Ziele nicht eindeutig bestimmt sind, klärendes Feedback ausbleibt und das fachliche Selbstvertrauen der Mitarbeitenden durch fehlendes bzw. unzureichendes aufgabenbezogenes Training untergraben wird.

Bewertung der Leistungsqualität

- **Gap 4** fokussiert die Bewertung der Leistungsqualität aus Sicht der Leistungsempfangenden in Bezug auf das Qualitätsversprechen der Organisation. Es sollten keine Qualitätserwartungen erzeugt werden, die nicht eingehalten werden können. Gleichzeitig ist der Gesamtprozess der Leistungserstellung an den kommunizierten Qualitätszielen auszurichten. Das betrifft die Kommunikation und die Kooperation aller am Leistungsprozess Beteiligten.

2. Begriffliche und konzeptionelle Grundlagen

- **Gap 5** misst schlussendlich die tatsächlich erbrachte Leistung an den Qualitätserwartungen der Leistungsempfangenden. Abweichungen können auf situativen Einflüssen beruhen. Treten sie aber häufiger auf oder sind Diskrepanzen zu den Qualitätserwartungen erheblich, dann müssen die Leistungsprozesse und die relevanten Einflussfaktoren systematisch reflektiert und überprüft werden.

Messung an den Qualitätserwartungen

2.2.3 Das Kano-Modell

Ein bewährtes Modell zur Bewertung und Systematisierung von Qualitätsforderungen ist das von Noriaki Kano entwickelte gleichnamige Kano-Modell (Kano et al, 1984). Es veranschaulicht den Zusammenhang zwischen der Zufriedenheit der Kundschaft und dem Grad der Erfüllung von Qualitätsforderungen (siehe Abb. 7).

Bewertung, Systematisierung von Qualitätsforderungen

Nach diesem Modell werden fünf Merkmalskategorien unterschieden:

- **Basismerkmale** beziehen sich auf Qualitätsforderungen, die nicht unmittelbar Zufriedenheit auslösen, deren Fehlen aber für Unzufriedenheit sorgt. Es handelt sich dabei meist um Qualitätseigenschaften, die als selbstverständlich gelten.

- **Leistungsmerkmale** bezeichnen individuelle, persönliche Qualitätserwartungen von Anspruchsgruppen.

- **Begeisterungsmerkmale** sind Produkteigenschaften, die Qualitätserwartungen übertreffen oder steigern.

- **Indifferente Merkmale** sind solche, die keinen erkennbaren Bezug zur Zufriedenheit der Anspruchsgruppen aufweisen.

- **Umkehrmerkmale** sind Eigenschaften, die mit hoher Wahrscheinlichkeit direkt zu Unzufriedenheit oder sogar Ablehnung führen.

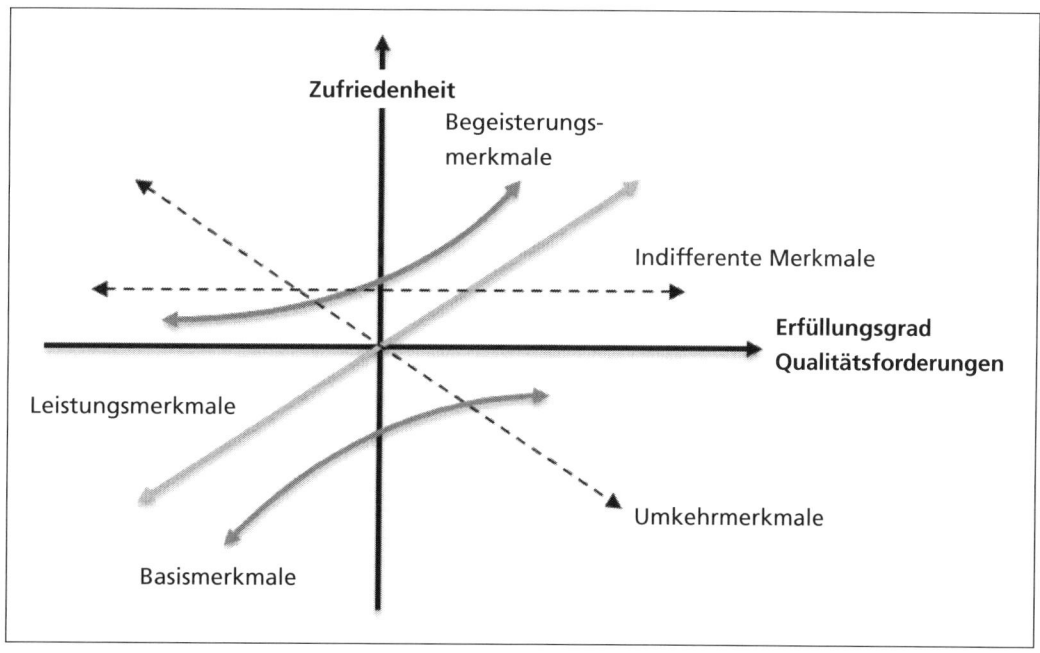

Abb. 7: Kano-Modell (in Anlehnung an Schmitt/Pfeifer 2015, S. 572)

2.2 Qualitätsmodelle

2.2.4 Qualitätsdimensionen nach Maxwell

Multidimensionales Qualitätsmodell

Maxwell entwarf ein multidimensionales Qualitätsmodell für den Bereich der Medizin. Er benannte sechs Qualitätsdimensionen, die wie folgt skizziert werden können (vgl. 1984; 1992):

- **Effektivität** (effectiveness): Technische Qualität der Behandlung, Evidenzbasierung, Gesamtergebnis der Behandlung
- **Soziale Akzeptanz** (acceptability): Behandlung unter humanen Gesichtspunkten, Berücksichtigung von Privatsphäre
- **Effizienz** (efficiency): bestmögliches Behandlungsergebnis unter ökonomischen Gesichtspunkten im Sinne von Aufwand bzw. Kosten
- **Zugänglichkeit** (access): bedarfsorientierte Verfügbarkeit der Behandlung bzgl. räumliche Entfernung, Finanzierbarkeit, Wartezeiten
- **Gleichheit** (equity): Gleichbehandlung aller Patient/innen bzw. Umgang mit Diskrepanzen
- **Bedürfnisorientierung** (relevance): Ausrichtung der Behandlungsstruktur an Bedürfnisse der Patient/innen

Ziel: Konsensfähigkeit herstellen

Maxwell schwebte ein praxis- und handlungsorientierter Umgang mit Qualität vor. Wichtiger als die exakte Definition eines bestimmten Qualitätsmodells erschien ihm ein breites, konsensfähiges Qualitätsverständnis und die Bereitschaft, Qualität in der Praxis tatsächlich umzusetzen. „Quality is not achieved by inspection at the end of the production line nor can it be imposed from above. It is result of the shared aspirations and concerted efforts of all those involved, for whom it is a higher priority than any personal interest" (Maxwell, 1992, S. 176).

Regeln zur Einführung von Qualität

Maxwell formulierte daher auch Regeln für die Einführung von Qualität (vgl. ebd.):

- Verpflichtung der Mitarbeitenden zur Excellence
- Schrittweise Umsetzung guter Ideen, Überprüfung anhand externer Leistungsindikatoren
- Betonung der Teamleistung
- Systematische Beseitigung von Leistungsmängeln und Leistungshindernissen
- Anerkennung der doppelten Verantwortung der Mitarbeitenden: gute Leistungen erbringen und Leistungen verbessern
- Prozessbegleitende Analyse möglicher Verbesserungsansätze durch Anwendung von Qualitätskonzepten
- Kontinuierliche Messung zur Unterstützung von Verbesserungen
- Systematische Berücksichtigung von Qualitätsinitiativen

2.2.5 Modell der integrierten Qualitätsentwicklung nach Meinhold und Matul

Meinhold und Matul (2011) entwickelten ein Modell, um unterschiedliche Qualitätsperspektiven in der Sozialen Arbeit zusammenzuführen. Grundannahme des Modells ist, dass sich die Qualität Sozialer Arbeit auf drei unterschiedlichen Ebenen realisiert bzw. aus drei grundlegend unterschiedlichen Perspektiven betrachtet werden kann (vgl. Meinhold & Matul, 2011, S. 102 ff.):

Modell für die Soziale Arbeit

- im Kontext fachlicher Planung,
- auf betrieblicher Ebene und
- im Rahmen politischer Steuerung.

Diese Qualitätsperspektiven entsprechen dem sog. sozialrechtlichen Leistungsdreieck.

Die den jeweiligen „Säulen" zugehörigen Qualitätsvorstellungen und -forderungen sind sehr unterschiedlich. Spannungen und Konflikte sind daher immanent. Meinhold und Matul zielen darauf ab, diese höchst unterschiedlichen Qualitätsperspektiven zu verbinden.

Immanent: Spannungen und Konflikte

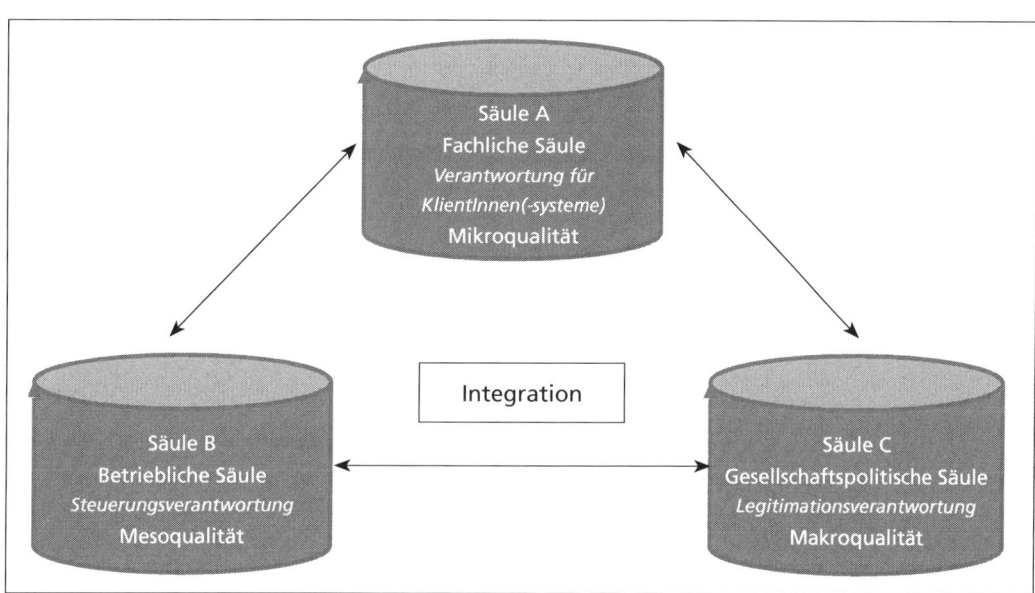

Abb. 8: Ansatz zur Integration der verschiedenen Qualitätsperspektiven (Meinhold & Matul, 2011, S. 102)

Die zentrale Verbindung, so Meinhold und Matul, stellt eine gemeinsame Arbeitssystematik dar, bezeichnet als die „Logik des zielorientierten Vorgehens" (2011, S. 104). Mit den Elementen Analyse, Zielfindung, Planung, Umsetzung und Kontrolle ist ein Funktionskreislauf umrissen, der sowohl in Abhandlungen zu Fragen des Managements im Allgemeinen auftaucht, als auch als Prinzip der kontinuierlichen Verbesserung eine strukturelle Basis im Qualitätsmanagement darstellt. Diese Arbeitssystematik war und ist daneben in Gestalt der Fallplanung fundamentales methodisches Handwerkzeug der Sozialen Arbeit. Die Begriffe und der Anwendungskontext mögen unterschiedlich sein, die Idee der dahinterstehenden Arbeits- und Vorgehensweisen ist jedoch prinzipiell übereinstimmend.

Gemeinsame Arbeitssystematik als zentrale Verbindung

Trotz oder gerade aufgrund der Schwierigkeit, in der Praxis eine gemeinsame, abgestimmte Vorgehensweise zu realisieren, betonen Meinhold und Matul den Erkenntnisgewinn durch die Orientierung an einem übergreifenden Steuerungsmodell. Sie stellen

Erkenntnisgewinn durch übergreifendes Steuerungsmodell

2.3 Qualitätsmanagement

eine integrierte Qualitätsspirale, einen Regelkreis der Verbesserungen vor (vgl. Meinhold & Matul, 2011, S. 114 ff.). Um das Klientensystem als gemeinsamen Zielbereich konzentrieren sich drei Qualitätsebenen in Gestalt konzentrischer Kreise: die fachliche, betriebliche und politische Ebene. Im Uhrzeigersinn folgen sie der Systematik des zielorientierten Vorgehens. Genau genommen sprechen Meinhold und Matul von Qualitätsspiralen, um den verbindenden Grundgedanken der Qualitätsverbesserung und -entwicklung zu verdeutlichen.

Regelkreis der Verbesserungen durch Qualitätsspirale

Dieses Modell soll zu einer Durchlässigkeit der unterschiedlichen Planungs- und Arbeitsprozesse führen und letztlich zu einem Prozess der integrierten Qualitätsentwicklung

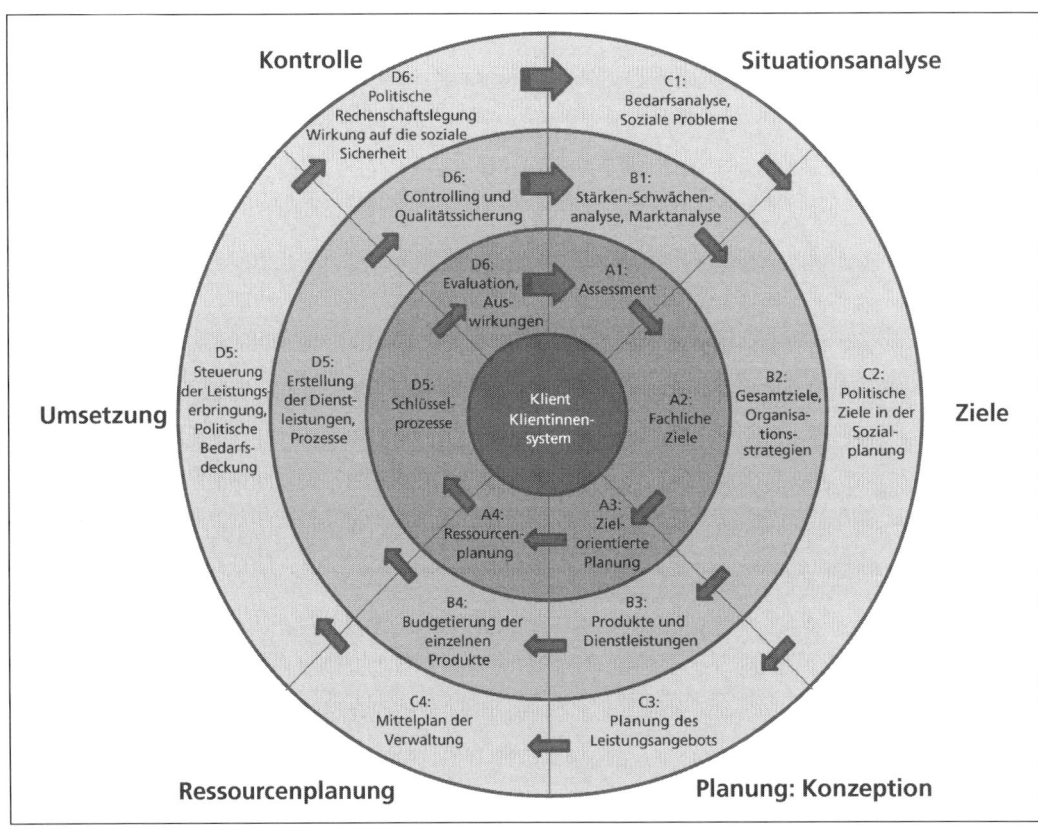

Abb. 9: Integrierte Qualitätsspirale, Regelkreis der Verbesserungen (Meinhold & Matul, 2011, S. 115)

2.3 Qualitätsmanagement

Publikationen zur Entwicklung des Qualitätsmanagements verweisen vielfach auf geschichtlich frühe dokumentierte Aussagen zu Qualität bzw. zum Qualitätsbegriff an sich. Im vorliegenden Kontext interessiert jedoch die unternehmerische Sicht auf Qualitätsmanagement, dessen Entstehung in groben Zügen und beispielhaft dargestellt wird.

2.3.1 Historischer Kontext

Fokus auf Endkontrolle

Die Entwicklung des Qualitätsmanagements als unternehmerische Funktion beginnt im Zuge der Industrialisierung Anfang des 20. Jahrhunderts. Frederick Winston Taylor ist in diesem Zusammenhang zu nennen. Er schuf die Inspektion als zentrale betriebliche

2. Begriffliche und konzeptionelle Grundlagen

Funktion der Qualitätskontrolle. Mit dem Namen Henry Ford verbindet sich zudem die Standardisierung der Produktionsabläufe und damit auch eine erste Normierung von Qualitätsforderungen. Grundsätzlich lag der qualitätsbezogene Fokus auf der Endkontrolle.

Einführung Industriestatistik

Eine grundlegende Änderung im Umgang mit Fehlern erreichte Walter Andrew Shewart mit dem Einsatz industriestatistischer Verfahren. Mit der von ihm erfundenen Qualitätsregelkarte konnten mittels Stichproben Fehler während des Produktionsprozesses erfasst und korrigierende Maßnahmen vorgenommen werden. Shewart erfand mit dem sog. PDSA-Kreis zudem die methodische Blaupause für das Prinzip der kontinuierlichen Verbesserung im Qualitätsmanagement (siehe auch 3.2 „Kontinuierliche Verbesserung").

PDSA-Kreis und Kundenorientierung

Bei der Weiterentwicklung und Verbreitung des industriestatistischen Ansatzes war maßgeblich auch William Edwards Deming beteiligt, der als Schüler Shewarts gilt. Deming war nach dem Zweiten Weltkrieg beim Wiederaufbau der japanischen Wirtschaft unterstützend tätig. Er lehrte neben den industriestatistischen Methoden und dem PDSA-Kreis auch Kundenorientierung als wesentliches Prinzip im Qualitätsmanagement. Deming argumentierte, dass systematische Qualitätsverbesserungen zu Effizienzeffekten, besserer Produktivität, besserer Marktposition und letztlich einer Stärkung des Unternehmens führen.

Zeitgleich zu Deming wirkte Joseph Moses Juran im Zusammenhang mit der Entwicklung des Qualitätsmanagements. Auch er war nach dem Zweiten Weltkrieg in Japan tätig. Stärker als Deming verstand Juran Qualitätsmanagement als Managementphilosophie. Juran verdichtete seine Vorstellungen in der sog. Juran-Trilogy. Danach wird Qualität durch systematische Qualitätsplanung, -regelung und -verbesserung erzielt.

KAIZEN

Gerade die Vorstellungen und Konzepte Demings fielen in Japan auf fruchtbaren Boden und führten zu eigenständigen Entwicklungen[1]. Befördert durch eine in der japanischen Kultur verankerte Haltung zur stetigen Verbesserung (Kaizen, siehe auch 3.2) konzipierte etwa Kaoru Ishikawa in den 1950er-Jahren das Konzept des Company Wide Quality Control. Er integrierte die Ideen Demings, wie das Prinzip der kontinuierlichen Verbesserung und die Verwendung statistischer Methoden. Darüber hinaus aber zeichnete sich Ishikawas Ansatz dadurch aus, dass die sozialen und humanitären Belange der Arbeitstätigkeit und der Aspekt der Motivation der Mitarbeitenden als qualitätsrelevant eingestuft wurden. Auf Ishikawa geht auch die Erfindung der Qualitätszirkel zurück (siehe 6.2.3 „Qualitätszirkel").

Ebenfalls in den 1950er-Jahren, der japanischen Entwicklung aber zeitlich vorgelagert, entwickelte Armand Vallin Feigenbaum mit dem Konzept des Total Quality Control einen ebenfalls umfassenden Ansatz des Qualitätsmanagements. Bekannt ist insbesondere die Aussage Feigenbaums „Quality is everybody's job". Um diesen Anspruch zu realisieren, setzte Feigenbaum auf ein systematisches und funktionsübergreifendes Zusammenwirken entlang eines konsequent kundenorientierten Produktionsprozesses.

---

[1] Grundsätzlich gab es bereits in den 1930er-Jahren weitreichende Entwicklungen des Qualitätsmanagements in Japan. Insbesondere das Unternehmen Toyota integrierte Fehlererkennung und -vermeidung in den gesamten Produktionsprozess.

2.3 Qualitätsmanagement

Total Quality Management

Aus den Ansätzen Ishikawas und Feigenbaums entstand in den 1980er-Jahren die Idee des Total Quality Managements (TQM). Die genaue Herkunft des Begriffs ist nicht zu ermitteln und hinter dem Kürzel TQM verbergen sich heute eine Vielzahl unterschiedlicher Konzepte. Aber zusammenfassend kann TQM als unternehmensweites, „umfassendes Managementkonzept" verstanden werden (Zollondz, 2016a, S. 1160). Es beinhaltet zentrale Aspekte, wie die Verpflichtung der Unternehmensführung zu einem integrierten Qualitätsmanagement, die Gesamtausrichtung der Organisation an den Qualitätsforderungen zentraler Anspruchsgruppen, das Streben nach Qualitätsfähigkeit der Organisation und stetiger Verbesserung, gemessen an der Umsetzung der Qualitätsforderungen der Anspruchsgruppen, und auch die operativ strukturelle Implementierung des Qualitätsmanagementsystems an sich.

Ebenso in den 1980er-Jahren kam es mit der Einführung der ISO-Normenreihe 9000 zu einer deutlichen Vereinheitlichung bestehender Qualitätsmanagementsysteme (siehe 4.1 „DIN EN ISO 9001:2015"). Die DIN EN ISO 9001 hatte zeitweise sogar eine Definition von TQM vorgelegt. Nach wie vor enthält die ISO 9004 einen Leitfaden, der die Entwicklung eines umfassenden Qualitätsmanagements unterstützt (vgl. Zollondz, 2016b).

Qualitätspreise

Ab Ende der 1980er-Jahre mündeten die konzeptionellen Überlegungen und Entwicklungen des Total Quality Managements in den USA und in Europa in der Etablierung diverser Qualitätspreise. Der erste TQM-Qualitätspreis war der von der Organisation Japanese Scientists and Engineers (JUSE) ins Leben gerufene Deming Application Price. In Europa wurde in den 1980er-Jahren das EFQM-Modell entwickelt und mit diesem Modell die Vergabe des European Quality Award verbunden. Das EFQM-Modell wird heute unter der Bezeichnung Business Excellence geführt, womit zunehmend auf einen Ansatz strategischer Unternehmensführung abgehoben wird (siehe 4.3 „EFQM").

Dieser kurze, skizzenhafte Rückblick auf die Pioniere des Qualitätsmanagements macht die Bedeutung und Komplexität des Qualitätsmanagements als Managementaufgabe deutlich. Die konzeptionell leitenden Grundsätze, die sich bereits in der frühen Entwicklung des Qualitätsmanagements herausbildeten, werden in Kapitel 3 noch einmal aufgegriffen und differenzierter erläutert.

2.3.2 Qualitätsmanagement als qualitätsorientierte Steuerung der Organisation

QM als zentrale Führungs- und Managementaufgabe

Bei aller Unterschiedlichkeit der historischen Ansätze fällt auf, dass sich Qualitätsmanagement zu einer zentralen Führungs- und Managementaufgabe entwickelt hat. So wird Qualitätsmanagement auch im vorliegenden Kontext verstanden. Qualität ist der zentrale Steuerungsfaktor organisationaler Wertschöpfung. Qualitätsmanagement bezeichnet daher einen Steuerungsansatz, der alle notwendigen Aktivitäten der Organisation koordiniert, um die Realisierung der angestrebten organisationalen Wertschöpfung zu realisieren und zu entwickeln.

QM als strategischer Ansatz

Damit wird Qualitätsmanagement nicht primär als operative Methode verstanden, sondern vor allem als strategischer Ansatz, der operativ in der Gesamtorganisation implementiert werden muss. Beide Ebenen sind also betroffen. In der Praxis wird Qualitätsmanagement sehr oft darauf beschränkt, Qualitätsnachweise zu erbringen. Der Fokus liegt dann auf einem umfangreichen Dokumentationssystem. In vielen Organisationen

2. Begriffliche und konzeptionelle Grundlagen

wird Qualitätsmanagement auf der Ebene von Qualitätszirkeln oder KVP-Teams[2] angesiedelt. Diese operative Qualitätsarbeit ist für eine nachhaltige Implementierung unerlässlich, aber ohne eine Koppelung an strategische Ziele und Planungen wird der grundlegende Nutzen des Qualitätsmanagements nicht erreicht.

Daraus folgt schlussendlich: Qualitätsmanagement bezieht sich auf die Gesamtorganisation in mehrfacher Weise. Normativ ist ein konsistentes Verständnis für den Auftrag, die beabsichtigte Wertschöpfung zu entwickeln. Strategisch ist die Ausrichtung der Organisation und seiner Aktivitäten grundlegend festzulegen. Und schließlich bedarf es einer systematischen, operativen Umsetzung. Damit ist klar: Qualitätsmanagement bzw. ein Qualitätsmanagementsystem muss in der Gesamtorganisation auf unterschiedlichen Ebenen eingeführt werden. Es betrifft Strukturen und Abläufe ebenso wie die strategische Ausrichtung und grundlegende Wertvorstellungen.

Unternehnensweite Integration

2.4 Einordnung des Qualitätsmanagements in sozialwirtschaftlichen Organisationen

Qualitätsmanagement hat in sozialwirtschaftlichen Organisationen prinzipiell keine andere Funktion als in Organisationen anderer Branchen. Allerdings ist die Frage zu klären, wie psychosoziale berufliche Tätigkeiten als dynamischer, relationaler Gegenstandsbereich von Qualitätsmanagement einer managementbezogenen Steuerung unterzogen werden können. Eine Übertragung des Qualitätsmanagements in sozialwirtschaftliche Organisationen gelingt also nicht ohne Weiteres und erfordert eine grundlegende Einordnung.

Ausgangspunkt ist zunächst die Überlegung, dass sich fachliche Qualität bzw. das, was vonseiten der Leistungsempfangenden als solche wahrgenommen wird, immer im organisationalen Kontext zu sehen ist. Dies sollte durch das Modell der Dienstleistungsqualität nach Parasuraman et al. verdeutlicht werden (siehe 2.2.2). Es gibt eine Vielzahl Konzepte, die im engeren Sinne professionelles Arbeiten und in diesem Sinne Qualität fördern, in dem berufliches Handeln systematisch reflektiert, evaluiert und weiterentwickelt wird. Gemeint sind Konzepte wie Supervision, Coaching, Praxisberatung, Kollegiale Beratung und allgemein alle Maßnahmen der innerbetrieblichen Fort- und Weiterbildung. Die Perspektive klammert allerdings die organisationale Ebene im Sinne von Management und Steuerung weitestgehend aus.

Integration der Organisationsperspektive

Qualitätsmanagement hingegen nimmt explizit diese übergeordnete Perspektive ein und fragt insgesamt nach fachlichen Qualitäten innerhalb der organisationalen Bezüge. Nicht die Professionalisierung auf Fachkrafteebene ist primär maßgebend, sondern die Überlegung, wie der sachbezogene, fachliche Auftrag der sozialwirtschaftlichen Organisation als solches erfolgreich realisiert werden kann. Das ist gemeint, wenn von organisationaler Wertschöpfung gesprochen wird.

Organisationale Wertschöpfung

Qualitätsmanagement ist demnach als strategischer Steuerungsansatz zu verstehen, der die Frage der Leistungsqualität als solches in den Mittelpunkt stellt, und gleichzeitig davon ausgeht, dass eben diese Leistungsqualität in einer Gesamtorganisation zu ermöglichen ist. Qualitätsmanagement hat somit die Aufgabe, die qualitätsrelevanten

---
[2] KVP = Kontinuierlicher Verbesserungsprozess, siehe dazu auch 3.2

2.5 Qualitätsmanagement und Recht

organisationalen Einflussfaktoren und Rahmenbedingungen bereitzustellen und zu koordinieren.

Diese Aussage erscheint möglicherweise trügerisch. Der Impuls zur Auseinandersetzung mit Qualitätsmanagement in der Sozialwirtschaft kam und kommt schließlich nicht primär aus fachlichen Überlegungen heraus, sondern ist politisch motiviert und intendiert eine dezidiert betriebswirtschaftliche und ökonomische Steuerung. Die kontrovers geführte Debatte über die Ökonomisierung der Sozialwirtschaft kann und soll hier nicht nachgezeichnet werden. Es wird aber davon ausgegangen, dass eine Verständigung der fachlichen und ökonomischen Logik möglich ist. Klar ist, dass weder die Betriebswirtschaft noch das Qualitätsmanagement als eine betriebliche Funktion die Aufgabe haben, fachliche Qualität „von oben nach unten" durch rein ökonomische Vorgaben vorzugeben und zu reglementieren.

Integration aller Anspruchsgruppen

Qualitätsmanagement stellt den spezifischen Auftrag der sozialwirtschaftlichen Organisation als solches zunächst ins Zentrum. Über diesen Auftrag muss ein fachlich fundiertes, konsistentes Qualitätsverständnis entwickelt werden, das den Leistungsprozess als Wertschöpfungsprozess in den Mittelpunkt stellt und alle anderen organisationalen Aufgaben darauf ausrichtet, um diese zentralen Qualitätsvorstellungen und -ziele zu realisieren. Das bedeutet, alle Akteure, die Einfluss auf die Realisierung angestrebter Qualität nehmen und alle Personen bzw. Personengruppen, die legitime Erwartungen an Qualität in sozialwirtschaftlichen Unternehmen haben, in den Entwicklungsprozess eines gemeinsamen Qualitätsverständnisses einzubeziehen! Der Grundsatz der Anspruchsgruppenorientierung, der dem Qualitätsmanagement grundsätzlich inhärent ist, gilt hier in besonderer Weise.

Es soll deutlich werden: Qualitätsmanagement an sich widerspricht nicht dem fachlichen Anspruch an Qualität. Vielmehr wird gezielt und systematisch eine Verbindung zwischen der fachlich-professionellen Perspektive der Leistungserstellung und einer in diesem Sinne leistungs- bzw. qualitätsförderlichen Gestaltung organisationaler Bedingungen hergestellt. Qualitätsmanagement dient, strategisch gesehen, der systematischen Qualitätsentwicklung und Professionalisierung.

2.5 Qualitätsmanagement und Recht

Zwischen Qualitätsmanagement und Recht besteht ein grundlegender Zusammenhang, sodass hierfür ein eigener Abschnitt vorgesehen ist. Dieser Zusammenhang ist aus zwei Gründen wichtig:

Sozialgesetzliche Vorgaben

Im sozialwirtschaftlichen Feld sind zuerst die betreffenden sozialgesetzlichen Normen zu beachten, die Vorgaben darüber formulieren, ob und wie in Organisationen Qualitätsmanagement zu betreiben ist. Je nach sozialgesetzlichem Handlungsfeld sind die Vorgaben sehr unterschiedlich. Träger und Einrichtungen im Bereich der Arbeitsförderung müssen etwa ein System zur Qualitätssicherung vorhalten und zertifiziert sein. Organisationen im Gesundheitswesen müssen nach dezidierten Vorschriften ein internes Qualitätsmanagement betreiben. Auch Maßnahmen der externen Qualitätssicherung sind erforderlich. Betreiber von Pflegeeinrichtungen sind ebenfalls zu einem internen Qualitätsmanagementsystem verpflichtet. Träger und Einrichtungen der Kinder- und

2. Begriffliche und konzeptionelle Grundlagen

Jugendhilfe unterliegen solchen Vorgaben zum Qualitätsmanagement hingegen nicht. Stattdessen müssen im Rahmen von Entgeltvereinbarungen Angaben zu Aktivitäten der Qualitätsentwicklung gemacht werden. Rehabilitationsträger müssen schließlich als Grundlage für ein effektives Qualitätsmanagement gemeinsame Empfehlungen vereinbaren; dies ist über die Bundesarbeitsgemeinschaft für Rehabilitation (BAR) erfolgt. Bei der Implementierung und Steuerung von Qualitätsmanagement sind diese Rechtsnormen in jeweils aktueller Fassung zu berücksichtigen. Es ist festzuhalten: Die sozialgesetzlichen Rechtsnormen stecken den Rahmen ab, innerhalb dessen Qualitätsmanagement in sozialwirtschaftlichen Organisationen zu gestalten ist.

Ein weiterer Zusammenhang zwischen Qualitätsmanagement und Recht ergibt sich aus dem Umgang mit Haftungsrisiken. Der Haftungsbegriff ist mit Schadensersatzpflicht gleichzusetzen (vgl. Geiger & Kotte, 2005, S. 126). Es wird dabei zwischen öffentlich-rechtlicher, zivilrechtlicher und strafrechtlicher Haftung unterschieden. Auch Fragen der Betriebshaftpflicht sind zu beachten. Ohne auf die unterschiedlichen Haftungsbegriffe einzugehen, ist die Relevanz für sozialwirtschaftliche Organisationen zu klären. Ausgangspunkt ist die Überlegung, dass jede Berufsausübung Haftungsrisiken mit sich bringt. In der Sozialen Arbeit tangieren Anforderungen der Aufsicht oder des Kinderschutzes Haftungsrisiken in erheblichem Maße. Im Gesundheitsbereich sind zahlreiche mögliche Haftungstatbestände zu berücksichtigen, wie Fehlbehandlungen in der Pflege oder Medizin. Haftungsrisiken treten dabei meist in Verbindung mit mangelnder Sorgfalt auf. Haftungsfragen sind darüber hinaus in etlichen anderen Bereichen betroffen, wie etwa im Arbeitsrecht in Bezug auf Arbeitssicherheit, in Bezug auf die Geschäfts- und auch Vereinsführung oder der handelsrechtlichen Rechnungslegung. Im Rahmen von Qualitätsmanagement ist daher gegenüber Haftungsrisiken grundsätzlich eine aktive Position einzunehmen: Bei der Entwicklung und Bereitstellung sozialer Leistungen müssen mögliche Schadensersatzansprüche im Vorfeld erkannt und entsprechende Vorkehrungen getroffen werden. Es bedarf juristischer Kenntnisse, um die Breite der möglicherweise relevanten Rechtsnormen zu erkennen und richtig einzuschätzen.

Umgang mit Haftungsrisiko

3. Grundsätze des Qualitätsmanagements

Im Verlauf der Entwicklung des Qualitätsmanagements haben sich bestimmte Ideen und Aspekte herausgebildet, die sich heute in nahezu allen bekannten Qualitätsmanagementsystemen und -modellen wiederfinden. Diese Grundsätze stellen gleichsam die „innere Logik" des Qualitätsmanagements dar. Das Wissen um diese Logik ist wichtig, um Qualitätsmanagement als solches zu verstehen. Vielfach wird Qualitätsmanagement in Form eines bestimmten Qualitätsmanagementsystems diskutiert, meistens der ISO 9001 (siehe 4.1). Bei der Frage, welches Qualitätsmanagementsystem eingesetzt werden soll, fällt der Blick auf diese bestehenden Systeme. Vielfach wird dann der Fehler begangen, ein Qualitätsmanagementsystem kritiklos zu übernehmen oder umgekehrt, aufgrund unreflektierter Kritik dieses zu verwerfen. Beides ist nicht erfolgversprechend. Ein Verständnis für die Grundsätze des Qualitätsmanagements ist wichtig, um einen unverstellten Blick für die Chancen und Möglichkeiten, aber auch für die Begrenzungen einzelner Qualitätsmanagementsysteme zu entwickeln.

3.1 Anspruchsgruppenorientierung

Kundenorientierung ist eine zentrale Idee im Qualitätsmanagement (siehe 2.3 „Zur Entwicklung des Qualitätsmanagements"). Edward Deming war einer der ersten, der die Kundenerwartungen in den Mittelpunkt stellte: „The consumer is the most important part of the production line. Quality should be aimed at the needs of the consumer, present and future" (1992, S. 5). Die Idee der Kundenorientierung steht seitdem für die systematische Marktausrichtung von Unternehmen und damit verbunden für die Erzeugung ökonomischer Vorteile.

Eingeschränkte Übertragbarkeit des Prinzips Kundenorientierung

Sozialwirtschaftliche Organisationen verfolgen jedoch grundsätzlich Sachziele. Auch die Vorstellung von der souveränen Kundschaft ist unzutreffend (siehe 2.1.2 „Besonderheiten des Qualitätsverständnisses in der Sozialwirtschaft"). Das Prinzip der Kundenorientierung kann also nicht unmittelbar auf sozialwirtschaftliche Organisationen übertragen werden.

Anspruchsgruppe als erweiterter Kundenbegriff

In Organisationen der Sozialwirtschaft ist die Kundschaft im engeren Sinne die Gruppe der Leistungsempfangenden. An sie richtet sich der Auftrag der Organisation im engeren Sinne, also etwa das Angebot von Betreuung, Beratung, Pflege oder Bildung. Die Leistungsqualität wird aber nicht primär von den Leistungsnehmenden bewertet. Sozialwirtschaftliche Organisationen agieren prinzipiell im gesellschaftlichen Auftrag. Mit Blick auf öffentliche Sozialleistungsträger, die Gesamtplanungsverantwortung tragen, und mit Blick auf Gesellschaft bzw. gesellschaftliche Gruppen stellt sich die Frage nach der Legitimation des organisationalen Wirkens im fachlichen Sinne, aber auch nach dem verantwortungsbewussten Umgang mit wirtschaftlichen Ressourcen. Leistungsqualität wird also nicht nur individuell aus Sicht der Leistungsempfangenden bestimmt, sondern auch gemessen an dem, was aus politischer Sicht als sozialer Bedarf definiert wird. Bereits an dieser Stelle wird deutlich, dass das eng gefasste Prinzip der Kundenorientierung auf sozialwirtschaftliche Organisationen zu erweitern ist und stattdessen von Anspruchsgruppen, Interessensgruppen oder Stakeholdern gesprochen werden sollte.

3. Grundsätze des Qualitätsmanagements

Neben den Leistungsempfangenden und den Sozialleistungsträgern bzw. Kostenträgern ist das Feld möglicher Anspruchsgruppen in sozialwirtschaftlichen Organisationen noch deutlich breiter und heterogener. In folgender Abbildung werden zentrale Anspruchsgruppen und mögliche Qualitätsforderungen benannt.

Anspruchsgruppen	Qualitätsforderungen
Leistungsempfangende	Selbstständigkeit und Autonomie bewahren
	Schutz und Sicherheit erfahren
	Mitbestimmung
Träger/Management	Profilbildung
	Mission erfüllen
	Wirtschaftliche Stabilität
Personal	Arbeitszufriedenheit
	Entwicklungsperspektiven
	Arbeitsplatzsicherheit
Fachkräfte	Einhaltung konzeptioneller Standards
	Mitwirkung der Leistungsempfangenden
	Fachlich indizierte Ressourcenausstattung
Sozialleistungsträger	Erfüllung vertraglich vereinbarter Leistungen
	Wenige oder keine Beschwerden
	Lösungen für kommunal-soziale Problemlagen

Abb. 10: Beispielhafte Qualitätsforderungen ausgewählter Anspruchsgruppen

Weitere Anspruchsgruppen können unter anderem externe Kooperationspartner, politische Mandats- und Entscheidungstragende, kommunale Öffentlichkeit, Sponsoren, Investoren oder Spendengeber sein.

Die Ermittlung der spezifischen Qualitätserwartungen der unterschiedlichen Anspruchsgruppen ist ein wichtiger Schritt im Rahmen der Implementierung und Steuerung von Qualitätsmanagement (siehe 6.3.1 „Ermittlung von Qualitätsforderungen").

Die systematische Organisation und Steuerung heterogener Qualitätsforderungen ist Aufgabe des Anspruchsgruppen- oder auch Stakeholder-Managements. Es zielt darauf ab, die unterschiedlichen und teils kontroversen Qualitätserwartungen der Interessengruppen in die strategische Qualitätsplanung zu integrieren (siehe 6.3.1 „Ermittlung von Qualitätsforderungen"). Das Vorgehen umfasst, die strategisch relevanten Anspruchsgruppen systematisch zu ermitteln, deren Qualitätserwartungen zu erheben und Maßnahmen festzulegen und umzusetzen, um diese Erwartungen zu realisieren. Entscheidend ist eine differenzierte und fundierte Bewertung der unterschiedlichen Interessen, eine Priorisierung der Anspruchsgruppen in Bezug auf deren Bedeutung für die Organisation und letztlich eine Festlegung geeigneter Aktivitäten, um die unterschiedlichen Qualitätsforderungen zu erfüllen. Gerade dieser letzte Schritt fällt oftmals schwer, obwohl eine solche qualitäts- und zielorientierte Arbeitssystematik naheliegend und einleuchtend erscheint.

Anspruchsgruppenmanagement

3.2 Kontinuierliche Verbesserung

PDSA-Zyklus   Auch die Idee der kontinuierlichen Verbesserung ist historisch gesehen ein Grundsatz des Qualitätsmanagements. Erneut taucht der Name Edward Deming auf. Deming kritisierte den damals üblichen, linearen Planungsprozess, der darin bestand, Produkte zu konzipieren, herzustellen und dann bestmöglich zu verkaufen: „Success depended on guess-work – guessing what type and design of product would sell, how much of it to make" (Deming, 1992, S. 180). Entscheidend sei jedoch, so Deming, einen vierten Schritt hinzuzufügen und die erzielten Resultate laufend und systematisch zu überprüfen. „The reason to study the results of a change is to try to learn how to improve tomorrow's product, or next year's crop" (ebd.). Deming gilt als Erfinder des sog. PDSA-Zyklus.[3]

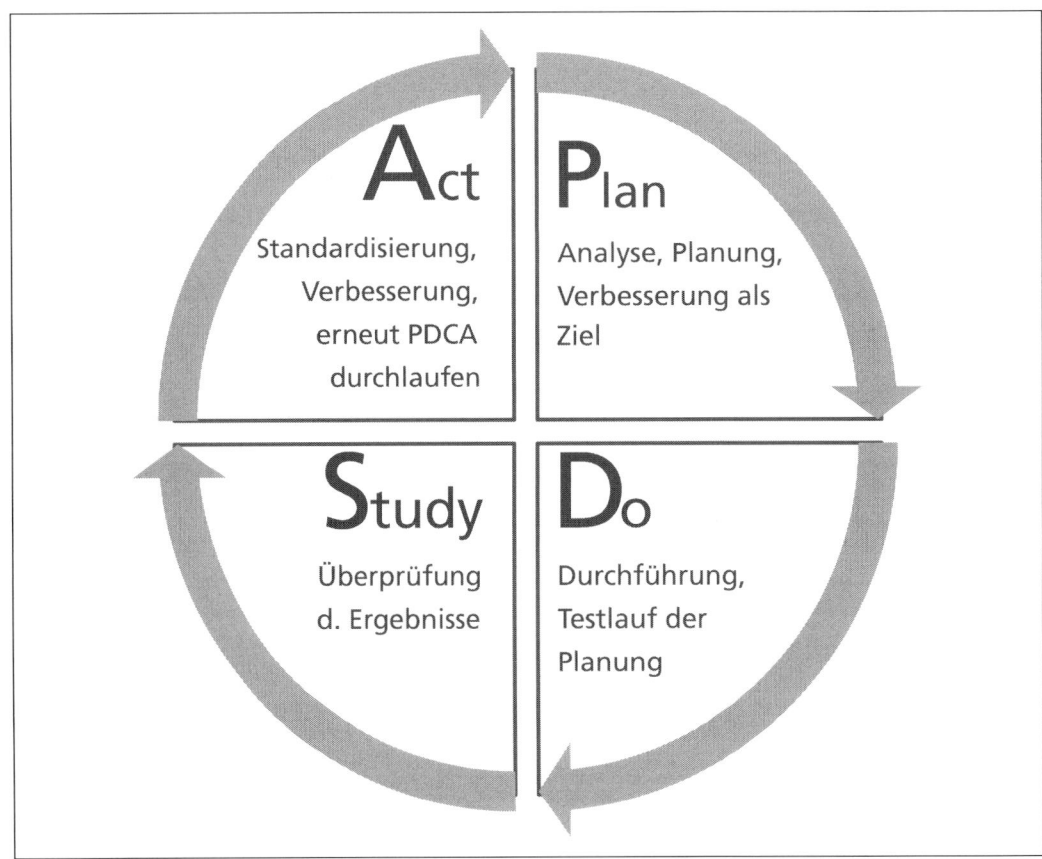

Abb. 11: Der PDSA-Zyklus (Deming, 1994, S. 132)

Im ersten Schritt „Plan" wird eine Änderung oder ein Test mit dem Ziel der Verbesserung geplant. Der zweite Schritt „Do" umfasst die Umsetzung der Änderung bzw. des Tests im Rahmen einer kleinen Stichprobe. Im dritten Schritt „Study" werden die Ergebnisse überprüft und ausgewertet. Schließlich beinhaltet der vierte Schritt „Act" entweder

---

[3] Die Urheberschaft ist bei genauerer Betrachtung differenzierter zu sehen (vgl. Wolf, 2009). Deming berief bei der Darstellung des PDCA-Zyklus in seinen Publikationen (1992; 1994) auf seinen „Lehrer" Shewart. Er wies sogar darauf hin, dass das Kreismodell in den 1950er-Jahren in Japan trotz seiner Verweise auf Shewart als Demingkreis beziehungsweise PDCA-Zyklus Bekanntheit erlangte. Deming selbst jedoch sprach stets vom Shewart- oder PDSA-Zirkel.

3. Grundsätze des Qualitätsmanagements

eine Übernahme bzw. Aufgabe der Veränderungen oder ein erneutes Durchlaufen des Kreises.

Der PDSA-Kreis wurde in Japan stark rezipiert und unter der Bezeichnung PDCA-Zyklus weiterentwickelt (vgl. Wolf, 2009, S. 19).

PDCA-Zyklus

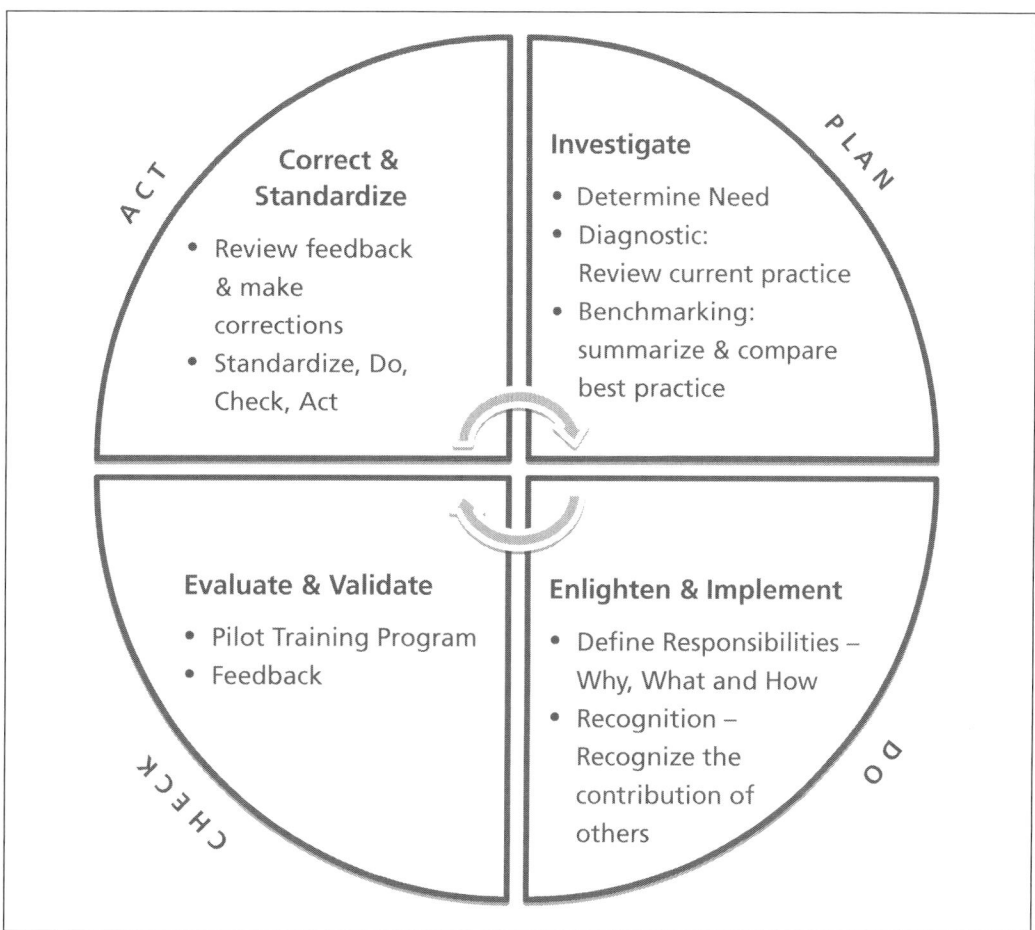

Abb. 12: PDCA-Zyklus (Imai, 1997, S. 224)

Insgesamt fielen die Ideen Demings in Japan auf fruchtbaren Boden. Die primär technische, betriebswirtschaftliche Motivation Demings verband sich mit einem wesentlichen Teil japanischer Kultur. Die Idee der fortlaufenden Verbesserung wurde im japanischen Begriff „Kaizen" aufgenommen, der so viel bedeutet wie „Ersatz des Guten durch das Bessere". Diese Vorstellung gilt als elementarer Teil der japanischen Lebenseinstellung. Masaaki Imai (1997) übertrug den Begriff „Kaizen" und die damit verbundene Philosophie auf den organisationalen Kontext bzw. auf das Management. Nach Imai ist Kaizen als „übergeordnetes Konzept" zu verstehen, als „Schirm", unter dem verschiedene Methoden und Systeme subsumiert werden (vgl. ebd., S. 16).

Kaizen

Abb. 13: Kaizen-Schirm (Imai, 1992, S. 25 zit. in Zollondz, 2016c, S. 556)

Der PDCA-Prozess oder auch PDSA-Zyklus wurde vielfach und in abgewandelter Form aufgegriffen. Im deutschen Sprachkreis wird, wie bereits erwähnt, oft vom kontinuierlichen Verbesserungsprozess (KVP) gesprochen, im Englischen steht CIP für Continuous Improvement Process. In der DIN EN ISO 9001:2015 taucht der Begriff der fortlaufenden Verbesserung auf. Das EFQM-Modell formuliert den allgemeinen Anspruch, in Unternehmen Entwicklungs- und Verbesserungsprozesse zu initiieren.

Der Grundsatz der kontinuierlichen Verbesserung geht von zwei Annahmen aus, die sich gegenseitig bedingen:

- Einmal müssen Qualitätsforderungen ermittelt, bewertet und in Planungsprozesse und operative Aktivitäten übersetzt werden; dies gilt auch in Verbindung mit einem dynamischen, relationalen Qualitätsverständnis.

- In einem weiteren Schritt sind diese Qualitätsforderungen bzw. ist die Realisierung dieser Qualitätsforderungen immer wieder zu überprüfen und gegebenenfalls zu überarbeiten und anzupassen.

In dieser Wechselseitigkeit ist das Prinzip der kontinuierlichen Verbesserung gerade auch für sozialwirtschaftliche Organisationen von zentraler Bedeutung.

3.3 Prozessorientierung

Prozessorientierung ist ein weiterer Grundsatz im Qualitätsmanagement. Wie bereits unter 3.1 dargestellt, ist die Produktion nach Auffassung Demings ein Gesamtprozess, der durchgängig und konsequent an den Erwartungen erfolgsrelevanter Anspruchsgruppen auszurichten ist. Deming bezog sich mit dieser Aussage auf den Produktionsprozess oder auch den Wertschöpfungsprozess als Ganzes.

Auch Dienstleistungs- oder Leistungsprozesse in sozialwirtschaftlichen Organisationen können entsprechend als Wertschöpfungsprozesse bezeichnet werden. Dabei werden auch hier nicht einzelfallbezogene Prozesse betrachtet, sondern der Leistungsprozess insgesamt (z. B. stationäre Erziehungshilfe, Beratung oder Pflege).

Ausgangspunkt: Leistungsprozess

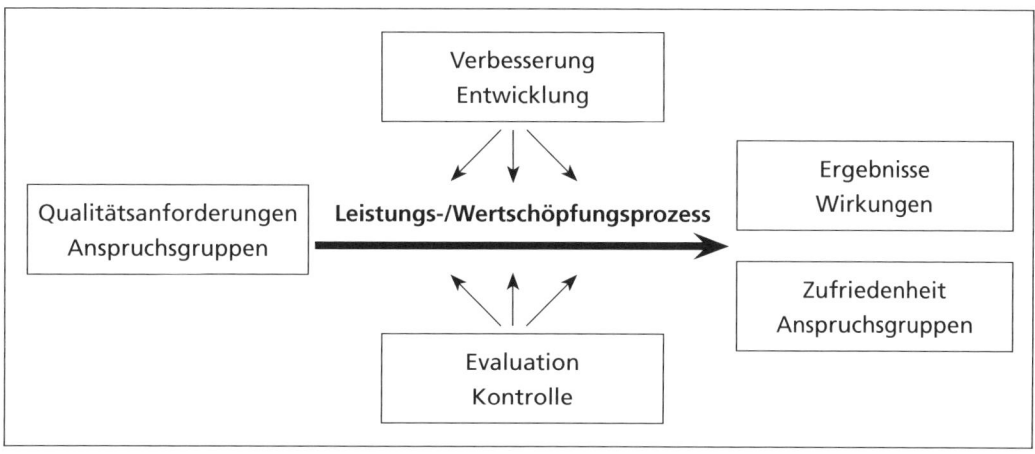

Abb. 14: Leistungs-/Wertschöpfungsprozess (eigene Darstellung in Anlehnung an Deming,1992, S. 5)

Die Planung und Konzeption des Leistungsprozesses orientiert sich an den Qualitätsforderungen strategisch relevanter Anspruchsgruppen. Und das Ziel des Leistungsprozesses besteht im Wesentlichen darin, intendierte Qualitätsziele und Wirkungen und damit die Zufriedenheit der Anspruchsgruppen zu erreichen. Die Zielführung des Gesamtprozesses ist laufend zu überprüfen, zu evaluieren und es sind notwendige Anpassungen zu dessen Verbesserung und Entwicklung vorzunehmen.

Orientierung an Forderungen relevanter Anspruchsgruppen

Von einem geteilten, konsistenten Verständnis von Wertschöpfung oder Qualität ausgehend, muss eine Vorstellung davon entwickelt werden, wie organisationale Strukturen und operative Aktivitäten zu einer Prozessorganisation in der Weise zusammengefügt werden können, dass die intendierte Wertschöpfung tatsächlich erzielt werden kann. Diese Betrachtungsweise fokussiert nicht einzelne Funktionen, Abteilungen oder Stellen, sondern lenkt den Blick auf die Zusammenarbeit. Leistungsprozesse werden in ihren Ursache-Wirkungs-Zusammenhängen transparent und die Bedeutung einer gemeinsamen Verantwortung für die Qualität des Wertschöpfungsprozesses wird gestärkt. Auf der Basis eines geteilten Qualitätsverständnisses können Veränderungen und Verbesserungen schneller, flexibler und auch inhaltlich wirkungsvoller gestaltet und gesteuert werden.

Erzielung von Wertschöpfung

Diese Effekte oder auch Entwicklungen sind Folgen prozessorientierten Denkens und Arbeitens, gleichzeitig aber auch Voraussetzung dafür. Hierarchien und feste Strukturen in Organisationen stehen einem prozessorientierten Qualitätsmanagement vielfach entgegen. Der Aufbau einer prozessorientierten Sicht auf die Organisation und die Veränderung konkreter Arbeitsprozesse ist eine der anspruchsvollsten Aufgaben bei der Einführung eines Qualitätsmanagementsystems. Bei stark funktional und hierarchisch strukturierten Organisationen besteht das Risiko, dass Prozessstrukturen nur halbherzig

Prozessorientiertes Denken und Arbeiten

3.4 Qualitätsmessung

eingeführt werden. Abläufe orientieren sich dann immer noch grundlegend an bestehenden Funktionsstrukturen und erfordern einen mitunter enormen Koordinations- und Steuerungsaufwand. Auch werden aus einer stark funktionsbezogenen Sicht bei betrieblichen und fachlichen Problemen eher „Schuldige" gesucht und gegebenenfalls sanktioniert, das gemeinsame Arbeiten an Lösungen und Verbesserungen hingegen vernachlässigt.

Das Ziel ist nicht die radikale Umsetzung des Prozessgedankens im Sinne des Business-Process-Reengineering[4]. Es steht nicht die Aufbauorganisation an sich in der Kritik. Es wird aber sehr darauf ankommen, dass eine einseitige Fokussierung auf Funktionen und Zuständigkeiten aufgegeben wird zugunsten einer konsequenten Orientierung an gemeinsamen Qualitätszielen. Es sollte grundsätzlich der Leitsatz gelten, dass die Aufbauorganisation der organisationseigenen Prozesslogik folgt.

3.4 Qualitätsmessung

Der Grundsatz der Qualitätsmessung ergibt sich aus dem Qualitätsbegriff, den Grundsätzen der Anspruchsgruppenorientierung sowie der kontinuierlichen Verbesserung.

If you can't measure it, you can't manage it

Das grundlegende Verständnis von Qualitätsmanagement ist, Qualitätsforderungen zu realisieren (siehe 2.2 „Der Qualitätsbegriff"). Folgerichtig müssen Verfahrensweisen entwickelt werden, um zu überprüfen, dass und wie Qualitätsforderungen realisiert wurden. Prinzipiell ist Qualität also nur steuer- und entwickelbar, wenn sie einer Steuerung methodisch zugänglich gemacht wird. Dies geschieht vor allem durch die Bildung von Qualitätskriterien und -indikatoren. Damit wird auf den meist Norton und Kaplan zugeschriebenen Grundsatz Bezug genommen: „If you can't measure it, you can't manage it" (Kaplan & Norton, 1997, S. 20).

Die Notwendigkeit, Qualitätsziele über Indikatoren und Kennzahlen zu überprüfen, ist fester Bestandteil aller großen Qualitätsmanagementsysteme (siehe Kapitel 4). So selbstverständlich dieser Zusammenhang hier aber formuliert ist, so schwierig gestaltet sich die Umsetzung in der Praxis sozialwirtschaftlicher Organisationen. Daher sind beim Grundsatz der Qualitätsmessung einige differenzierende Anmerkungen vorzunehmen.

Qualitätsmessung: Basis zielorientierten fachlichen Handelns

Die Bestimmung bzw. Überprüfung der Qualität personenbezogener Dienstleistungsprozesse und weiter gefasst der organisationalen Wertschöpfung ist angesichts eines dynamischen Qualitätsverständnisses zweifellos anspruchsvoll. Auf eine Überprüfung zu verzichten würde aber bedeuten, fachliche Standards und die Notwendigkeit eines entsprechend zielorientierten beruflichen Handelns aufzugeben. Der Grundsatz der Qualitätsmessung bedeutet zuallererst, diesen scheinbar selbstverständlichen Zusammenhang als notwendig anzuerkennen.

Angemessener Umgang mit Qualitätsindikatoren und Bewertungsverfahren

Auf dieser Basis können und müssen dann für sozialwirtschaftliche Handlungsfelder in angemessener Weise Kenngrößen und Messverfahren ermittelt werden (siehe 6.6 „Qualitätsmessung und -bewertung"). Angemessen bedeutet, dass bei der Erstellung und beim Einsatz von Kenngrößen bestimmte Regeln eingehalten werden (siehe 6.6.2 „Qualitäts-

---

[4] Der Ansatz des Business-Process-Reengineering geht davon aus, dass die gesamte Unternehmensorganisation fundamental hinterfragt und mit dem Ziel der strikten Kundenorientierung vollständig neu aufgebaut wird.

kennzahlen und -indikatoren"). Kennzahlen stellen immer eine Reduktion der Realität dar, die aber notwendig ist, um komplexe Sachverhalte zu verstehen und Handlungsansätze zu erkennen. Das spricht grundsätzlich für einen vorsichtigen Umgang mit Kennzahlen in dem Sinne, dass keine Kennzahlengläubigkeit entsteht, sondern von einer begrenzten Steuerungserwartung auszugehen ist.

3.5 Beteiligungsorientierung

Im Abschnitt 2.3.1 „Historischer Kontext" wurde bereits deutlich, dass Qualitätsmanagement eine gemeinsame Aufgabe aller am Wertschöpfungsprozess Beteiligten ist. Feigenbaum forderte, dass alle Mitarbeiter und Mitarbeiterinnen Verantwortung für Qualität übernehmen müssten (vgl. Zollondz, 2011, S. 111). Auch Ishikawa verband Qualitätsmanagement mit allen Funktionsbereichen und führte Qualitätszirkel ein, um eine breite Partizipation zu ermöglichen. Und schließlich betonte Ishikawa im Zusammenhang mit Qualitätsmanagement erstmals auch die Verantwortung von Unternehmen für die sozialen und emotionalen Bedürfnisse des Personal, um die Motivation und das Commitment zu stärken (vgl. ebd., S. 116 f.). Hier wird deutlich, dass es nicht ausreichend ist, wenn Qualitätsmanagement an Qualitätsmanagementbeauftragte delegiert wird oder sich formal in einem umfassenden Dokumentationssystem erschöpft. Mehrere Gründe sprechen für den Grundsatz der Beteiligungsorientierung.

Die Übernahme der mit Qualitätsmanagement verbundenen Werthaltungen, Arbeitseinstellungen (Qualitätsorientierung, Ausrichtung an Anspruchsgruppen, prozessorientierte Arbeitsweise, Streben nach Verbesserung) kann nicht durch Weisungen oder formale „Wertpapiere" (Leitbild, Qualitätsgrundsätze usw.) quasi verordnet werden. Qualitätsorientierung muss sich im betrieblichen Handeln festigen und manifestieren. Es bedarf zunächst Anreize für eine aktive Mitwirkung beim Qualitätsmanagement. Motivation wird erzeugt, indem Mitarbeitende in die konkrete Umsetzung des Qualitätsmanagements einbezogen werden, indem etwa für Probleme im Arbeitsalltag eigenverantwortlich Lösungen entwickelt und vor allem auch umgesetzt werden. In Arbeitsstrukturen, wie Qualitätszirkel (siehe 5.2.3 „Qualitätszirkel"), wird Qualitätsmanagement praktiziert und die damit verbundenen Wertmaßstäbe realisiert. Durch die Beteiligung der Belegschaft wird aber nicht nur die Motivation gestärkt, sondern auch das Wissen und die Erfahrung aktiv genutzt, um Prozesse und Abläufe gezielt zu verbessern – oder allgemeiner formuliert – Qualität zu entwickeln.

Qualitätsorientierung im gesamten betrieblichen Handeln

3.6 Führungsverantwortung

Führungsverantwortung als Grundsatz des Qualitätsmanagements ergibt sich prinzipiell aus dem strategischen Anspruch, Qualität als zentrale Richtgröße des unternehmerischen, organisationalen Wirkens zu etablieren. Hierbei sind unterschiedliche Aspekte betroffen.

Qualität als zentrale unternehmerische Richtgröße

Die Entscheidung zur Einführung und Implementierung eines Qualitätsmanagementsystems hat große Tragweite und muss daher von der Unternehmensleitung ausgehen. Sie muss vom Management in allen Konsequenzen glaubhaft vermittelt und mitgetragen

3.6 Führungsverantwortung

werden. Dies korrespondiert mit der Selbstverpflichtung der Führungskräfte, das Streben nach Qualität und stetiger Weiterentwicklung und Verbesserung als zentralen Maßstab organisationalen Handelns anzuerkennen. Dieser Anspruch wurde bereits in den ersten unternehmensbezogenen Qualitätsmanagementmodellen konsequent vertreten und verbindet sich insbesondere mit der Idee des Total Quality Managements.

Ressourceneinsatz
Die Entscheidung, Qualitätsmanagement im Unternehmen einzuführen, erfordert den Einsatz organisationaler Ressourcen und den Aufbau spezifischer Strukturen. Damit wiederum sind grundlegende Entscheidungen und Festlegungen verbunden (siehe Kapitel 6 „Implementierung und Steuerung von Qualitätsmanagement").

Umstellen auf prozessorientiertes Arbeiten
Die Umstellung von einer stark funktionsbezogenen auf eine prozessorientierte Arbeitsweise ist vielfach mit erheblichen Anpassungen verbunden. Insbesondere sind zentrale Kooperationsstrukturen zu entwickeln, die eine systematische, prozessorientierte Steuerung zulassen. Das betrifft die inhaltliche Planung von Prozessen, aber auch die formelle Freigabe sowie die Um- bzw. Durchsetzung von Veränderungen. Betroffen sind dabei nicht nur die organisatorischen, technischen Abläufe der Aufgabenerfüllung, damit verbunden sind auch gewohnte Verhaltensweisen, Einstellungen und Arbeitsbeziehungen. Vor diesem Hintergrund manifestiert sich Führungsverantwortung auch in der Gestaltung organisationaler Change- und Transformationsprozesse (siehe 6.1.1 „Einführung von Qualitätsmanagement als Change-Vorhaben").

Ergebnisverantwortung
Führungsverantwortung beinhaltet schließlich auch strategische Ergebnisverantwortung. Im Qualitätsmanagement werden erzielte Resultate auf der Ebene der Wertschöpfung immer auch einer grundlegenden systematischen Bewertung unterzogen. Bewertungen wiederum sind Ausgang für Veränderungen und Anpassungen. Führungsverantwortung bedeutet in diesem Zusammenhang, dass Qualitätsmanagement tatsächlich auch im Sinne eines kontinuierlichen Verbesserungsprozesses betrieben wird.

4. Qualitätsmanagementsysteme

Im folgenden Kapitel werden mit der DIN EN ISO 9001:2015 und dem EFQM-Modell die zwei bekanntesten branchenübergreifenden Qualitätsmanagementsysteme vorgestellt und einer kritischen Würdigung unterzogen.

4.1 DIN EN ISO 9001

4.1.1 Entwicklung und Struktur der DIN EN ISO 9000er Normenreihe

Normen bezeichnen allgemein im Kontext von Organisation und Management verbindliche Festlegungen und Regelungen. Eine Norm ist laut Definition des Deutschen Instituts für Normung e.V. (DIN) „ein Dokument, das mit Konsens erstellt und von einer anerkannten Institution angenommen wurde. Es legt für die allgemeine und wiederkehrende Anwendung Regeln, Leitlinien oder Merkmale für Tätigkeiten oder deren Ergebnisse fest" (DIN, 2022, S. 13). Die Entwicklung überbetrieblicher deutscher Normen (DIN-Normen) ist „eine Aufgabe der Selbstverwaltung der Wirtschaft unter Einschluss der interessierten behördlichen Stellen" (Benes & Groh, 2017, S. 291). Die Koordination dieser Normentwicklungsprozesse übernimmt das Deutsche Institut für Normung. Für die Entwicklung von Normen auf europäischer Ebene (EN-Normen) sind die europäischen Normungsorganisationen CEN (Europäisches Komitee für Normung), CENELEC (Europäisches Komitee für elektrotechnische Normung) und ETSI (Europäisches Institut für Telekommunikationsnormen) zuständig. Und die Entwicklung internationale Normen (ISO-Normen) wird durch die Internationale Organisation für Normung gesteuert.

Begriff der Norm

Zunehmende Anforderungen an die Qualität von Produkten und Leistungen führten zur Entwicklung qualitätsbezogener Normen (vgl. Benes & Groh, 2017, S. 290). Die DIN EN ISO 9000ff. Normenreihe oder -gruppe wurde 1987 im Bereich der Industrie eingeführt und hat sich heute branchenübergreifend etabliert. Die 9000er Normenreihe beinhaltet grundlegende Elemente von und Anforderungen an Qualitätsmanagementsysteme und umfasst vier verschiedenen Einzelnormen (vgl. Pfitzinger, 2016, S. 15; vgl. Benes & Groh, 2017, S. 304 f.). Die erste Zahl bezeichnet die Norm, die zweite den Revisionsstand:

Entwicklung der DIN EN ISO 9000er Normenreihe

- **DIN EN ISO 9000:2015** – Qualitätsmanagementsysteme – Grundlagen und Begriffe: In dieser Norm werden die Grundlagen von Qualitätsmanagementsystemen erklärt sowie relevante Begriffe definiert.

- **DIN EN ISO 9001:2015** – Qualitätsmanagementsysteme – Anforderungen: Diese Norm beschreibt die Anforderungen an Qualitätsmanagementsysteme und stellt die Grundlage für Zertifizierungen dar.

- **DIN EN ISO 9004:2018** – Qualitätsmanagement – Qualität einer Organisation – Anleitung zum Erreichen nachhaltigen Erfolgs. Diese Norm ist direkt zur DIN EN ISO 9001:2015 anschlussfähig. Sie stellt einen Leitfaden zur Implementierung und Verbesserung eines bestehenden Qualitätsmanagementsystems nach 9001:2015 dar. Eine Zertifizierung nach dieser Norm ist nicht möglich.

4.1 DIN EN ISO 9001

- **DIN EN ISO 19011:2018** – Leitfaden zur Auditierung von Managementsystemen: In dieser Norm wird die Durchführung und Auswertung externer und interner Auditierungen jeder Art von Managementsystemen beschrieben.

Gemeinsame Systematik: High Level Structure

Im aktuellen Revisionsstand der DIN EN ISO 9000 und 9001 wurden nochmals formale und sprachliche Vereinheitlichungen vorgenommen, um die Kompatibilität der Normenreihe mit anderen Managementsystemen bzw. Systemnormen zu verbessern. Diese gemeinsame Systematik wird High Level Structure genannt. Durch diese Angleichung sollen Mehrfachzertifizierungen vereinfacht und die Strukturierung sowie Darstellung des internen Qualitätsmanagementsystems erleichtert werden (vgl. Hinsch, 2014, S. 5). Die in der DIN EN ISO 9001:2015 beschriebenen Anforderungen sind daher sehr allgemein gehalten. Es werden grundsätzlich keine inhaltlichen Aussagen gemacht. „Ziel der Norm ist also nicht die Normierung der einzelnen Qualitätsmanagementsysteme, sondern das Schaffen eines Katalogs von Anforderungen, mit dem die Qualitätsmanagementsysteme unterschiedlicher Unternehmen gemessen und verglichen werden können" (Brugger-Gebhardt, 2016, S. 4).

4.1.2 Managementgrundsätze der DIN EN ISO 9000ff.

Grundsätze des Qualitätsmanagement nach DIN

Die Philosophie der DIN EN ISO 9000er Normenreihe beruht auf sieben Grundsätzen des Qualitätsmanagements. Die sieben Grundsätze des Qualitätsmanagements der DIN EN ISO 9000ff. können wie folgt dargestellt werden (vgl. Reimann, 2016, S. 14 ff.):

1. **Kundenorientierung**: Für die Bestimmung bzw. die Bewertung von Qualität sind in erster Linie die Forderungen der Anspruchsgruppen bzw. Kunden und Kundinnen maßgebend. Die Zufriedenheit der Anspruchsgruppen soll nicht nur getroffen, sondern gesteigert werden. Dabei sind nicht nur vertraglich definierte Qualitätsforderungen, sondern auch nicht ausdrücklich dokumentierte Erwartungen zu ermitteln.

2. **Führung**: Die Führung eines Unternehmens hat die Gesamtverantwortung für die Qualität der angebotenen Leistungen. Diese Verantwortung muss glaubhaft vermittelt werden und bedeutet insbesondere, notwendige Ressourcen bereitzustellen und Voraussetzungen zu schaffen, um Qualitätserwartungen relevanter Anspruchsgruppen im Gesamtunternehmen umsetzen zu können. Diese operativen Führungsaktivitäten müssen an der grundlegenden Unternehmenspolitik, den zentralen Zielen und den eingeschlagenen Strategien ausgerichtet werden.

3. **Einbeziehung von Personen**: Mit Blick auf Mitwirkungsbereitschaft und Motivation sollen Mitarbeitende grundsätzlich Möglichkeiten der Partizipation haben. Dieser Grundsatz realisiert sich in der Kompetenzentwicklung der Mitarbeitenden im Kontext von Personalförderung und -entwicklung und der zielgerichteten Zuteilung von Befugnissen und Verantwortung. Mitarbeiter und Mitarbeiterinnen sollten daher bei der Einführung eines Qualitätsmanagementsystems rechtzeitig und systematisch einbezogen werden.

4. **Prozessorientierter Ansatz**: Qualitätsforderungen sind effizient und wirksam umzusetzen, wenn die notwendigen Abläufe und beteiligten Stellen als gemeinsamer und zu koordinierender Wertschöpfungsprozess verstanden werden. Das bedeutet, Prozesse systematisch zu erfassen, insbesondere der Schnittstellen und Wechselwirkungen zu beschreiben, zu messen und kontinuierlich zu steuern.

5. **Verbesserung**: Prozesse werden entlang des PDCA-Zyklus gesteuert. Voraussetzung dafür sind geeignete Indikatoren und Messverfahren. Ziel ist nicht nur die Verbesserung einzelner Prozesse, sondern letztlich die Anpassungsfähigkeit der Gesamtorganisation an sich verändernde externe Qualitätsforderungen.

6. **Faktenbasierte Entscheidungen**: Entscheidungen werden auf der Basis nachprüfbarer, aussagekräftiger Informationen getroffen. Das bedeutet einerseits, Prozessergebnisse kennzahlen- bzw. indikatorengestützt zu erfassen und einer Bewertung zugänglich zu machen. Hier muss Qualitätsmanagement eine strukturelle Schnittstelle zum Controlling herstellen. Andererseits sollen auch schwer quantifizierbare Entscheidungssituationen, wie strategische Risikoeinschätzungen oder Problemstellungen im Kontext konzeptioneller Entwicklungen abgesichert werden. Neben Nachweisen können in diesem Zusammenhang auch Kompetenz, Erfahrung und Intuition eine Rolle spielen.

7. **Beziehungsmanagement**: Der letzte Managementgrundsatz bezieht sich auf die systematische Gestaltung der Beziehung zu allen externen wie internen interessierten Anspruchsgruppen.

4.1.3 Grundidee der DIN EN ISO 9001:2015

Die DIN EN ISO 9001:2015 beschreibt Anforderungen an Qualitätsmanagementsysteme. Mit der Umsetzung und steten Weiterentwicklung dieser Anforderungen sollen Organisationen in die Lage versetzt werden, „ihre Gesamtleistung zu steigern" und eine geeignete „Basis für nachhaltige Entwicklungsinitiativen" aufzubauen (DIN, 2021 S. 118). Die DIN EN ISO 9001:2015 zielt also darauf ab, in Organisationen durch den Aufbau eines Qualitätsmanagementsystems einen dauerhaften Prozess der Qualitätsverbesserung in Gang zu setzen.

Anforderungen an QM-systeme

Mit der Umsetzung eines normkonformen Qualitätsmanagementsystems werden Vorteile verbunden, nämlich:

Nonkonformität

- „die Fähigkeit, beständig Produkte und Dienstleistungen zu liefern, die die Kundenanforderungen und zutreffende gesetzliche und behördliche Anforderungen erfüllen;
- das Eröffnen von Chancen zur Erhöhung der Kundenzufriedenheit;
- die Behandlung von Risiken und Chancen im Zusammenhang mit ihrem Kontext und ihren Zielen; und
- die Fähigkeit, Konformität mit festgelegten Anforderungen des Qualitätsmanagementsystems nachzuweisen" (ebd.).

Der Ansatz der DIN EN ISO 9001:2015 wird vielfach auf diesen letzten Aspekt der Normkonformität reduziert. Der Grad der Übereinstimmung mit den Normanforderungen wird im Rahmen einer Zertifizierung nachgewiesen. Die Grundidee dieser Norm ist jedoch weiter gefasst. Für das Verständnis der DIN EN ISO 9001:2015 ist daher auch die Auseinandersetzung mit der spezifischen Terminologie empfehlenswert, die in der DIN EN ISO 9000:2015 dargelegt ist.

Im Normtext der DIN EN ISO 9001:2015 wird auch betont, dass die Organisation nicht verpflichtet wird, die Struktur der Norm zu übernehmen. Organisationen sind in Bezug auf die Dokumentation und den konkreten Aufbau des Qualitätsmanagementsystems frei. Diese Aussage ist insofern bemerkenswert, weil gerade mit der DIN EN ISO 9001:2015 eher ein starres Managementsystem verknüpft wird. Möglicherweise hängt diese Einschätzung mit der Zertifizierungspraxis zusammen. Aufgrund der Verpflichtung, für die Zertifizierung die Normkonformität nachzuweisen, sind Organisationen faktisch auf die Normstruktur verpflichtet. Werden Qualitätsmanagementsysteme in Organisationen in anderer, eigener Weise aufgebaut, muss für die Zertifizierung dennoch eine Überführung in die Normstruktur geleistet werden, was wiederum mit einem Mehraufwand verbunden ist.

4.1.4 Prozessmodell der DIN EN ISO 9001:2015

Der DIN EN ISO 9001:2015 ist ein Prozessmodell zugrunde gelegt. Es verdeutlicht die Prozessorientierung als zentrale Idee der Norm.

Das Prozessmodell zeigt einen inneren und äußeren Regelkreis.

Äußerer Regelkreis Der äußere Regelkreis fokussiert die Qualitätsanforderungen der Kundinnen und Kunden bzw. der relevanten interessierten Parteien (4). Die Qualität der Leistungsprozesse bzw. Produkte bestimmt im Wesentlichen die Zufriedenheit dieser Anspruchsgruppen. Die Zufriedenheit der Anspruchsgruppen wiederum wird systematisch erfasst und die Ergebnisse dem Management zugänglich gemacht (9).

Innerer Regelkreis Hier beginnt der innere Regelkreis. Die Unternehmensführung (5) stellt alle notwendigen Ressourcen zur Verfügung (8), um die Leistungsprozesse zu planen (6) und anforderungsgemäß umzusetzen (7). Die Prozesse werden systematisch überwacht, bewertet (9) und notwendige Verbesserungen umgesetzt (10).

Der prozessorientierte Ansatz der DIN EN ISO 9001:2015 „ermöglicht der Organisation, die Zusammenhänge und Wechselbeziehungen von Prozessen des Systems so zu steuern, dass die Gesamtleistung der Organisation verbessert werden kann" (DIN, 2021, S. 120). Prozessmanagement nach diesem Ansatz zielt darauf ab, „dass die angestrebten Ergebnisse mit der Qualitätspolitik und der strategischen Ausrichtung der Organisation übereinstimmen" (ebd., S. 121).

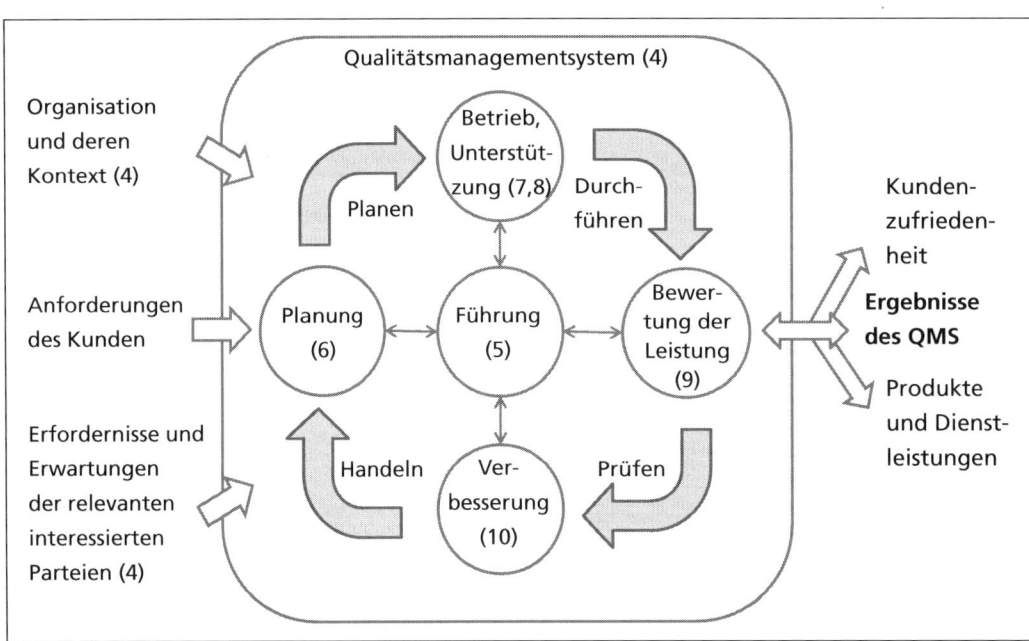

Abb. 15: Prozessmodell der DIN EN ISO 9001:2015 (DIN, 2021, S. 123)

4. Qualitätsmanagementsysteme

Das Prozessmodell der DIN EN ISO 9001 folgt damit der Logik des PDCA-Zyklus (siehe 3.2 „Kontinuierliche Verbesserung").

Logik des PDCA-Zyklus

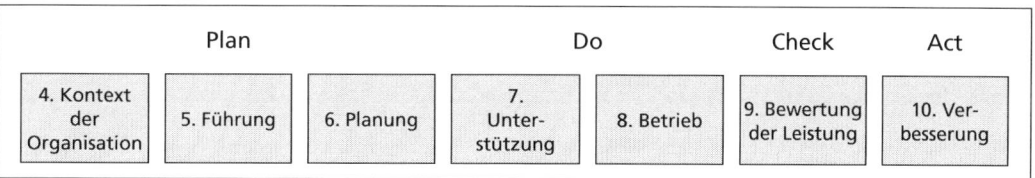

Abb. 16: Normkapitel im PDCA-Kreislauf

Die in diesem Prozessmodell genannten Zahlen entsprechen der Kapitelstruktur der Norm bzw. der sog. High Level Structure.

4.1.5 Besonderheiten des Revisionsstands 2015

Die DIN EN ISO 9001 wurde 2015 einer großen Revision unterzogen. Neben sprachlichen Angleichungen und einer Vereinfachung der Struktur im Sinne der High Level Structure sind vor allem grundlegende inhaltliche Änderungen im Vergleich zum Revisionsstand von 2008 vollzogen worden (vgl. Reimann, 2016, S. 17; vgl. Hinsch, 2014, S. 5).

Grundlegende Änderungen 2015

Die wichtigsten Änderungen sind:

- Die neue DIN EN ISO 9001:2015 beschreibt eine Strategie- und Stakeholderorientierung. Die Unternehmen sind in Kapitel 4 der Norm aufgefordert, den Kontext der Organisation zu beschreiben. Dabei sind strategisch bedeutsame interne und externe Handlungsfelder zu definieren. Reimann (2016, S. 20) fasst die zentralen Felder anschaulich zusammen:

Strategie- und Stakeholderorientierung

Abb. 17: Einflussfelder des Organisationskontextes (mod. n. Reimann, 2016, S. 20)

- Die neue DIN EN ISO 9001:2015 fokussiert im Kapitel 5 in verstärkter Weise die Führungsverantwortung. Die Gesamtverantwortung für die Umsetzung des Qualitätsmanagementsystems wird der Unternehmensführung bzw. der obersten Leitung zu-

Stärkung der Führungsverantwortung

4.1 DIN EN ISO 9001

gewiesen. Die Verpflichtung zur Einsetzung eines Qualitätsmanagementbeauftragten wurde hingegen aufgehoben. Die oberste Leitung bestimmt die maßgebende Qualitätspolitik sowie die zentralen Qualitätsziele. Die Qualitätsforderungen relevanter Anspruchsgruppen müssen dabei berücksichtigt werden. Die neue Norm betont, dass das Qualitätsmanagementsystem nicht nur strategisch, sondern auch operativ zu integrieren ist. Damit kommt der Führungskompetenz eine besondere Bedeutung zu:

> „Ihr Vorbild [der Führungskraft; der Verf.] und ihre Überzeugungskraft, Mitarbeiter zu motivieren, wird von entscheidender Bedeutung sein, wenn es um die Wirksamkeit des Qualitätsmanagements und dessen ständige Verbesserung geht" (Reimann, 2016, S. 42).

Risiko-Chancen-Analyse

Erstmals sind Unternehmen nach der DIN EN ISO 9001 verpflichtet, die Vorgehensweise zum Umgang mit betrieblichen Risiken und Chancen zu beschreiben. Während in der DIN EN ISO 9001:2008 noch von Vorbeugemaßnahmen die Rede war, wird im Kapitel 6 der neuen Norm gefordert, Maßnahmen zu planen und umzusetzen, um betriebliche Risiken und Chancen zu behandeln. Die Risiken und Chancen ergeben sich im Wesentlichen aus dem Verstehen der Organisation, also der Einschätzung strategischer Optionen und zentraler Erwartungen wichtiger Anspruchsgruppen.

Sonstige Neuerungen

Neben diesen besonders zu beachtenden Veränderungen sind weitere Aspekte zu beachten, wie u. a.:

- Dienstleistungen werden gleichwertig neben Produktion genannt.

- Qualitätsdokumentation wird nicht mehr differenziert, sondern im Begriff „dokumentierte Information" zusammengefasst. Es müssen keine bestimmten Verfahren mehr dokumentiert werden. Die Verpflichtung zur Erstellung eines Qualitätsmanagementhandbuchs ist entfallen.

- Das Wissen im Unternehmen wird als Ressource betrachtet und muss im Managementsystem berücksichtigt werden.

- Ausgelagerte Leistungen müssen kontrolliert werden.

4.1.6 Kapitelstruktur der DIN EN ISO 9001:2015

Aufbau der DIN EN ISO 9001:2015

Die ersten drei Kapitel beschreiben den Anwendungsbereich, die normativen Verweisungen sowie die zentralen Begriffe. Für das Qualitätsmanagementsystem im engeren Sinne sind die Kapitel 4 bis 10 maßgebend. Diese Kapitel sind Kontext der Organisation, Führung, Planung, Unterstützung, Betrieb, Bewertung der Leistung sowie Verbesserung (DIN, 2021, S. 128 ff.). Die Kapitel beschreiben Anforderungen an das Qualitätsmanagementsystem, und zwar in Bezug auf die im Prozessmodell benannten thematischen Aspekte. Die Anforderungen werden in den Normkapiteln jeweils beschrieben und mit Anmerkungen konkretisiert. Im Rahmen von Zertifizierungen muss die Konformität mit den Anforderungen der DIN EN ISO 9001:2015 prinzipiell vollständig nachgewiesen werden. Abweichungen sind in begründeten Fällen zulässig.

4. Qualitätsmanagementsysteme

Das **Kapitel 4** (Kontext) beschreibt grundlegende Anforderungen an die Ausrichtung und Gestaltung des Qualitätsmanagementsystems:

Kapitel 4: Kontext

- Die Organisation muss relevante interne und externe strategische Handlungsfelder beschreiben. Handlungsfelder sind für den Zweck der Organisation, für deren Auftrag und für die strategische Ausrichtung insofern relevant, als sie Einfluss haben auf die Fähigkeit der Organisation, die gesetzten Ziele zu erreichen. Als interne Felder bzw. Themen werden Werte, Kultur und Leistung genannt. Externe Themen sind etwa gesetzliche, wettbewerbliche, soziale, politische oder wirtschaftliche Entwicklungen.
- Des Weiteren bezieht sich der Begriff Kontext auch auf das Verständnis für die Erfordernisse der interessierten Parteien bzw. Anspruchsgruppen. Die Organisation verpflichtet sich, Anspruchsgruppen- oder Stakeholdermanagement zu betreiben.
- In Bezug auf die Strategiefelder und die relevanten Anspruchsgruppen muss der Geltungs- bzw. Anwendungsbereich des Qualitätsmanagementsystems festgelegt werden.
- Die Organisation muss ein normkonformes Qualitätsmanagementsystem einführen und steuern, einschließlich der dafür erforderlichen Prozesse und deren Wechselwirkungen. Die für die Prozesse erforderlichen dokumentierten Informationen sind zu erbringen und aufzubewahren.

In **Kapitel 5** werden die Anforderungen an die Führung in Bezug auf das Qualitätsmanagementsystem beschrieben:

Kapitel 5: Führung

- Allgemein muss die Unternehmensleitung bzw. oberste Leitung hinsichtlich des Qualitätsmanagementsystems Führung und Verpflichtung zeigen.
- Das bedeutet zuerst, dass die Führung die grundlegende Ausrichtung an den Erwartungen der Anspruchsgruppen etabliert und relevante Chancen und Risiken in Bezug auf zentrale Qualitätsforderungen systematisch gesteuert werden.
- In Bezug auf den Organisationszweck, die strategischen Erfordernisse und die zentralen Qualitätsforderungen, muss die Führung eine geeignete Qualitätspolitik beschreiben und Qualitätsziele festlegen. Qualitätspolitik und -ziele sind zu dokumentieren, zu kommunizieren und allen interessierten Parteien zugänglich zu machen.
- Die Führung ist verantwortlich für die Implementierung und systematische Weiterentwicklung eines wirksamen Qualitätsmanagementsystems. Die Führung muss die Relevanz des Qualitätsmanagementsystems überzeugend kommunizieren.
- Schließlich müssen die für das Qualitätsmanagementsystem verantwortlichen Personen durch die Organisationsleitung Unterstützung erfahren.

Das **Kapitel 6** beschreibt Forderungen an die Planung im Kontext des Qualitätsmanagements:

Kapitel 6: Planung

- Das Qualitätsmanagementsystem muss so aufgebaut sein, dass ein systematischer Umgang mit Risiken und Chancen erfolgt. Insbesondere sind bei der Planung von Prozessen Risiken und Chancen zu berücksichtigen.
- Es sind Qualitätsziele für Funktionen, Ebenen und Prozesse festzulegen, die einen Bezug zur Qualitätspolitik aufweisen, relevante Qualitätsforderungen berücksichtigen, und messbar sind. Qualitätsziele müssen systematisch gesteuert werden. Für die Zielerreichung notwendige Ressourcen sind bereitzustellen und es sind Verantwortliche zu benennen.

- Notwendige Änderungen des Qualitätsmanagementsystems müssen so vorgenommen werden, dass die Verfügbarkeit von Ressourcen gewährleistet ist, Verantwortlichkeiten und Befugnisse klar geregelt sind und die Konsistenz des Qualitätsmanagementsystem erhalten bleibt.

Kapitel 7: Unterstützung

In **Kapitel 7** (Unterstützung) werden die Anforderungen beschrieben, die für den Aufbau, die Aufrechterhaltung sowie die kontinuierliche Verbesserung des Qualitätsmanagements erforderlich sind:

- Die Organisation muss die für die Steuerung des Qualitätsmanagementsystems erforderlichen Ressourcen bestimmen und bereitstellen, in Form von Personal, Infrastruktur, geeigneter Arbeitsumgebung und Wissen.
- Personen, die im Rahmen des Qualitätsmanagementsystems eingesetzt werden, müssen notwendige Kompetenzen aufweisen bzw. erforderliche Qualifikationsmaßnahmen erfahren. Zudem ist sicherzustellen, dass diese Personen ein Bewusstsein für die organisationsspezifische Qualitätspolitik und die daraus abzuleitenden Qualitätsziele haben.
- Es muss die für das Qualitätsmanagementsystem erforderliche interne und externe Kommunikation bereitstellen.
- Die Organisation muss die dokumentierte Information, die von der Norm gefordert und in Bezug auf die Wirksamkeit des Qualitätsmanagementsystems als notwendig bewertet wird, bereitstellen, bedarfsgerecht aktualisieren und lenken.

Kapitel 8: Betrieb

In **Kapitel 8** (Betrieb) werden die für die Produkte und Leistungen erforderlichen Prozesse entsprechend den Normanforderungen bestimmt:

- Die Organisation muss in umfassender Weise die produkt- oder leistungsrelevanten Prozesse steuern. Steuerung bezieht sich auf Feststellung der Anforderungen, die Bestimmung geeigneter Kriterien, die Bereitstellung notwendiger Ressourcen, die Steuerung notwendiger dokumentierter Information und die Überwachung geplanter Änderungen.
- Die Organisation muss überdies die Anforderungen an Produkte und Leistungen bestimmen, diese überprüfen und notwendige Änderungen umsetzen. Für Kundinnen und Kunden müssen notwendige Produkt- bzw. Leistungsinformationen bereitgestellt werden. Es muss ein systematischer Umgang mit Anfragen, Aufträgen und Rückmeldungen von Kundinnen und Kunden gewährleistet sein.
- Die Entwicklung von Produkten und Dienstleistungen muss im Rahmen eines eigenen definierten Prozesses erfolgen.
- Die Organisation muss gewährleisten, dass extern bereitgestellte Prozesse, Produkte und Dienstleistungen den gestellten Anforderungen entsprechen.
- Der Produktions- bzw. Dienstleistungserbringungsprozess selbst muss unter beherrschten Bedingungen erfolgen. Hierzu müssen dokumentierte Informationen zu den Merkmalen der zu erbringenden Produkte bzw. Leistungen vorliegen, ebenso zu den durchzuführenden Tätigkeiten und zu erzielenden Ergebnissen. Erforderliche Änderungen an Produktions- bzw. Dienstleistungserbringungsprozesse müssen überprüft, gesteuert und dokumentiert werden.
- Die Erfüllung der Anforderungen durch Produkte oder Dienstleistungen ist durch Freigabeprozesse zu gewährleisten.
- Die Organisation muss die Steuerung nichtkonformer Ergebnisse sicherstellen.

Das **Kapitel 9** (Bewertung der Leistung) umfasst die Anforderungen an die Bewertung der Leistungen der Organisation, die Durchführung interner Audits und das Managementreview:

Kapitel 9: Leistungsbewertung

- Die Organisation muss festlegen, welche Qualitäten, wann und in welcher Weise überwacht, gemessen, analysiert und bewertet werden. Auch die Wirkung des Qualitätsmanagementsystems wird bewertet. Dazu sind geeignete Informationen bereitzustellen.
- Die Organisation muss die Bewertung der Produkte und Leistungen durch die Kundinnen und Kunden systematisch erfassen und den Erfüllungsgrad der Anforderungen bestimmen.
- In regelmäßigen Abständen müssen interne Audits durchgeführt werden, um die Konformität und Wirksamkeit des Qualitätsmanagementsystems zu bewerten.
- In regelmäßigen Abständen sind Managementreviews durchzuführen: Die oberste Leitung muss hierzu das Qualitätsmanagementsystem der Organisation bewerten in Bezug auf die Eignung, Angemessenheit und Angleichung an die strategische Ausrichtung der Organisation.

Kapitel 10 (Verbesserung) beschreibt Anforderungen, wie die Organisation Chancen zur Verbesserung bestimmt und notwendige Maßnahmen ergreift, um Anforderungen von Kundinnen und Kunden zu erfüllen:

Kapitel 10: Verbesserung

- Die Organisation muss bei nichtkonformen Ergebnissen eine systematische Analyse und Bewertung vornehmen, systematische Verbesserungsmaßnahmen ergreifen und die Wirksamkeit dieser Maßnahmen überprüfen.
- Risiken und Chancen, die bei der Planung bestimmt wurden, müssen im Kontext von Korrekturmaßnahmen berücksichtigt und notfalls aktualisiert werden.

4.1.7 Dokumentierte Information

Allgemein wird im Zusammenhang mit der DIN EN ISO 9001:2015 häufig ein Übermaß an Dokumentationstätigkeiten kritisiert. Mit der aktuellen Version der Norm wurden die Anforderungen zur Qualitätsmanagementdokumentation grundlegend verändert. Während in der „alten" Norm noch bestimmte Verfahren beschrieben werden mussten und ein Qualitätsmanagementhandbuch zu erstellen war, wird in der aktuellen Fassung der DIN EN ISO 9001:2015 zwischen Information und dokumentierter Information unterschieden.

Unter dokumentierter Information sind grundsätzlich dokumentierte Verfahren und Aufzeichnungen zu verstehen. Es bleibt dabei offen, wie die Verfahren dokumentiert bzw. in welcher Weise Informationen zur Verfügung gestellt werden. Sofern in den Normabschnitten nur von Information gesprochen wird, obliegt es der Organisation zu entscheiden, ob Sachverhalte dokumentiert werden oder nicht. Die Organisation hat in der Umsetzung der Forderungen also deutliche Spielräume.

Verfahren, Aufzeichnungen

Die Norm fordert an unterschiedlichen Stellen dokumentierte Informationen. Grundsätzliche Angaben finden sich im Normabschnitt „7.5 Dokumentierte Information". Danach muss das Qualitätsmanagementsystem der Organisation die von der Norm geforderte dokumentierte Information sowie dokumentierte Informationen in Bezug auf die Wirksamkeit des Qualitätsmanagementsystems vorweisen.

Wirksamkeit

4.1 DIN EN ISO 9001

Organisations-spezifische Faktoren

Es wird angemerkt, dass der Umfang der dokumentierten Information für ein Qualitätsmanagementsystem von organisationsspezifischen Faktoren abhängt, wie der Größe der Organisation, der Art der Tätigkeit, der Komplexität der Prozesse und der Kompetenz der handelnden Personen.

DIN-geforderte Dokumentation

In folgenden Normabschnitten wird dokumentierte Information gefordert:

4 Kontext der Organisation
4.3 Festlegen des Anwendungsbereichs des Qualitätsmanagementsystems
4.4.2 Qualitätsmanagement und seine Prozesse
5 Führung
5.2.1 Bekanntmachung der Qualitätspolitik
6 Planung
6.2 Qualitätsziele und Planung zu deren Erreichung
7 Unterstützung
7.1.5 Ressourcen zur Überwachung und Messung
7.2 Kompetenz
7.5 Dokumentierte Information
8 Betrieb
8.1 Betriebliche Planung und Steuerung
8.2.3 Überprüfung der Anforderungen für Produkte und Dienstleistungen
8.3.2 Entwicklungsplanung
8.3.3 Entwicklungseingaben
8.3.4 Steuerungsmaßnahmen für die Entwicklung
8.3.5 Entwicklungsergebnisse
8.3.6 Entwicklungsänderungen
8.4.1 Allgemeines
8.5.2 Kennzeichnung und Rückverfolgbarkeit
8.5.3 Eigentum des Kunden oder der externen Anbieter
8.5.6 Überwachung von Änderungen
8.6 Freigabe von Produkten und Dienstleistungen
8.7 Steuerung nichtkonformer Ergebnisse
9 Bewertung der Leistung
9.1.1 Allgemeines
9.2 Internes Audit
9.3.3 Ergebnisse der Managementbewertung
10 Verbesserung
10.2 Nichtkonformität und Korrekturmaßnahmen

Abb. 18: Normabschnitte der DIN EN ISO 9001:2015 mit Angaben über geforderte Dokumentation

4. Qualitätsmanagementsysteme

4.1.8 Auditierung und Zertifizierung

Die DIN EN ISO 9001:2015 beschreibt Anforderungen an ein Qualitätsmanagementsystem. Qualitätsaudits stellen einen methodischen Weg dar, um die Einhaltung der Forderungen zu überprüfen. „Ein Audit ist ein systematischer, unabhängiger und dokumentierter Prozess zum Erlangen von objektiven Nachweisen und zu deren objektiver Auswertung, um zu bestimmen, inwieweit Auditkriterien erfüllt sind" (DIN, 2021, S. 58). Ein Audit dient grundsätzlich also der systematischen Überprüfung der Normkonformität des QMS und darüber hinaus auch der Ermittlung von Verbesserungsansätzen. Audits können unabhängig von einer Zertifizierung in diesem Sinne eingesetzt werden. Die Zertifizierung ist hingegen nur über ein externes Audit zu erreichen.

Qualitätsaudits

Es können drei Auditarten unterschieden werden:

Auditarten

- **Systemaudits** dienen der Beurteilung des Qualitätsmanagementsystems als solches. Die Beurteilung geschieht auf der Basis der zugrunde liegenden Normen. Systemaudits sind grundsätzlich umfangreicher und zeitaufwendiger als Prozess- und Produktaudits.

- **Prozessaudits** prüfen einzelne Verfahren und Prozesse in Bezug auf deren Einhaltung und Zweckmäßigkeit. Beurteilungsgrundlagen sind dabei Fertigungs- und Prüfpläne, Qualifikationsnachweise des Personals oder Wartungsnachweise.

- **Produktaudits** schließlich dienen der Untersuchung von Produkten auf Übereinstimmung mit geforderten Qualitätsmerkmalen. Die Beurteilung wird dabei auf der Grundlage von Produktspezifikationen vorgenommen.

Bei Systemaudits werden weitere Unterscheidungen getroffen (DIN, 2021, S. 490; vgl. Herrmann & Fritz, 2021, S. 292 f.):

Interne, externe Audits

- **Erstparteien-Audit** (first party audits) sind interne Audits und werden von organisationseigenen Auditorinnen und Auditoren durchgeführt. Interne Audits dienen dem Erkennen von Verbesserungspotenzialen, fungieren als interne Schulung und sind Basis der Managementbewertung.

- **Zweitparteien-Audits** (second party audits) sind eine Form externer Audits. Sie werden zur Bewertung von Lieferanten oder im Kundenauftrag durchgeführt.

- **Drittparteien-Audits** (third party audits), ebenfalls externe Audits, dienen der Zertifizierung.

Der typische Ablauf eines Systemaudits wird im Abschnitt 6 der DIN EN ISO 19011:2018 dargestellt. Der Ablauf eines Zertifizierungsverfahrens aus dem Blickwinkel einer Zertifizierungsstelle ist in der DIN EN ISO 17021:2015 beschrieben. Zertifizierungsgesellschaften müssen selbst akkreditiert sein, um Konformitätsbewertungen durchführen zu dürfen. Die Anforderungen hierfür sind wiederum in der DIN EN ISO 17021:2015 (Konformitätsbewertung – Anforderungen an Stellen, die Managementsysteme auditieren und zertifizieren) geregelt.

Ablauf eines Audits

Nachfolgend wird der Ablauf eines Zertifizierungsverfahrens erläutert (siehe Abb. 19).

Vor einer vertraglichen Vereinbarung und vor Beginn des eigentlichen Zertifizierungsverfahrens sind grundlegende Fragen zu klären, insbesondere die Art der Zertifizie-

Vorbereitung Zertifizierung

4.1 DIN EN ISO 9001

rung, der Geltungsbereich und die zentralen Ziele, die mit der Zertifizierung verbunden werden. Für den Vertragsabschluss entwickelt die Zertifizierungsstelle ein Angebot. Nach Vertragsabschluss stellt die Zertifizierungsstelle ein Auditorenteam zusammen. Optional ist ein Voraudit möglich. In diesem Fall prüft ein Mitglied des späteren Auditorenteams Unsicherheiten hinsichtlich der Dokumentation sowie der Umsetzung bestimmter Verfahren und formuliert Verbesserungsmöglichkeiten im Vorfeld der Zertifizierung.

Zwei Stufen bei Erstzertifizierung

Bei einer Erstzertifizierung sieht das Verfahren nach der DIN EN ISO 17021:2015 zwei Stufen vor: In der **ersten Stufe** ist die Prüfung der Dokumentation des Qualitätsmanagementsystems vorgesehen. Anhand der Dokumentenprüfung wird der Status der Organisation in Bezug auf das Verständnis der Normanforderungen im Sinne der Zertifizierungsfähigkeit bewertet. Nur in bestimmten Verfahren, etwa bei der Einführung eines Energiemanagements, werden die Audits der ersten Stufe vor Ort durchgeführt.

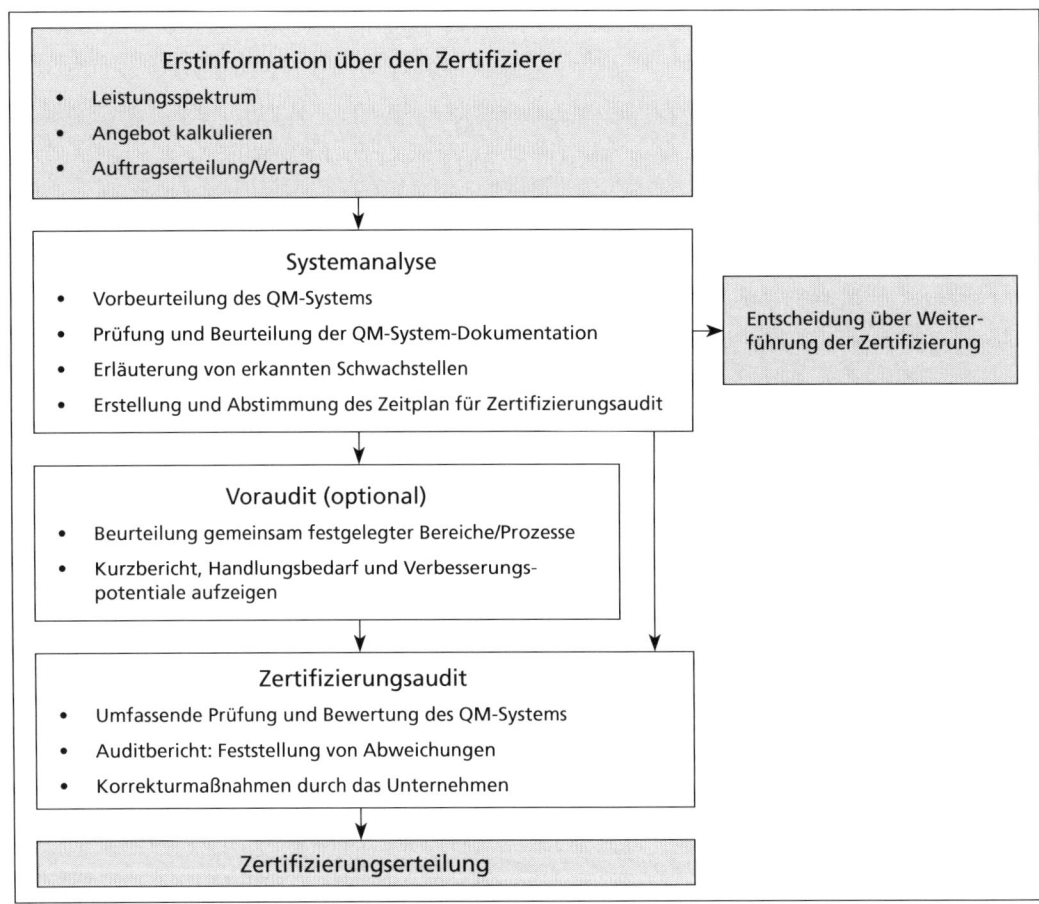

Abb. 19: Ablauf eines Zertifizierungsverfahrens (eigene Darstellung nach Behnes & Groh, 2017, S. 311)

Zertifizierungsaudit

Die **zweite Stufe** ist das eigentliche Zertifizierungsaudit. Das Qualitätsmanagementsystem wird hinsichtlich der Normkonformität umfassend geprüft und bewertet. Das Zertifizierungsaudit wird immer in der Organisation vorgenommen. Die Durchführung des Audits beginnt in der Regel mit einem einführenden Gespräch zwischen Auditteam und oberster Leitung und Führungskräften. Der konkrete Ablauf des Audits wird festgelegt. Nach einem Einführungsgespräch führt das Auditorenteam schrittweise Gespräche

4. Qualitätsmanagementsysteme

mit weiteren Führungs- und Fachkräften. Die Gespräche werden meist verbunden mit Begehungen, Beobachtung bestimmter Abläufe und betrieblicher Zustände sowie Einsichtnahme in relevante Nachweisdokumente. Die Audittätigkeiten vor Ort enden mit einer Abschlussbesprechung, bei dem die Auditleitung über erste Ergebnisse berichtet. Im Zentrum steht die Konformität mit den Normanforderungen an das Qualitätsmanagementsystem. Festgestellt werden insbesondere Abweichungen und daraus notwendige bzw. geeignete korrigierende Folgemaßnahmen abgeleitet. Zudem werden Empfehlungen ausgesprochen, um das QMS als solches zu verbessern. War die Begutachtung erfolgreich, erstellt das Auditorenteam einen Abschlussbericht und empfiehlt der Zertifizierungsstelle die Zertifikatserteilung. Gegebenenfalls ist die Zertifizierung mit Auflagen und einer Nachauditierung verknüpft. Das Zertifikat wird abschließend durch einen Zertifizierungsausschuss erteilt.

Dreijährige Laufzeit

Das Zertifikat hat eine Laufzeit von drei Jahren. Während der Laufzeit sind jährliche externe Überwachungsaudits vorgesehen. Zudem können interne Audits in ähnlicher zeitlicher Folge sinnvoll sein.

Zertifizierungskosten

Zertifizierungen sind kostenpflichtig. Die Kosten sind dabei von der Größe der Organisation und vom Umfang der Zertifizierung abhängig.

Die folgenden Kostensätze für eine Erstzertifizierung stellen Orientierungswerte dar:

1–10 Mitarbeitende	1.500–2.400 €
10–50 Mitarbeitende	2.400–4.500 €
50–250 Mitarbeitende	4.500–9.000 €

Abb. 20: Kostenrichtwerte für einer Erstzertifizierung (Bruhn, 2021, S. 242)

Viele Organisationen nehmen im Zusammenhang einer Zertifizierung Beratungen in Anspruch. Die Kosten für die Inanspruchnahme externer Beratung variiert ebenfalls in Abhängigkeit unterschiedlicher Faktoren, wie u. a. von der Größe der Organisation, dem Umfang und der Art der Beratung oder der Anzahl der Mitarbeitenden. Folgende Kostenangabe stellen Richtwerte dar:

1–10 Mitarbeitende	2.600– 4.900 €
10–50 Mitarbeitende	4.900– 6.800 €
50–250 Mitarbeitende	6.800–12.100 €

Abb. 21: Kostenrichtwerte für externe Beratungen (Bruhn, 2021, S. 243)

4.2 Struktur und Excellenceorientierung der DIN EN ISO 9004:2018

Nachhaltiger Erfolg

Die DIN EN ISO 9004:2018 („Anleitung zum nachhaltigen Erfolg einer Organisation") geht über die DIN EN ISO 9001 hinaus. „Während sich die ISO 9001:2015 darauf konzentriert, Vertrauen in Produkte und Dienstleistungen einer Organisation zu schaffen", zielt die ISO 9004:2018 darauf ab, „Vertrauen in die Fähigkeit der Organisation zu erzeugen, nachhaltigen Erfolg zu erzielen" (DIN, 2021, S. 191).

4.2 Struktur und Excellenceorientierung der DIN EN ISO 9004:2018

Bewertung der Gesamtleistung

Die ISO 9004 ist ein Leitfaden, mit dem Organisationen ihre Gesamtleistung bewerten und verbessern können. Der Fokus richtet sich zunächst auf die Erwartungen der Kundschaft und anderer interessierter Parteien. Dann wird analysiert, in welcher Weise zentrale betriebliche Aktivitäten systematisch im Hinblick auf dieses zentrale Ziel ausgerichtet sind und zusammenwirken. Hierzu sind zunächst Kontext und Identität der Organisation zu ermitteln.

Externe, interne Handlungsfelder

Den Kontext bilden externe und interne strategische Handlungsfelder. Die organisationale Identität manifestiert sich in Mission, Vision, Werten und Kultur. Die oberste Leitung der Organisation ist verantwortlich, diese identitätsbildenden Faktoren durch Festlegung von Politik, Strategie und Unternehmenszielen zu fördern. Auf operativer Ebene werden intendierte Ziele und Werte durch ein System aufeinander abgestimmter Prozesse erreicht. Die Organisation muss systematisch die erreichten Ergebnisse erfassen, analysieren und überprüfen, um daran gemessen ihre strategische Orientierung sowie ihre Politiken und Ziele zu aktualisieren. Schließlich wird angestrebt, Leistungen zu verbessern, notwendige Lernprozesse zu initiieren und grundlegende Innovationen umzusetzen.

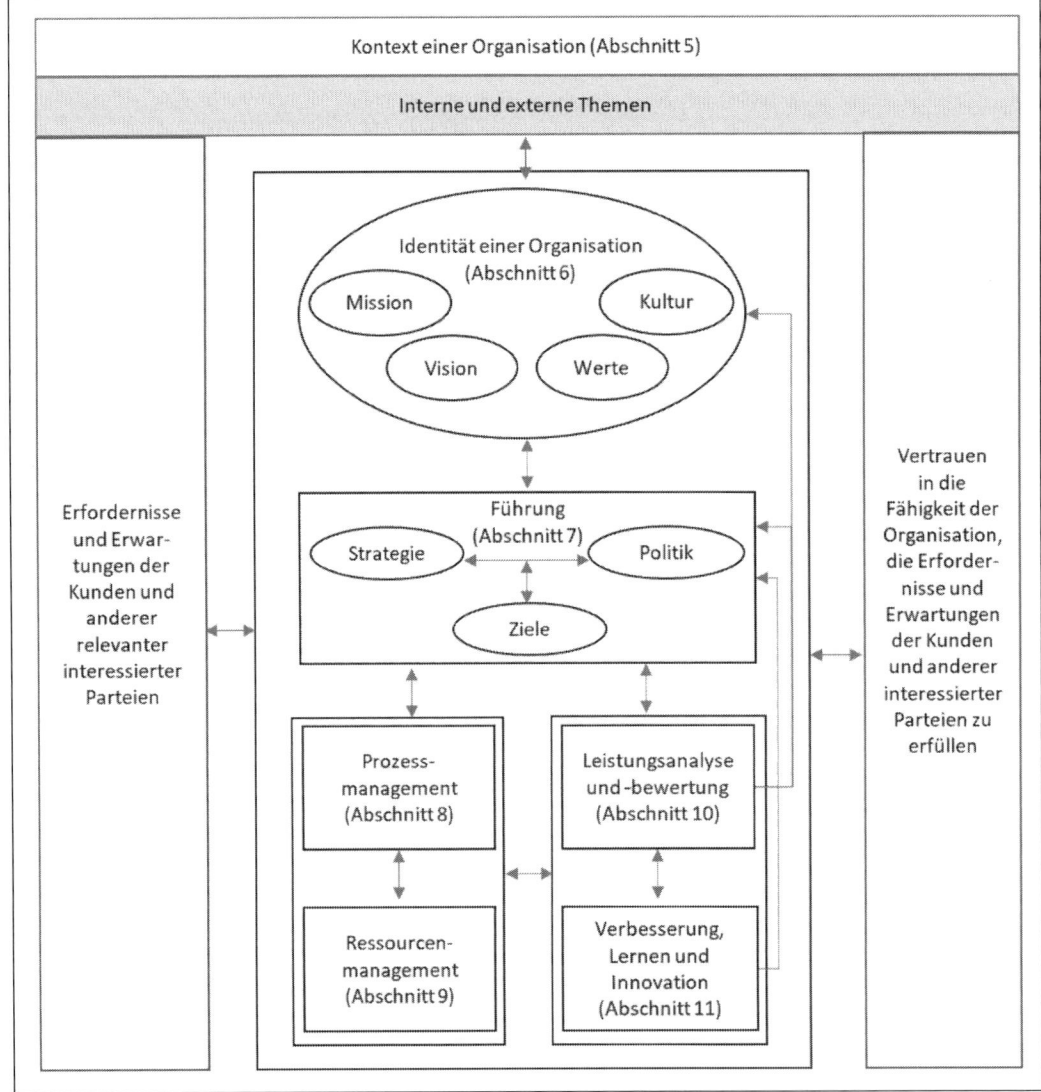

Abb. 22: Kontext einer Organisation (DIN, 2021, S. 192)

4. Qualitätsmanagementsysteme

Selbstbewertung der Organisation

Die ISO 9004 führt in der Anwendung zu einer Selbstbewertung der Organisation. Bewertet wird dabei insgesamt die Leistungsqualität des Unternehmens und des Managementsystems. Die Ergebnisse der Selbstbewertung sollen Verbesserungs- und Innovationsbereiche in der Organisation ermitteln und zu entsprechenden Maßnahmen führen. In diesem Sinne zielt die Selbstbewertung nach der ISO 9004 also auf die Entwicklungs- und Qualitätsfähigkeit der Organisation.

Reifegradmodell

Die Basis der Selbstbewertung nach der ISO 9004 ist ein Reifegradmodell. Nachfolgende Abbildung zeigt das Rahmenmodell der Selbstbewertung nach der ISO 9004. Die Systematik ist, jeden Abschnitt bzw. Unterabschnitt der Norm – hier Element genannt – in fünf Reifegradstufen anhand spezifischer Kriterien zu beschreiben. Dann ist die Umsetzung in der Organisation in der Organisation zu bewerten. Erweiterungen und Modifikationen des Modells durch die Organisation sind ausdrücklich möglich.

Reifegrad in Bezug auf den nachhaltigen Erfolg					
Hauptelement	Grad 1	Grad 2	Grad 3	Grad 4	Grad 5
Element 1	Kriterium 1 Standardreifegrad				Kriterium 1 Beste Praktiken
Element 2	Kriterium 2 Standardreifegrad				Kriterium 2 Beste Praktiken
Element 3	Kriterium 3 Standardreifegrad				Kriterium 3 Beste Praktiken

Abb. 23: Allgemeines Modell der Selbstbewertungselemente und -kriterien in Verbindung mit den Reifegraden (DIN, 2021, S. 237)

In einer umfangreichen tabellarischen Übersicht gibt die ISO 9004 für jeden Unterabschnitt der Norm je nach Reifegrad spezifische Kriterien an, die der Organisation als Vergleichsmaßstab bei der Bewertung dienen.

In der methodischen Umsetzung des Modells sollte zunächst der Anwendungsbereich festgelegt werden: Die Selbstbewertung kann sich dabei auf die Hauptabschnitte bzw. Hauptelemente konzentrieren, alle Unterabschnitte umfassen oder auch um weitere organisationsspezifische Kriterien und Reifegrade ergänzt werden. Zu bestimmen ist ferner, wer für die Durchführung der Selbstbewertung verantwortlich ist, wann die Selbstbewertung erfolgen soll und wie diese durchgeführt wird. Die Selbstbewertung kann in einem geeigneten Team oder durch einzelne Personen vorgenommen werden. Die Unterstützung durch eine Moderation kann zudem sinnvoll sein. Alle Aktivitäten in Bezug auf die Normabschnitte werden mit den Reifegraden verglichen, um dadurch Stärken und Schwächen kenntlich zu machen. Die Ergebnisse der Selbstbewertung werden in Berichtsform dokumentiert. Ziel der Selbstbewertung ist es schlussendlich, Verbesserungs- und Innovationsprojekte zu initiieren.

4.2 Struktur und Excellenceorientierung der DIN EN ISO 9004:2018

Selbstbewertungstabelle

Die folgende Tabelle zeigt den Aufbau der Selbstbewertungstabelle exemplarisch für den Unterabschnitt 5.2.

Unterabschnitt	Reifegrad		Schlussfolgerung	
	Grad	Element a)	JA	Ergebnisse/ Kommentar b)
5.2 Relevante interessierte Parteien	1	Die interessierten Parteien, einschließlich ihrer Erfordernisse und Erwartungen, werden informell oder im Einzelfall bestimmt, einschließlich der damit verbundenen Risiken und Chancen		
	2	Es werden Prozesse zur Erfüllung einiger interessierter Parteien festgelegt.		
		Laufende Beziehungen zu interessierten Parteien werden informell oder im Einzelfall geknüpft		
	3	Prozesse zur Bestimmung, welche interessierten Parteien relevant sind, sind vorhanden.		
		Im Rahmen der Prozesse zur Bestimmung der Relevanz interessierter Parteien werden auch Parteien berücksichtigt, die ein Risiko für den nachhaltigen Erfolg darstellen, wenn ihre Erfordernisse und Erwartungen nicht erfüllt werden, wie Parteien, die Möglichkeiten zur Verbesserung des nachhaltigen Erfolgs bieten können.		
		Die Erfordernisse und Erwartungen der relevanten Parteien sind bekannt.		
		Prozesse zur Erfüllung der Erfordernisse und Erwartungen werden festgelegt.		
	4	Prozesse zur Bewertung der Relevanz der Erfordernisse und Erwartungen der relevanten interessierten Parteien sind vorhanden und werden genutzt, um die zu behandelnden Erfordernisse und Erwartungen zu bestimmen.		
		Die Erfordernisse und Erwartungen der wesentlichen interessierten Parteien werden so behandelt und überprüft, dass bei einigen dieser laufenden Beziehungen eine verbesserte Leistung, ein gemeinsames Verständnis der Ziele und Werte und eine gesteigerte Stabilität erreicht wurden.		

4. Qualitätsmanagementsysteme

Unter-abschnitt	Reifegrad		Schlussfolgerung	
	Grad	Element a)	JA	Ergebnisse/ Kommentar b)
	5	Prozesse und Beziehungen mit relevanten interessierten Parteien werden in Übereinstimmung mit den bestimmten relevanten Erfordernissen und Erwartungen erfüllt. Dies erfolgte als Teil des Verständnisses der Vorteile, Risiken und Chancen laufender Beziehungen.		
		Die Erfordernisse und Erwartungen aller relevanten interessierten Parteien werden so behandelt, analysiert, bewertet und überprüft, dass hierdurch eine verbesserte und nachhaltige Leistung, ein gemeinsames Verständnis der Ziele und Werte und eine gesteigerte Stabilität einschließlich der Anerkennung der aus diesen laufenden Beziehungen abgeleiteten Vorteile erzielt werden.		
a) Die in den Graden 3–5 angegebenen Elemente sind als gedankliche Weiterführung auf der Grundlage der in dem jeweiligen Unterabschnitt enthaltenen Anleitung zu begreifen.				
b) Dies kann die Anerkennung von Aspekten umfassen, für die die Organisation einen Reifegrad teilweise erfüllt.				

Abb. 24: Tabelle A.2 für die Selbstbewertung des Normabschnitts „5.2 Relevante interessierte Parteien" (DIN, 2021, S. 240)

4.3 EFQM

Das Akronym „EFQM" steht für European Foundation for Quality Management. Die EFQM ist eine gemeinnützige Organisation, die 1988 als Antwort auf die Tradition des Deming-Qualitätspreises in Japan und die Etablierung des Malcom Baldridge National Quality Award in den USA gegründet wurde. Die EFQM vergibt seit 1992 einen eigenen Qualitätspreis mit der Bezeichnung European Quality Award (EQA). Mit der Weiterentwicklung zu einem Modell mehrerer Excellence-Stufen wurde der Preis 2009 in EFQM Excellence Award (EEA) umbenannt. Es gibt mittlerweile verschiedene Organisationen, die das EFQM-Modell national vertreiben, wie in Deutschland die Initiative Ludwig-Erhard-Preis, in Österreich die Organisation Quality Austria und in der Schweiz die Stiftung ESPRIX Excellence Suisse.

European Foundation for Quality Management

4.3 EFQM

4.3.1 Entwicklung und Ansatz von EFQM

Grundidee des EFQM

Die Grundidee des EFQM-Modells ist, Unternehmen eine umfassende Methodik der Selbstbewertung an die Hand zu geben, um den Entwicklungsstand der Organisation im Sinne von Business-Excellence zu bewerten und Ansätze der Weiterentwicklung zu nutzen.

Excellence-Begriff

Der Begriff Business-Excellence, oder der deutsche Terminus Unternehmensqualität, beschreibt einen Zustand besonderer, hervorragender organisationaler Qualität (Wiedenegger & Walder, 2013, S. 18). Gemeint ist damit nicht maximale Qualität im Sinne von Perfektion. Dies würde der Übererfüllung von Qualitätserwartungen gleichkommen und wäre mit stetig steigendem Aufwand und enormen Kosten der Fehlervermeidung und Anpassungsleistungen verbunden (vgl. Moll, 2019a, S. 48 f.). Entscheidend ist vielmehr, dass Organisationen die Erwartungen ihrer strategisch relevanten Anspruchsgruppen verlässlich und nachhaltig realisieren, und dies in einer Weise, die den organisationalen Möglichkeiten und Spezifika entspricht. In der Sprache des EFQM-Modells ist hier vom Reifegrad des Unternehmens die Rede. Business-Excellence als herausragende organisationale Qualität bedeutet auch, dass Organisationen im Vergleich zu anderen Unternehmen in der Qualität ihrer Leistungen absetzen und damit ihre Wettbewerbsfähigkeit ausbauen.

Business Excellence, TQM und strategische Unternehmensführung

Das EFQM-Modell beschreibt das Zusammenwirken aller zentralen Funktionen und Aktivitäten der Organisationen, um Qualität zu erzeugen. Diese Ganzheitlichkeit der Betrachtung der Funktionsweise der Organisation entspricht dem Leitgedanken des TQM (siehe 2.3 „Zur Entwicklung des Qualitätsmanagements"). EFQM fokussiert die organisationale Funktionalität dabei nicht auf einer operativen Ebene, sondern stellt eine umfassende Systematik dar, um die Funktionsweise und Entwicklung von Organisationen in der Realisierung ihres Auftrags zu verstehen und Managementhandeln daran auszurichten (vgl. EFQM, 2019, S. 9). Insofern kann das EFQM-Modell auch als Ansatz der strategischen Unternehmensführung verstanden werden.

Logik des Modells

Das EFQM-Modell wurde grundlegend überarbeitet. Die Logik des aktuellen Modells 2020 bilden drei zusammenhängende Kernfragen oder Kategorien, die in der nachfolgenden Abbildung als drei Kreisflächen im Inneren des Modells zu finden sind:

- **Warum** besteht die Organisation? Die Kategorie **Ausrichtung** bezeichnet die grundlegende inhaltliche und strategische Orientierung des Unternehmens sowie eine in diesem Sinne erfolgsorientierte Kultur und Führung.

- **Wie** setzt die Organisation ihren Auftrag und ihre Ziele um? Die Kategorie **Realisierung** bedeutet, die zentralen Strategien effektiv und effizient umzusetzen, wobei sich die Umsetzung systematisch an zentralen Stakeholderinteressen orientiert und die Frage der Entwicklungs- und Qualitätsfähigkeit der Organisation maßgebend ist.

- **Was** sind die Ergebnisse, die erreicht wurden? Die Kategorie **Ergebnisse** schließlich misst den Erfolg des Unternehmens am Grad der Wahrnehmung der Interessengruppen, der Nachhaltigkeit der Ergebnisse sowie der Entwicklungsfähigkeit der Organisation in Bezug auf Qualität bzw. Excellence.

Kriterien und Kernfragen

Um die Wirkungsweise und die Wechselwirkungen dieser Kernfragen bzw. Kategorien besser zu verstehen, sind diesen jeweils Kriterien und darunter Teilkriterien zugeordnet.

4. Qualitätsmanagementsysteme

Die Kriterien sind in der Modellabbildung um die Kernfragen herum gruppiert. Im äußeren Rand finden sich die Elemente der sog. RADAR-Bewertungsmatrix.

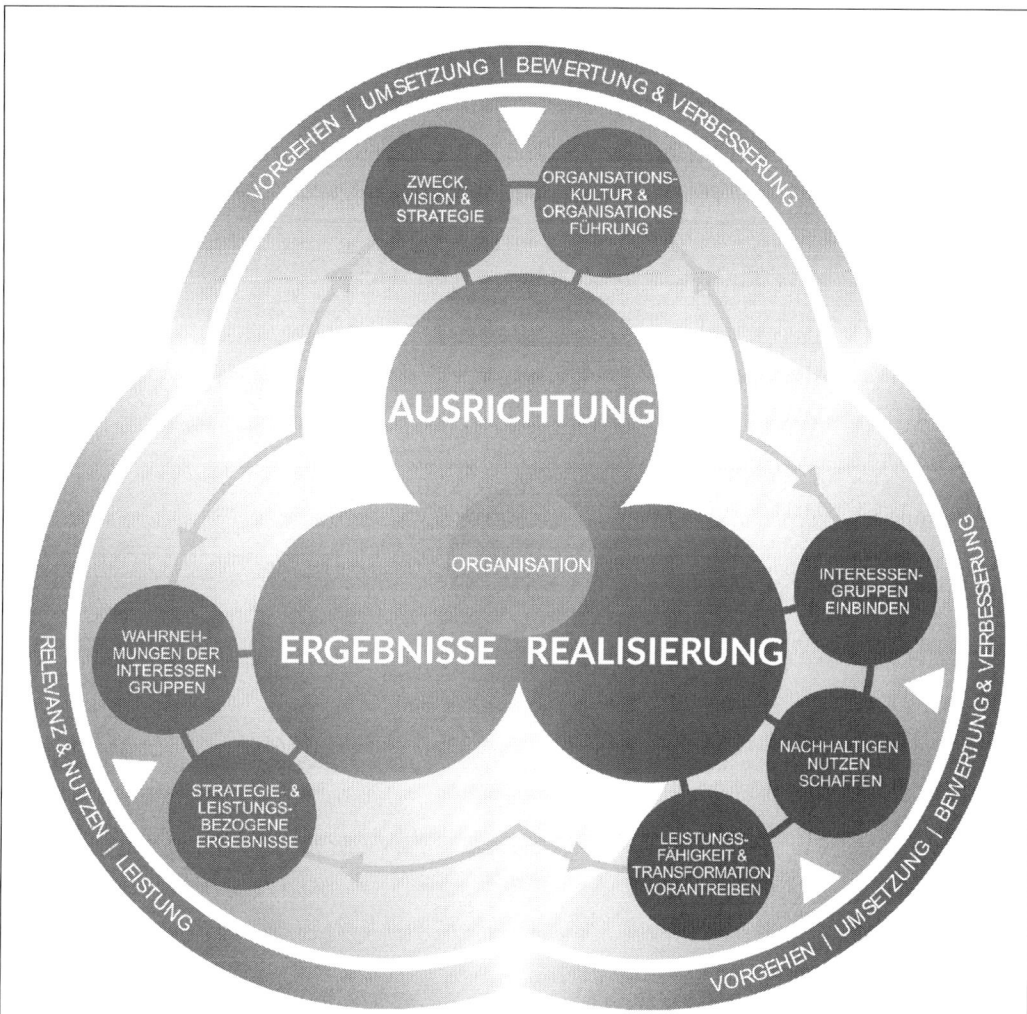

Abb. 25: Das EFQM-Modell 2020 (mit freundlicher Genehmigung der ILEP)

Das EFQM-Modell ist komplex und die Anwendung des EFQM-Modells bedarf einer entsprechenden Vorbereitung und Entwicklungsfähigkeit der Organisation. Für die Anwendung des Modells sind zwei Bausteine notwendig: Das Kriterienmodell bildet den Rahmen für ein ganzheitliches Verständnis der Organisation. Die sog. RADAR-Bewertungsmatrix ist der methodische Ansatz, um Bewertungen durchzuführen. Resultat der Bewertungsprozesse sind Stärken und Entwicklungspotenziale der Organisation im Hinblick auf die Fähigkeit, Qualität bzw. Excellence zu erzeugen.

4.3.2 Kriterienmodell

Das Kriterienmodell des EFQM-Ansatzes stellt eine Systematik dar, um das Zusammenwirken zentraler organisationaler Bereiche bzw. Funktionen im Hinblick auf Qualität, oder eben Excellence, zu verstehen.

EFQM-Kriterienmodell

4.3 EFQM

Kriterien und Teilkriterien

Den Kategorien „Ausrichtung", „Realisierung", „Ergebnisse" sind jeweils Kriterien und Teilkriterien zugeordnet. Im alten EFQM-Modell wurden neun Kriterien in sog. Befähiger und Ergebnisse unterteilt. Im aktuellen Modell wird diese Einteilung bzw. Begrifflichkeit nicht mehr verwendet. Das aktuelle EFQM-Modell unterscheidet drei Kategorien, denen sieben Kriterien zugeordnet sind. Die den Kategorien Ausrichtung und Realisierung zugeordneten Kriterien entsprechen im neuen Modell im Prinzip den Befähigern (vgl. Moll, 2019b, S. 104). Teilweise wird bei den Kriterien der Kategorien Ausrichtung und Realisierung auch von Vorgehensweisen gesprochen.

Zusammenwirken der Kriterien

Die Kriterien und Teilkriterien werden jeweils separat reflektiert und bewertet. Gleichzeitig müssen die Zusammenhänge und Wechselwirkungen der Kriterien wahrgenommen werden, um ein vollständiges und differenziertes Bild der Organisation zu ermöglichen.

Die Kriterien werden nachfolgend erläutert:

Die ersten beiden Kriterien, „Zweck, Vision und Strategie" sowie „Organisationskultur und Organisationsführung" fokussieren die grundlegende Ausrichtung der Organisation.

Erstes Kriterium: Zweck, Vision und Strategie

Das erste Kriterium fragt nach dem Zweck der Organisation, oder anders formuliert, nach dem spezifischen Auftrag. Damit ist nicht primär oder ausschließlich die rein sachliche Beschreibung der organisationalen Tätigkeit gemeint, sondern vielmehr die Bedeutung, „der Wert der Geschäftstätigkeit" für das Unternehmensumfeld (Moll, 2019c, S. 60). Bewertet wird ferner, ob Organisationen eine Vision, ein Zielbild entwickelt haben, die im Kern die Erwartungen und Interessen der relevanten Anspruchsgruppen berücksichtigen. Gegenstand der Betrachtung unter diesem ersten Kriterium ist ferner, inwieweit Organisationen in der Lage sind, auf der Basis ihres Auftrags bzw. ihrer Vision ein sinnvolles Geschäftsmodell zu entwickeln, umfeldbezogene Herausforderungen adäquat wahrzunehmen und einen systematischen, zielführenden Strategieprozess zu implementieren.

Zweites Kriterium: Organisationskultur und Organisationsführung

Das zweite Kriterium reflektiert die Kultur und das Führungsverständnis der Organisation. Das EFQM-Modell versteht unter Organisationskultur „die Werte und die Verhaltensnormen" eines Unternehmens. Führung bezieht sich nicht nur auf Führungspersonen, sondern primär auf die „Gesamtorganisation" im Sinne von Führungshandeln und -verantwortung auf allen Ebenen (EFQM, 2019, S. 14). Es wird in den Blick genommen, in welcher Weise Organisationen ein gemeinsames Werteverständnis schaffen und werteorientiertes Verhalten fördern. Es wird betrachtet, inwieweit Kreativität und Innovation ermöglicht wird und in welcher Weise insbesondere Führung auf den unterschiedlichen Ebenen des gesamten Unternehmens Verbindlichkeit gegenüber der Ausrichtung der Organisation zeigt und Kulturbildung unterstützt.

In der Kategorie Realisierung sind drei Kriterien subsumiert: „Interessengruppen einbinden", „Nachhaltigen Nutzen schaffen" sowie „Leistungsfähigkeit und Transformation vorantreiben".

Drittes Kriterium: Interessengruppen einbinden

Das dritte Kriterium „Interessengruppen einbinden" betrachtet die Systematik, mit der Organisationen mit relevanten Stakeholdern kommunizieren. Fokussiert wird, wie es gelingt, die jeweils spezifischen Qualitätserwartungen und mögliche Veränderungen

4. Qualitätsmanagementsysteme

zu erfassen sowie die organisationalen Leistungen dahingehend zu bewerten und auszurichten.

Das vierte Kriterium „Nachhaltigen Nutzen schaffen" zielt darauf ab, Werte und Nutzen für Anspruchsgruppen sicherzustellen, indem Qualitätsforderungen systematisch in die Planung und Entwicklung aller wertschöpfenden Aktivitäten und Prozesse integriert werden. Entscheidend ist dabei eine umfassende Nutzenbetrachtung.

Viertes Kriterium: Nachhaltigen Nutzen schaffen

Das fünfte Kriterium „Leistungsfähigkeit und Transformation vorantreiben" nimmt verschiedene Ebenen und Aspekte in den Blick: Einmal gilt es, das Leistungsniveau, die Leistungsqualität unter Berücksichtigung möglicher Risiken und Chancen zu verbessern. Daneben ist die organisationale Entwicklungs- und Anpassungsfähigkeit (Transformation) der Organisation als Ganzes zu gewährleisten. Organisationen sollen Innovationen operativ, strukturell fördern und dabei Wissen, Daten und Informationen transformations- und entwicklungsorientiert einsetzen. Schließlich sollen Entwicklungs- und Transformationsprozesse unter nachhaltigem Einsatz wirtschaftlicher Ressourcen erfolgen.

Fünftes Kriterium: Leistungsfähigkeit und Transformation vorantreiben

Die Kategorie Ergebnisse besteht aus den Kriterien „Wahrnehmung der Interessengruppen" sowie „Strategie- und leistungsbezogene Ergebnisse".

Das Kriterium „Wahrnehmung der Interessengruppen" reflektiert Ergebnisse in Form von Rückmeldungen wichtiger Stakeholder, insbesondere als persönliche Wahrnehmung der Organisation (vgl. EFQM, 2019, S. 30). Neben den persönlichen Einschätzungen der Interessengruppen, die auf unterschiedlichem Wege ermittelt werden können, wird auch der Aspekt der Außenwahrnehmung der sozialen und ökologischen Verantwortung der Organisation fokussiert.

Sechstes Kriterium: Wahrnehmung der Organisation durch Interessengruppen

Das siebte Kriterium betrachtet die Gesamtleistung der Organisation, die Qualität der organisationalen Wertschöpfung. Es sollen Erkenntnisse darüber gewonnen werden, wie die Organisation aus Sicht der relevanten Interessengruppen ihren Auftrag, ihre Mission und ihre Strategie umsetzt und welche Veränderungen möglicherweise in Bezug auf die Gesamtorganisation vorgenommen werden müssten. Diese Reflexion geschieht über strategische und operative Leistungsindikatoren.

Siebtes Kriterium: Strategie- und leistungsbezogene Ergebnisse

Zur Übersicht sind alle Kriterien und Teilkriterien in nachfolgender Tabelle dargestellt.

Kriterien Ausrichtung und Realisierung	Teilkriterien
Kriterium 1: Zweck, Vision und Strategie (Ausrichtung)	1.1 Zweck und Vision definieren 1.2 Interessengruppen identifizieren und ihre Bedürfnisse verstehen 1.3 Ecosystem, eigene Fähigkeiten und wichtige Herausforderungen verstehen 1.4 Strategie entwickeln und aktualisieren 1.5 System zur Governance-Struktur und Steuerungssystem für die Leistungsfähigkeit der Organisation entwickeln und implementieren

4.3 EFQM

Kriterien Ausrichtung und Realisierung	Teilkriterien
Kriterium 2: Organisationskultur und Organisationsführung (Ausrichtung)	2.1 Organisationskultur lenken und ihre Werte fördern 2.2 Bedingungen für erfolgreiche Veränderung gestalten 2.3 Kreativität und Innovation ermöglichen 2.4 Gemeinsam und engagiert für Zweck und Strategie der Organisation einstehen
Kriterium 3: Interessengruppen einbinden (Realisierung)	3.1 Kunden – nachhaltige Beziehungen aufbauen 3.2 Mitarbeitende – gewinnen, einbeziehen, entwickeln und halten 3.3 Wirtschaftliche und regulatorische Interessengruppen – langfristige Unterstützung sicherstellen 3.4 Gesellschaft – zu Entwicklung, Wohlergehen und Wohlstand beitragen 3.5 Partner und Lieferanten – Beziehungen aufbauen und deren Beiträge für die Schaffung nachhaltigen Wertes sicherstellen
Kriterium 4: Nachhaltigen Nutzen schaffen (Realisierung)	4.1 Nachhaltigen Nutzen planen und entwickeln 4.2 Nachhaltigen Nutzen kommunizieren und vermarkten 4.3 Nachhaltigen Nutzen liefern 4.4 Ein Gesamterlebnis definieren und verwirklichen
Kriterium 5: Leistungsfähigkeit und Transformation vorantreiben (Realisierung)	5.1 Leistungsfähigkeit vorantreiben und Risiken managen 5.2 Die Organisation für die Zukunft transformieren 5.3 Innovation fördern und Technologie nutzen 5.4 Daten, Information und Wissen wirksam einsetzen 5.5 Vermögenswerte und Ressourcen managen
Kriterien Ergebnisse	**Teilkriterien**
Kriterium 6: Wahrnehmung der Interessengruppen (Ergebnisse)	Keine Teilkriterien
Kriterium 7: Strategie und Leistungsbezogene Ergebnisse (Ergebnisse)	Keine Teilkriterien

Abb. 26: Übersicht über Kriterien und Teilkriterien im EFQM-Modell

Beispiel: Teilkriterium „Zweck und Vision"

Für einen tieferen Einblick in das Kriterienmodell ist hier beispielhaft das Teilkriterium „Zweck und Vision" detaillierter dargestellt: Dem Teilkriterium sind fünf Ansatzpunkte zugeordnet. Eine entsprechende Frage zum jeweiligen Ansatzpunkt zeigt die Zielrichtung der Analyse und Bewertung. Das Teilkriterium „Zweck und Vision" thematisiert grundlegende Überlegungen zum Auftrag der Organisation und deren Wert bzw. Wertschöpfung aus Sicht zentraler Anspruchsgruppen und mit Blick auf das organisationale Umfeld. Damit hat dieses Teilkriterium eine Schlüsselbedeutung für alle folgenden Kriterien bzw. Teilkriterien. Die Interessengruppenorientierung findet sich grundlegend im Bereich der Ausrichtung der Organisation ebenso wie im Bereich der Realisierung und schließlich auf der Ergebnisseite. Die Entwicklung der Leistungsfähigkeit und Transformation fungiert als Verbindung zwischen der strategischen Planung und den realisierten Ergebnissen.

Teilkriterium 1.1: Zweck und Vision definieren	
Thema des Ansatzpunktes	Frage zum Ansatzpunkt
Definition Zweck	Welchen Zweck verfolgt die Organisation und aus welchem Grund ist dieser Zweck für die wesentlichen Interessengruppen attraktiv?
Definition Vision	Wie entwickelt die Organisation eine auf den Zweck ausgerichtete Aussage zur Vision, die alle relevanten Interessengruppen anspricht?
Einbindung Interessengruppen	Wie bezieht die Organisation die Interessengruppen in die Erarbeitung von Zweck und Vision ein?
Leistungen für Vision festlegen	Wie stellt die Organisation fest, welche Leistungen erreicht werden müssen, um die Vision zu verwirklichen?
Verantwortung für Umfeld	Wie stellt sich die Organisation der Verantwortung für das (erweiterte) Umfeld, um so ein verantwortungsvoller Teil des Gesamtsystems zu sein?

Abb. 27: Teilkriterium 1.1 mit Ansatzpunkten und Fragen

4.3.3 RADAR-Matrix

Mittels der RADAR-Matrix werden alle Teilkriterien hinsichtlich ihres Erreichungsgrads eingeschätzt und bewertet. Die RADAR-Matrix besteht aus sog. Elementen und Attributen. Dabei sind die Elemente „übergeordnete Bewertungsaspekte" (Moll, 2019d, S. 85).

Bewertung des Erreichungsgrads

Die RADAR-Matrix bildenden Elemente sind:

Bestandteile von RADAR

Ergebnisse (Results) – Vorgehen (Approach) – Umsetzung (Deployment) – Bewertung und Verbesserung (Assessment und Refinement).

Damit folgen die Elemente der Logik des PDCA-Zyklus. Die Elemente werden jeweils durch bestimmte Attribute näher beschrieben. Dabei gibt es eine spezifische inhaltliche Zuordnung der Attribute zu den Elementen je nach Kategorie des Modells. Jedes Teilkriterium wird entsprechend der RADAR-Logik in Bezug auf bestimmte zugehörige Elemente und Attribute bewertet und abschließend jeweils ein Gesamtwert gebildet.

4.3 EFQM

Elemente	Attribute	Ansatzpunkte (Beschreibung der Attribute)
Vorgehen	fundiert	Das Vorgehen ist klar begründet und zielt darauf ab, die Bedürfnisse der für Zweck, Vision und Strategie wichtigen Interessengruppen zu erfüllen. Es ist angemessen beschrieben und zukunftsfähig gestaltet.
Umsetzung	eingeführt	Das Vorgehen wurde in den relevanten Bereichen in angemessenem Zeitraum und effektiver Weise umgesetzt.
Bewertung & Verbesserung	analysiert	Rückmeldungen zu Effizienz & Effektivität des Vorgehens und der Umsetzung werden eingeholt, verstanden und geteilt.
	lernen & verbessern	Erkenntnisse aus Trendanalysen, Messungen, Lernen und Benchmarking werden genutzt, um Kreativität anzuregen und in angemessenen Zeitabschnitten innovative Lösungen für die Verbesserung der Leistungsfähigkeit zu entwickeln.

Abb. 28: Elemente und Attribute der Teilkriterien der Kategorie Ausrichtung

Elemente	Attribute	Ansatzpunkte (Beschreibung der Attribute)
Vorgehen	fundiert	Das Vorgehen ist klar begründet und zielt darauf ab, die Bedürfnisse der für Zweck, Vision und Strategie wichtigen Interessengruppen zu erfüllen. Es ist angemessen beschrieben und zukunftsfähig gestaltet.
	abgestimmt	Das Vorgehen unterstützt die Ausrichtung der Organisation und ist mit anderen relevanten Vorgehensweisen verknüpft und abgestimmt.
Umsetzung	eingeführt	Das Vorgehen wird in den relevanten Bereichen in angemessenem Zeitraum und effektiver Weise umgesetzt.
	flexibel	Die Art der Umsetzung ermöglicht Flexibilität und Anpassung.
Bewertung & Verbesserung	analysiert	Rückmeldungen zu Effizienz & Effektivität des Vorgehens und der Umsetzung werden eingeholt, verstanden und geteilt.
	lernen & verbessern	Erkenntnisse aus Trendanalysen, Messungen, Lernen und Benchmarking werden genutzt, um Kreativität anzuregen und in angemessenen Zeitabschnitten innovative Lösungen für die Verbesserung der Leistungsfähigkeit zu entwickeln.

Abb. 29: Elemente und Attribute der Teilkriterien der Kategorie Realisierung

4. Qualitätsmanagementsysteme

Elemente	Attribute	Ansatzpunkte (Beschreibung der Attribute)
Relevanz & Nutzen	Umfang & Relevanz	Ein Set von Ergebnissen, welche klar mit dem Zweck, der Vision und der Strategie der Organisation verbunden sind, ist identifiziert. Es wird im Laufe der Zeit überprüft und angepasst.
	verwendbare Daten	Die Ergebnisse werden zeitgerecht erhoben, sind aussagekräftig, genau und angemessen segmentiert. Sie ermöglichen aussagekräftige Einblicke und Erkenntnisse in Leistungsverbesserungen und Transformation.
Leistungen	Trends	Es liegen positive Trends oder nachhaltig herausragende Leistungen über einen strategischen Zyklus vor.
	Ziele	Angemessene, im Einklang mit der Strategie stehende Ziele werden gesetzt und durchgängig erreicht.
	Vergleiche	Es werden relevante externe Vergleiche angestellt, um die eigene Leistung in Bezug auf die strategische Richtung beurteilen zu können. Diese fallen günstig aus.
	Fokus auf die Zukunft	Basierend auf den aktuellen Ursache-Wirkungs-Beziehungen sowie der Analyse von Daten, Leistungsmustern und Vorhersagen versteht die Organisation die Treiber für herausragende Leistungsfähigkeit in der Zukunft.

Abb. 30: Elemente und Attribute der Kategorie Ergebnisse

Wiederum am Beispiel des Teilkriteriums 1.1 Zweck und Vision würde zunächst etwa bewertet werden, ob das Vorgehen, also die Planung eines Leitbildes fundiert erfolgt ist. Hier wäre dann einzuschätzen, inwieweit die Aussagen des Leitbildes mit den Erwartungen und Vorstellungen der zentralen Anspruchsgruppen korrespondieren und ob die Aussagen klar und zukunftsbezogen beschrieben sind. Um dieses Teilkriterium angemessen zu bewerten, werden einmal Dokumente herangezogen, wie etwa ein verschriftlichtes Leitbild, eine ausformulierte Unternehmensvision oder andere grundlegende normative Unterlagen. Daneben werden Einschätzungen im Gespräch mit der Organisation gewonnen. Der Erreichungsgrad für das Element Vorgehen wird als Prozentwert in einer Matrix (siehe Abb. 31–33) eingetragen. Analog würde das Teilkriterium 1.1 Zweck und Vision hinsichtlich der Elemente ‚Umsetzung' und ‚Bewertung und Verbesserung' bewertet. Abschließend wird ein angemessener Mittelwert gebildet

Beispiel: Teilkriterium „Zweck und Vision"

4.3 EFQM

VORGEHEN	Beschreibung	Nicht erreicht	Teilweise erreicht	Erreicht	Umfassend erreicht	Heraus-ragend erreicht
Fundiert	Das Vorgehen ist klar begründet und zielt darauf ab, die Bedürfnisse der für Zweck, Vision und Strategie wichtigen Interessengruppen zu erfüllen. Es ist angemessen beschrieben und zukunftsfähig gestaltet.					
UMSETZUNG	**Beschreibung**	Nicht erreicht	Teilweise erreicht	Erreicht	Umfassend erreicht	Heraus-ragend erreicht
Eingeführt	Das Vorgehen wird in den relevanten Bereichen in angemessenem Zeitraum und effektiver Weise umgesetzt.					
BEWERTUNG & VERBESSERUNG	**Beschreibung**	Nicht erreicht	Teilweise erreicht	Erreicht	Umfassend erreicht	Heraus-ragend erreicht
Analyse	Rückmeldung zu Effizienz und Effektivität des Vorgehens und seiner Umsetzung werden gesammelt, verstanden und geteilt.					
Lernen & Verbessern	Erkenntnisse aus Trendanalysen, Messungen, Lernen und Benchmarking werden genutzt, um Kreativität anzuregen und in angemessenen Zeitabschnitten innovative Lösungen für die Verbesserung der Leistungsfähigkeit zu entwickeln.					

Gesamtbewertung Skala   0% 10% 20% 30% 40% 50% 60% 70% 80% 90% 100%

Abb. 31: RADAR-Bewertungsmatrix für die Ausrichtung (mit freundlicher Genehmigung der ILEP, 2022)

4. Qualitätsmanagementsysteme

VORGEHEN	Beschreibung	Nicht erreicht	Teilweise erreicht	Erreicht	Umfassend erreicht	Herausragend erreicht
Fundiert	Das Vorgehen ist klar begründet und zielt darauf ab, die Bedürfnisse der für Zweck, Vision und Strategie wichtigen Interessengruppen zu erfüllen. Es ist angemessen beschrieben und zukunftsfähig gestaltet.					
Abgestimmt	Das Vorgehen unterstützt die Ausrichtung der Organisation und ist mit anderen relevanten Vorgehensweisen verknüpft und abgestimmt.					
UMSETZUNG	**Beschreibung**	**Nicht erreicht**	**Teilweise erreicht**	**Erreicht**	**Umfassend erreicht**	**Herausragend erreicht**
Eingeführt	Das Vorgehen wird in den relevanten Bereichen in angemessenem Zeitraum und effektiver Weise umgesetzt.					
Flexibel	Die Art der Umsetzung ermöglicht Flexibilität und Anpassung.					
BEWERTUNG & VERBESSERUNG	**Beschreibung**	**Nicht erreicht**	**Teilweise erreicht**	**Erreicht**	**Umfassend erreicht**	**Herausragend erreicht**
Analyse	Rückmeldung zu Effizienz und Effektivität des Vorgehens und seiner Umsetzung werden gesammelt, verstanden und geteilt.					
Lernen & Verbessern	Erkenntnisse aus Trendanalysen, Messungen, Lernen und Benchmarking werden genutzt, um Kreativität anzuregen und in angemessenen Zeitabschnitten innovative Lösungen für die Verbesserung der Leistungsfähigkeit zu entwickeln.					

Gesamtbewertung Skala 0 % 10 % 20 % 30 % 40 % 50 % 60 % 70 % 80 % 90 % 100 %

Abb. 32: RADAR-Bewertungsmatrix für die Realisierung (mit freundlicher Genehmigung der ILEP, 2022)

4.3 EFQM

RELEVANZ & NUTZEN	Beschreibung	Nicht erreicht	Teilweise erreicht	Erreicht	Umfassend erreicht	Herausragend erreicht
Umfang & Relevanz	Ein Set von Ergebnissen, welche klar mit dem Zweck und er der Strategie der Organisation verbunden sind, ist identifiziert. Es wird im Laufe der Zeit überprüft und angepasst.					
Verwendete Daten	Die Ergebnisse werden zeitgerecht erhoben, sind aussagekräftig, genau und angemessen segmentiert. Sie ermöglichen aussagekräftige Einblicke und Erkenntnisse in Leistungsverbesserungen und Transformation.					
LEISTUNG	**Beschreibung**	**Nicht erreicht**	**Teilweise erreicht**	**Erreicht**	**Umfassend erreicht**	**Herausragend erreicht**
Trends	Es liegen positive Trends oder nachhaltig herausragende Leistungen über einen strategischen Zyklus vor.					
Ziele	Angemessene, im Einklang mit der Strategie stehende Ziele werden gesetzt und durchgängig erreicht.					
Vergleiche	Es werden relevante externe Vergleiche angestellt, um die strategische Richtung beurteilen zu können. Diese fallen günstig aus.					
Fokus auf die Zukunft	Basierend auf den aktuellen Ursache-Wirkungsbeziehungen sowie der Analyse von Daten, Leistungsmustern und Vorhersagen versteht die Organisation die Treiber für herausragende Leistungsfähigkeit in der Zukunft.					

Gesamtbewertung Skala 0% 10% 20% 30% 40% 50% 60% 70% 80% 90% 100%

Abb. 33: RADAR-Bewertungsmatrix für die Ergebnisse (mit freundlicher Genehmigung der ILEP, 2022)

Punktevergabe

Insgesamt können maximal 1000 Punkte erzielt werden. Die Gesamtpunkte verteilen sich über Kriterien, wie in der nachfolgenden Abbildung zu erkennen ist.

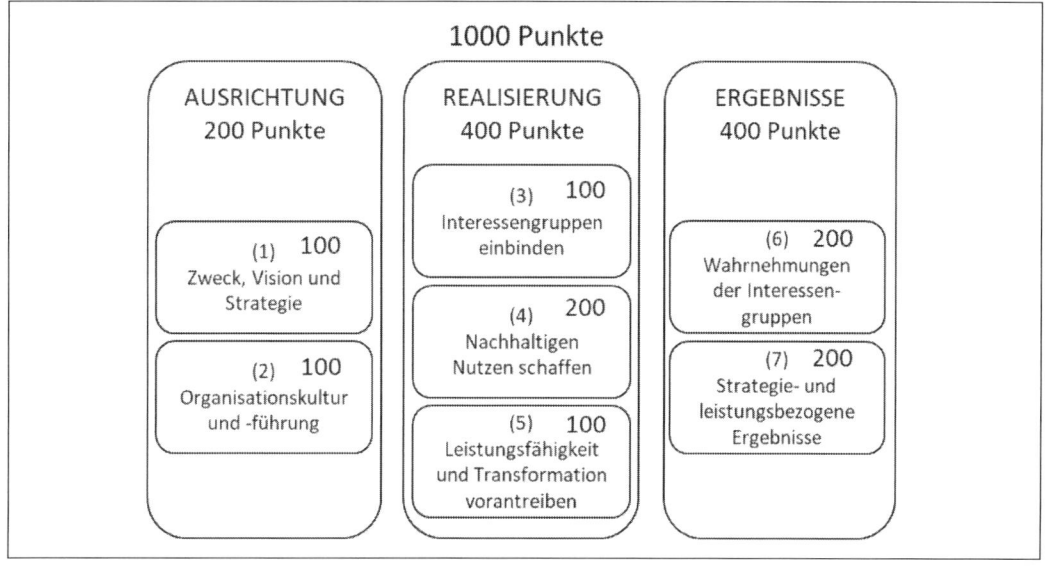

Abb. 34: Punkteverteilung im Kriterienmodell (mod. n. EFQM, 2019, S. 29)

Bei den Kategorien Ausrichtung und Realisierung wird jedes Teilkriterium innerhalb eines Kriteriums jeweils gleich gewichtet. Beim Kriterium 1 gibt es etwa 5 Teilkriterien, die folglich maximal mit 20 Punkten bewertet werden können. Beim Kriterium 2 gibt es 4 Teilkriterien, die analog mit maximal 25 Punkten bewerten werden können. Bei den Ergebniskriterien gibt es keine Teilkriterien. Die Maximalpunktzahl wird daher beim Kriterium 6 auf alle Interessengruppen und beim Kriterium 7 auf alle strategie- und leistungsbezogenen Ergebnisse verteilt.

Bei der Anwendung der Punktevergabe sind zwei Regeln zu beachten (vgl. EFQM, 2019, S. 34): Die Gesamtbewertung eines Teilkriteriums in den Kategorien ‚Ausrichtung' und ‚Realisierung' darf dessen Wertung für das Element ‚Vorgehen fundiert' nicht überschreiten. Innerhalb der Kategorie ‚Ergebnisse' darf der Gesamtwert das Attribut ‚Umfang und Relevanz' nicht übersteigen.

Die Punktvergabe nach der RADAR-Matrix ist nicht als exakte Messung, sondern vielmehr als Schätzwert zu verstehen (vgl. Moll & Saousen, 2019, S. 99). Entscheidend ist, aus der Analyse inhaltliche Erkenntnisse zu gewinnen. Mit der Anwendung der RADAR-Matrix kann eine Organisation zu einer umfassenden und differenzierten Einschätzung ihrer Qualitätsfähigkeit gelangen. Damit grenzt sich die RADAR-Logik vom operativen kontinuierlichen Verbesserungsprozess ab. Es werden keine einzelnen, lokalen Fehler behoben, sondern für die Gesamtorganisation Stärken und Verbesserungspotenziale herausgearbeitet.

4.3 EFQM

4.3.4 Anwendungsoptionen des EFQM-Modells, Preisverfahren

Wege der Selbstbewertung

Die Anwendung der RADAR-Matrix, wie eben beschrieben, ist anspruchsvoll und setzt voraus, dass sich eine Organisation bereits über einen längeren Zeitraum mit dem EFQM-Modell befasst hat. Wie bereits erwähnt, besteht die Grundidee des EFQM-Ansatzes darin, Unternehmen eine umfassende Methodik der Selbstbewertung an die Hand zu geben, um den Entwicklungsstand der Organisation im Sinne von Business-Excellence zu bewerten und Perspektiven der Weiterentwicklung zu nutzen. Dabei sind verschiedene Wege der Selbstbewertung denkbar:

Fragebogen

Die methodisch einfachste Möglichkeit besteht darin, einen Fragebogen zur Selbstbewertung einzusetzen. Der Fragebogen enthält Fragen zu allen Kriterien und Teilkriterien des Modells. Er wird bei Führungskräften und Mitarbeitenden in unterschiedlicher Weise eingesetzt, um eine Rückmeldung über den Stand der Organisation im Hinblick auf die erreichte Qualität bzw. Wertschöpfung zu erhalten. Es kann sinnvoll sein, die Fragen spezifisch auf die Organisation anzupassen.

Workshop

Eine weitere Option ist, die Selbstbewertung im Rahmen eines Workshops durchzuführen. Je nach Größe, Struktur und Kultur der Organisation wird der Workshop in unterschiedlicher Weise zu gestalten sein. Fragengeleitet werden Kriterien und Teilkriterien gemeinsam bearbeitet. Im Unterschied zur Fragebogenmethode, steht hier die unmittelbare Diskussion im Fokus. Hier kann der Einsatz von Moderation nützlich sein, um ein konstruktives und konsensfähiges Bewertungsergebnis zu erarbeiten.

Simulation einer externen Bewertung

Schließlich kann die Simulation einer externen Bewertung durchgeführt werden. Dabei wird zunächst eine Selbstbewertung durchgeführt und ein schriftlicher Selbstbericht erstellt. Danach führen intern ausgebildete Assessoren die Fremdbewertung entsprechend einem offiziellen Preisverfahren durch und erstellen einen abschließenden Bericht.

Stufen der Fremdbewertung

Mit zunehmender Erfahrung mit dem EFQM-Modell können Fremdbewertungen vorgenommen werden. Hier sind mehrere Stufen vorgesehen. Voraussetzung ist jeweils eine Selbstbewertung der Organisation, die Erstellung eines Selbstberichts und eine anschließende Fremdbewertung, das Assessment. Die Stufen sind mit Punktwerten und bestimmten Laufzeiten verbunden. Je höher die Entwicklungsstufe, desto umfangreicher ist das Bewerbungs- und Bewertungsverfahren.

Dargestellt werden im Folgenden die deutschen Verfahren nach der Initiative Ludwig-Erhard-Preis.

- **Committed to Excellence** (1 Star): Das Verfahren „Committed to Excellence 1 Star" (C2E 1Star) markiert den Einstieg in die Entwicklung entlang der Excellence-Stufen. Im Rahmen einer eintägigen Begutachtung – auf dieser Stufe Validation genannt – wird die Fähigkeit einer Organisation eingeschätzt, systematische Selbstbewertungen durchführen und daraus Verbesserungsprojekte ableiten zu können.

- **Committed to Excellence** (2 Stars): Das Begutachtungsverfahren „Committed to Excellece 2 Stars" (C2E 2Stars) schließt als 2. Stufe an. Gegenstand der Analyse sind ausgesuchte Bereiche der Organisation. Die Bewertung richtet sich hier auf bereits umgesetzte Entwicklungsschritte und Verbesserungen. Eine quantitative Bewertung mit der RADAR-Matrix findet noch nicht statt. Eingeschätzt wird die Entwicklung hinsichtlich der Ebene „Recognised for Excellence".

4. Qualitätsmanagementsysteme

- **Recognised for Excellence** (R4E): Im Verfahren „Recognised for Excellence" wird die gesamte Organisation einem Assessment unterzogen, um daraus Stärken und Entwicklungspotenziale zu ermitteln. Auf dieser Stufe wird eine Bewertung durch die RADAR-Matrix durchgeführt. Je nach erreichtem Gesamtpunktwert von mehr als 300, 400 oder 500 Punkten werden sog. Stars vergeben.

- **Ludwig-Erhard-Preis**: Organisationen, die die Stufe Recognised for Excellence erreicht haben, bringen die Voraussetzung mit, sich um den Ludwig-Erhard-Preis zu bewerben. Neben einem umfangreichen Assessment, verbunden mit einer Bewertung durch die RADAR-Matrix, entscheidet eine Jury über die Preisvergabe in Bronze, Silber oder Gold.

Die Initiative Ludwig-Erhard-Preis gibt für Assessements und Preisverfahren folgende Kosten an.

Kosten für Assessments und Preisverfahren

Committed to Excellende (1 Star)	3.300 € pauschal und Reisekosten
Committed to Excellence (2 Star)	4.500 € pauschal und Reisekosten
Recognised for Excellende (3–5 Star)	11.700 € pauschal und Reisekosten
Ludwig Erhard Preis	2.500 € Bewerbungsgebühr

Abb. 35: Kosten für Assessments und Preisverfahren der ILEP

4.4 Kritische Bewertung der Qualitätsmanagementsysteme

Die beiden Qualitätsmanagementsysteme DIN EN ISO 9001:2015 und EFQM-Modell sind sehr unterschiedlich. Dennoch ist eine vergleichende kritische Bewertung hinsichtlich zentraler Aspekte aufschlussreich. Insbesondere wird auf den grundlegenden Ansatz der beiden Managementsysteme rekurriert und die daraus folgende Anschlussfähigkeit für ein dynamisches, relationales Qualitätsverständnis. Mit diesem Punkt ist indirekt auch die Frage der Akzeptanz und Legitimation des QM-Systems verbunden. Schließlich werden auch Aspekte der praktischen Umsetzung reflektiert.

Die ISO 9001 zielt auf die Konformität des QM-Systems ab. Durch die Einhaltung der Normvorgaben soll indirekt Qualität sichergestellt werden. Genau das aber wird oft grundsätzlich infrage gestellt. Dabei werden auch drastische Vergleiche gezogen. So würde ein normkonformes QM-System auch die Herstellung von Rettungsreifen aus Beton zulassen. Auf den ersten Blick wird damit der Ansatz der ISO 9001 ad absurdum geführt. Auf den zweiten Blick aber stellt sich dieser Vorwurf als ungerechtfertigt heraus. Die Norm fordert einen strategischen Ansatz, der die Qualitätserwartungen relevanter Anspruchsgruppen ebenso berücksichtigt wie zentrale umfeldbezogene Einflussfaktoren. Werden die Qualitätsforderungen strategischer Anspruchsgruppen bei der Leistungsentwicklung falsch eingeschätzt und unzureichend berücksichtigt, hat dies negative Auswirkungen auf die Wettbewerbsfähigkeit der Organisation. Die Erlangung und der Erhalt der Wettbewerbsfähigkeit ist wiederum Aufgabe und Verantwortung des Managements.

ISO 9001:2015

4.4 Kritische Bewertung der Qualitätsmanagementsysteme

Die ISO 9001 gibt den Organisationen prinzipiell die Möglichkeit einer unternehmensspezifischen, bedarfsgerechten Anpassung. Der Fokus auf die Normkonformität birgt aber die Gefahr, dass Organisationen die Normstruktur mehr oder weniger unreflektiert übernehmen. Es gibt zwar mittlerweile IT-gestützte Managementsysteme, die den Transfer eigener Strukturen auf die Normkapitel leisten. Der Aufwand einer spezifischen Strukturentwicklung bleibt aber nicht aus.

Ebenfalls wird die „Norm" mit einem übermäßigen Dokumentationsaufwand und Bürokratismus in Verbindung gesehen. Wie bereits dargestellt, wurde die Pflicht zur Dokumentation in der aktuellen Normrevision im Prinzip abgeschafft. Dennoch wird der Nachweis der Normkonformität bei Zertifizierungen gerade über „Nachweisdokumente" erbracht und dem Administrationsaufwand damit wiederum Vorschub geleistet. Es liegt daher in der Verantwortung der Organisationsleitung, bei der Einführung der ISO 9001 den Fokus gezielt auf die Prozessorientierung der Norm zu richten und den Aufwand der Dokumentation stark zu priorisieren.

Die ISO 9001 ist aufgrund der genormten Struktur in hohem Maße kompatibel, und zwar in zweifacher Hinsicht. Einmal entspricht die Normstruktur weitestgehend gesetzlichen Forderungen nach einem internen Qualitätsmanagementsystem. Des Weiteren besteht eine hohe Strukturähnlichkeit mit anderen Managementsystemen, wie z. B. Umwelt- oder Arbeitsschutzmanagement oder auch anderen Qualitätsmanagementsystemen, wie z. B. dem GAB-Verfahren (siehe 5.1) oder dem KTQ-Verfahren (siehe 5.2). Die Einführung der ISO 9001 ermöglicht also erhebliche Synergieeffekte in der Verbindung mit anderen Managementsystemen.

Zusammenfassend lässt sich feststellen, dass die ISO 9001 konzeptionell ein ganzheitliches, umfassendes Qualitätsmanagementsystem beschreibt. Trotz der ausgefeilten Normstruktur ist eine organisationsspezifische Übersetzung und Anwendung möglich. Die Grundsätze des Qualitätsmanagements lassen sich mit der ISO 9001 vollumfänglich realisieren. Die Praxis der Normanwendung, insbesondere durch die Zertifizierungsanforderungen bedingt, zeichnet aber ein anderes Bild, nämlich das eines eher technischen, administrativen Fokus der Umsetzung. Damit bleibt die Norm mit Blick auf die Grundideen von Qualitätsmanagement hinter ihren Möglichkeiten zurück. Bei der Einführung eines Qualitätsmanagementsystems in Gestalt der DIN EN ISO 9001:2015 kommt es daher gerade in sozialwirtschaftlichen Organisationen darauf an, eine bewusst organisationseigene Adaptierung der Normstruktur vorzunehmen.

EFQM-Modell

Das EFQM-Modell zielt auf die Entwicklungs- und Qualitätsfähigkeit der Organisation ab. Auch hier wird ein komplexes, ganzheitliches Qualitätsmanagementsystem bereitgestellt. Eine systematische, methodisch gestützte umfassende Selbstbewertung ermittelt Stärken und Entwicklungspotenziale der Organisation. Gegenstand der Bewertung ist der Reifegrad der Organisation, Qualität zu erzeugen und zu verbessern. Die Entwicklungsorientierung des EFQM-Modells entspricht sehr gut einem dynamischen, relationalen Qualitätsverständnis. Die Offenheit der Struktur bzw. der organisationalen Umsetzung spricht für die Anschlussfähigkeit gerade für Unternehmen der Sozialwirtschaft.

Die Beherrschung bzw. kompetente Anwendung des Modells ist dabei Voraussetzung, aber an sich nicht Gegenstand der Bewertung. Das EFQM-Modell ist komplex und anspruchsvoll und bedeutet für Organisationen erfahrungsgemäß einen mehrjährigen Entwicklungs- und Lernprozess. Die Einstiegshürde ist hoch angesetzt angesichts der Tatsache, dass Aufwendungen für Qualitätsmanagement in aller Regel nicht refinanziert, sondern weitestgehend mit eigenem Engagement zu stemmen sind.

Gleichzeitig ist das EFQM-Modell aufgrund der Eigenständigkeit und des strategischen Ansatzes wiederum sehr gut mit anderen grundsätzlich eher operativ angelegten Qualitätsmanagementsystemen und -konzepten kombinierbar. Zwischen der DIN EN ISO 9001:2015 und dem EFQM entstehen daher keine doppelten, konkurrierenden Strukturen.

Das EFQM-Modell beschreibt ein Geschäftsmodell und spricht von Business-Excellence. Der damit intendierte unternehmerische Ansatz erzeugt gelegentlich mentale Widerstände. Hier bedarf es einer sprachlichen Übersetzung. Ein Geschäftsmodell der Business-Excellence fokussiert nicht per se monetären Gewinn, sondern die nachhaltige Realisierung der Qualitätserwartungen strategisch relevanter Anspruchsgruppen. Letztlich müssen daher auch sozialwirtschaftliche Unternehmen eine konzeptionelle Vorstellung darüber entwickeln, welche Aktivitäten in welcher Kombination geeignet sind, um den Auftrag der Organisation zu erfüllen.

5. Branchenspezifische Qualitätsmanagementkonzepte

Qualitätsmanagementkonzepte sind ebenfalls qualitätsorientierte organisationale Steuerungsansätze, allerdings bezogen auf bestimmte Handlungsfelder. Damit sind Qualitätsmanagementkonzepte klar gegenüber fachlich ausgerichteten Konzepten der Qualitätsentwicklung abzugrenzen. Letztere dienen dazu, professionelle Praxis systematisch zu evaluieren, um daraus Erkenntnisse über sinnvolle und notwendige inhaltliche, konzeptionelle Veränderungs- und Verbesserungsbedarfe zu gewinnen. Qualitätsmanagementkonzepte hingegen haben einen organisationalen Steuerungsradius und gleichzeitig einen konkreten Entwicklungskontext und Anwendungsbezug. Bedingt durch den gesamtorganisationalen Bezug sind Qualitätsmanagementkonzepte meist kompatibel zu den „großen" Qualitätsmanagementsystemen. Während es eine schwer überschaubare Zahl unterschiedlicher Qualitätsentwicklungskonzepte gibt, lassen sich tatsächlich nur wenige Qualitätsmanagementkonzepte finden, die die genannten Kriterien erfüllen.

5.1 GAB-Verfahren

5.1.1 Entwicklung und Ansatz des GAB-Verfahrens

Das GAB-Verfahren wurde 1996 von der Münchner Gesellschaft für Ausbildungsforschung und Berufsentwicklung konzipiert. Die Bezeichnung GAB steht für eben diese Gesellschaft.

Zentrale Merkmale Das Verfahren, so das Autorenteam, wird durch eine Reihe zentraler Merkmale charakterisiert (vgl. GAB, 2016, S. 11 ff.):

- Das GAB Verfahren formuliert keine inhaltlichen Aussagen bzw. Vorgaben über Qualität, sondern setzt voraus, dass Qualität durch die beteiligten Akteure jeweils zu entwickeln ist.

- Das GAB-Verfahren versteht sich grundsätzlich als Ansatz der Organisationsentwicklung. Qualität personenbezogener Dienstleistung wird nicht durch Vorgaben und Standardisierungen gesichert. „Vielmehr kann sie nur von den Mitarbeitenden selbst – und zwar in Kooperation mit den Empfänger/innen ihrer Dienstleistung hervorgebracht, aufrechterhalten und weiterentwickelt werden" (GAB, 2016, S. 11). Voraussetzung hierfür sind Fachlichkeit, Bereitschaft und eine Kultur „von Verständnis, Transparenz und Beteiligung" (ebd.).

- Aus der konsequenten Berücksichtigung der Eigenheiten personenbezogener Dienstleistung folgt, dass Qualität grundsätzlich jeweils situativ neu auszuhandeln ist. „Deshalb setzt das GAB-Verfahren auch auf die Befähigung der Mitwirkenden, soziale Beziehungen zueinander aufzunehmen" (ebd.).

- Das GAB-Verfahren ermöglicht eine Zertifizierung nach der DIN EN ISO 9001 oder nach der Akkreditierungs- und Zulassungsverordnung Arbeitsförderung (AZAV) sowie eine entsprechend notwendige Systematisierung der bestehenden „oft ‚intuitiven' Formen der bereits bestehenden Qualitätssicherung und -entwicklung" (ebd.).

5.1.2 Modell des GAB-Verfahrens

Das GAB-Verfahren wird als Leitfaden zur Einführung von Qualitätsmanagement verstanden (vgl. GAB, 2016, S. 29). Das Modell beschreibt sechs Instrumente, die jeweils zwei Seiten zugeordnet sind. Die Instrumente ‚Leitbild', ‚Konzepte' und ‚Handlungsleitlinien' bilden die linke Seite „Was wollen wir erreichen?". Die rechte Seite steht unter der Frage „Was haben wir erreicht?" und beinhaltet die Instrumente ‚Praxisüberprüfung', ‚Kollegiales Lernen' und ‚Systematische Evaluation'. Damit wird im Sinne des PDCA-Zyklus ein kontinuierlicher Entwicklungskreislauf intendiert. Im Zentrum des Entwicklungsmodells steht die Überzeugung, dass Qualität personenbezogener Dienstleistungen nur im Dialog bestimmt, überprüft und entwickelt werden kann.

Entwicklung im Dialog

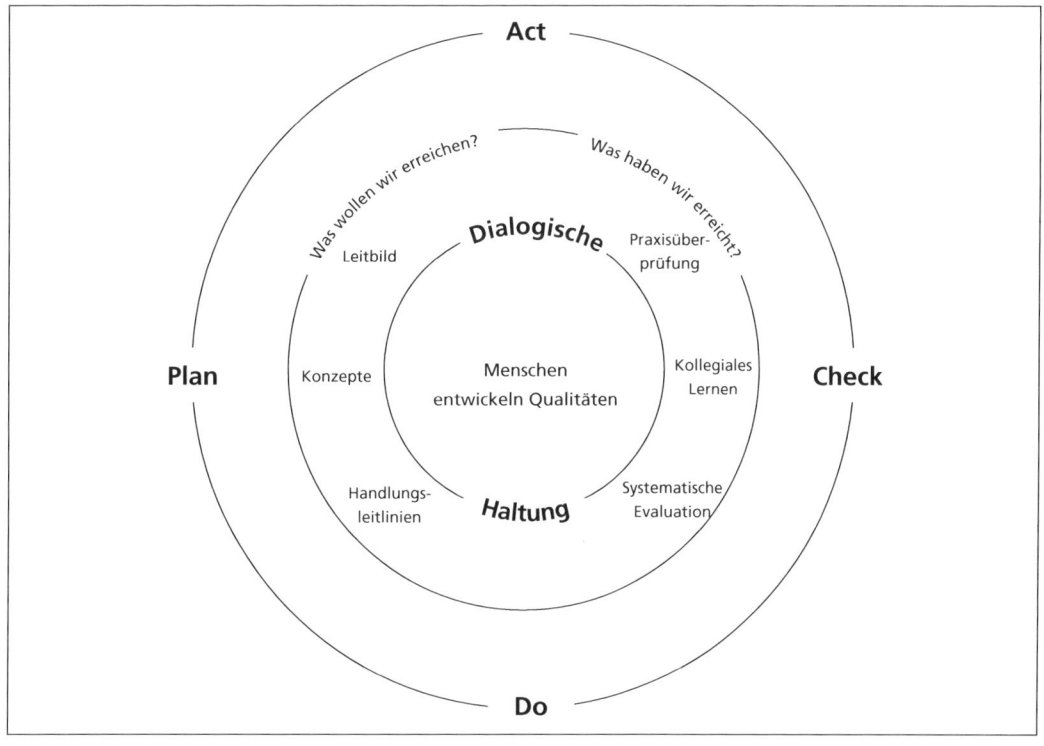

Abb. 36: Das Modell des GAB-Verfahrens (mod. n. GAB, 2016, S. 29)

Der Schlüsselsatz „Menschen entwickeln Qualitäten" wird auf dreifache Weise interpretiert (vgl. GAB, 2016, S. 18):

Menschen entwickeln Qualitäten

- Die Qualität personenbezogener Dienstleistungen wird ausschließlich durch die beteiligten Akteure gestaltet.

- Qualität muss von den Beteiligten situativ stets neu gestaltet werden und ist systematisch und kontinuierlich zu reflektieren.

- Es wird betont, „dass mit und durch ein Qualitätsmanagement nicht die Qualität, sondern *verschiedene* Qualitäten entwickelt werden" (GAB, 2016, S. 18). Das bedeutet, dass Fach- und Führungskräfte Qualität im Sinne der Kompetenzentwicklung und persönlicher Entwicklung entfalten. Es bedeutet darüber hinaus, dass auch Rahmenbedingungen des Qualitätsmanagements überprüft und weiterentwickelt werden.

5.1 GAB-Verfahren

Vier Qualitätsdimensionen

GAB unterscheidet vier Qualitätsdimensionen. Mit der Unterscheidung von Struktur-, Prozess- und Ergebnisqualität wird auf Donabedian Bezug genommen (siehe 2.2.1 „Qualitätsdimensionen nach Donabedian"). Das GAB-Modell führt mit Beziehungsqualität darüberhinausgehend noch eine weitere Qualitätsdimension ein. Beziehungsqualität bezieht sich auf „professionelle Beziehungsgestaltung" als „Kerntätigkeit" (GAB, 2016, S. 26 und 27).

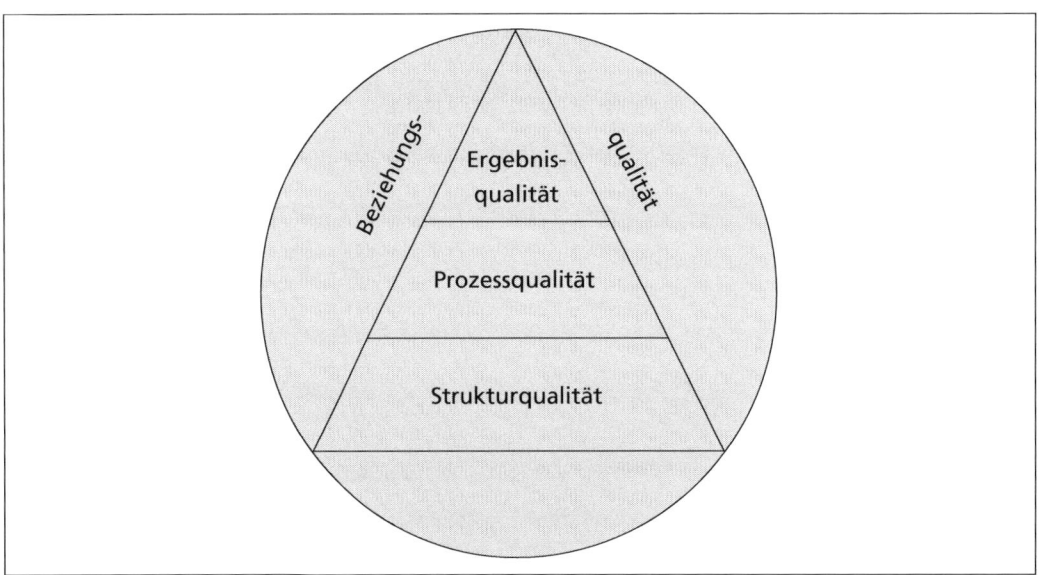

Abb. 37: Die vier Qualitätsdimensionen (GAB, 2016, S. 26)

Humanistisches Menschenbild

Das GAB-Modell gründet auf einem humanistischen Menschenbild, das von einem grundlegenden Bedürfnis nach Selbstentfaltung ausgeht. Organisationen sind in der Lage, dieses fundamentale Motiv durch aktive Gestaltung der dafür notwendigen Rahmenbedingungen zu fördern. Das impliziert insbesondere eine breite und individuelle Beteiligung in der inhaltlichen und methodischen Ausgestaltung des Qualitätsmanagements.

Konstruktivistische und systematische Haltung

Dem GAB-Modell liegt ferner eine systemische und konstruktivistische Haltung zugrunde. Konstruktivistisch bedeutet nach diesem Verständnis, dass Qualität nicht von außen objektiv abgeleitet werden kann, „sondern eine Frage des Verständnisses, der Sinndeutung einer Handlung, einer Aufgabe oder einer Leistung" ist (GAB, 2016, S. 42). Demzufolge hat Kommunikation eine elementare Bedeutung im Qualitätsmanagement des GAB-Modells. Die systemische Haltung im GAB-Modell bedeutet, dass sich Organisationen als soziale Systeme einer direkten und linearen Steuerung – etwa durch ein Qualitätsmanagementsystem – grundsätzlich entziehen. Soziale Systeme sind durch wechselseitig verbundene Kommunikations- und Handlungsmuster geprägt. Daher sind Steuerungsimpulse in ihren Wirkungen nur begrenzt prognostizierbar und müssen von gemeinsamen Reflexionsprozessen begleitet werden.

Anthroposophie

Schließlich beruft sich das GAB-Verfahren auf die Anthroposophie Rudolf Steiners. Dabei wird im Besonderen auf die Überlegungen zur Freiheit des Menschen verwiesen und Bezug genommen auf die Grundannahme, dass Qualität auch Bezüge jenseits objektiv wahrnehmbarer Realität hat.

5. Branchenspezifische Qualitätsmanagementkonzepte

5.1.3 Instrumente und Organisation des GAB-Verfahrens

Das GAB-Verfahren beschreibt mit Blick auf das soeben vorgestellte Modell folgende Instrumente:

- **Leitbild:** Das Leitbild „beschreibt ... das Selbstverständnis der Organisation und formuliert damit Ansprüche an das Handeln der Mitarbeitenden und Führungskräfte. ... In den Aussagen des Leitbilds enthalten sind zudem erste allgemeine Qualitätsziele, die eine Organisation anstrebt" (GAB, 2016, S. 30). GAB empfiehlt, das Leitbild schriftlich zu verfassen und in regelmäßigen, langfristigen Abständen anzupassen. Das Leitbild ist intern und extern zu kommunizieren. Es stellt die normative Basis für Konzepte und Handlungsleitlinien dar.

- **Konzepte:** GAB versteht unter Konzept „einen detaillierten, ausgearbeiteten Handlungsplan für ein Vorhaben oder ein Angebot". Konzepte konkretisieren Ziele und Planungen durch konkrete Aussagen hinsichtlich Vorgehensweisen, einzusetzender Ressourcen, notwendiger Qualifikationen usw. GAB betont, dass Konzepte partizipativ entwickelt werden, einen intensiven Reflexionsprozess ermöglichen und damit „identitätsstiftend" wirken (vgl. GAB, 2016, S. 31).

- **Handlungsleitlinien:** GAB definiert Handlungsleitlinien als spezifische, situationsbezogene „Vereinbarungen, wie Mitarbeitende und Führungskräfte bestimme Aufgaben und Abläufe handhaben wollen" (GAB, 2016, S. 32). Handlungsleitlinien sollen, so GAB, einen Orientierung gebenden Rahmen bilden. Innerhalb dieses Rahmens werden je nach fachlicher und sachlicher Anforderung weitere Durchführungshinweise und Regelungen vorgenommen (vgl. GAB, 2016, S. 33).

Aufbau einer Handlungsleitlinie

1 Name der Handlung, der Maßnahme: Um welche Handlung, Arbeitsaufgabe oder Maßnahme geht es?
2 Sinn der Handlung: Was ist für uns der Sinn oder das Ziel dieser Handlung? Warum oder wozu machen wir das eigentlich?
3 Grundsätze, Werte und Prinzipien: Welche Grundsätze, Werte, Prinzipien sind uns für die Durchführung wichtig, wenn wir den Sinn der Handlung erreichen wollen? Worauf wollen wir bei der Durchführung achten?
4 Durchführungshinweise: Wie wollen wir die Handlung/die Aufgabe ausführen? Welche verbindlichen Vereinbarungen oder Regelungen wollen wir dazu treffen? Welche Anregungen und Empfehlungen geben wir?
5 Rückblicksfragen und Prüfhinweise: Woran können wir erkennen, dass wir dem Sinn und den Grundsätzen entsprechen, wir so vorgehen, wie wir vorgehen möchten?
6 Dokumentationshinweise: Muss etwas zu diesem Thema regelmäßig dokumentiert werden und wo soll das dokumentiert werden?
7 Schlussbestimmungen: Wer hat die Handlungsleitlinie erarbeitet? Für wen gilt sie? Ab wann gilt sie? Wer hat sie freigegeben? Wann wird sie überprüft?

Abb. 38: Der Aufbau einer Handlungsleitlinie im Überblick (GAP, 2016, S. 101)

5.1 GAB-Verfahren

- **Praxisüberprüfung:** Praxisüberprüfung bedeutet, dass in Teams oder kollegialen Gruppen die tatsächliche fachliche Praxis reflektiert und Möglichkeiten bzw. Notwendigkeiten der Veränderung und Verbesserung erarbeitet werden. Die Ergebnisse einer Praxisüberprüfung werden verschriftlicht (vgl. GAB, 2016, S. 34).

- **Kollegiales Lernen:** Unter der Bezeichnung „Kollegiales Lernen" sind unterschiedliche Instrumente zusammengefasst, wie z. B. Intervision, Hospitation, Fallsupervision oder Fallbesprechung (vgl. GAB, 2016, S. 35). Die Instrumente des kollegialen Lernens dienen der Förderung der Offenheit und des Zusammenhalts im Team. Sie dienen insbesondere auch der persönlichen Weiterentwicklung der Mitarbeitenden. Voraussetzung ist daher Vertraulichkeit innerhalb der Teams. Die Ergebnisse des Kollegialen Lernen werden daher nicht dokumentiert.

- **Systematische Evaluation:** Systematische Evaluation bezeichnet eine planvolle, zielgerichtete Auswertung der Praxis. Zum Einsatz kommen dabei Instrumente wie einfache schriftliche Befragungen, mündliche Befragungen im Rahmen von Interviews oder Gruppendiskussion sowie Datenerhebung durch Beobachtung (vgl. GAB, 2016, S. 36). Die systematische Evaluation eignet sich zur Auswertung etwa der Wirkungsweise einzelner Programm- oder Konzeptbestandteile, des Ablaufs spezifischer Prozesse oder der Zufriedenheit von Mitarbeitenden in ihrem Arbeitsfeld (vgl. ebd.).

Das GAB-Verfahren beschreibt weitere Instrumente: Qualitätsmanagement-Handbuch, Internes Audit bzw. Management-Review und Qualitätspolitik, -ziele und strategische Qualitätsplanung:

- **Qualitätsmanagement-Handbuch:** Im Qualitätsmanagement-Handbuch wird das Qualitäts-management der Organisation beschrieben. Es umfasst das Leitbild und eine Beschreibung des Aufbaus der Organisation des Qualitätsmanagements. Weitere Teile des Qualitätsmanagement-Handbuchs sind Konzepte, Handlungsleitlinien und weitere Handlungsanleitungen (vgl. GAB, 2016, S. 37 f.).

- **Internes Audit und Management-Review:** Das Qualitätsmanagementsystem wird jährlich im Rahmen eines internen Audits einer Prüfung unterzogen. Alle drei Jahre wird das gesamte Qualitätsmanagementsystem überprüft. Schließlich werden die Ergebnisse des Audits mit der Leitung im Kontext eines Management-Reviews ausgewertet (vgl. GAB, 2016, S. 39).

Organisation des QM-Systems

Das GAB-Verfahren macht allgemeine Aussagen zur Organisation des Qualitätsmanagementsystems (vgl. GAB, 2016, S. 40 f.): Die Gesamtverantwortung für die Implementierung und Steuerung des Qualitätsmanagements liegt bei der Leitung bzw. dem Führungskreis. Gleichzeitig wird auch die aktive Mitwirkung der Mitarbeitenden betont. Eine besondere Funktion übernehmen die sog. Qualitätskoordinatorinnen, -koordinatoren und Qualitätsmoderatorinnen, -moderatoren. Die Qualitätskoordinatorinnen und -koordinatoren haben beratende Funktion, vor allem hinsichtlich der methodischen Arbeit. Sie wirken beratend, vor allem hinsichtlich der methodischen Arbeit. Die Qualitätsmoderatorinnen und -moderatoren unterstützen die Teams in der Qualitätsarbeit. Qualitätsarbeit wird entweder in bestehende Arbeits- und Besprechungsstrukturen integriert und im Rahmen regelmäßiger Qualitätszirkel durchgeführt.

5. Branchenspezifische Qualitätsmanagementkonzepte

5.2 KTQ

5.2.1 Entwicklung und Ansatz von KTQ

KTQ steht für „Kooperation für Transparenz und Qualität im Gesundheitswesen". Die KTQ ist eine gemeinnützige GmbH, die 2001 gegründet wurde, um für Krankenhäuser ein eigenes Zertifizierungsverfahren zu entwickeln. Gesellschafter sind die Bundesärztekammer, die Deutsche Krankenhausgesellschaft e. V. sowie der Deutsche Pflegerat. Bis 2011 wurde das Zertifizierungsverfahren auch für Rehabilitationskliniken, für stationäre und teilstationäre Pflegeeinrichtungen, für ambulante Pflegedienste, Hospize, alternative Wohnformen sowie für Rettungsdienste erweitert. KTQ wurde 1997 bis 1999 in einer Machbarkeitsstudie untersucht. Es folgte eine Pilotstudie bis zur Gründung der Gesellschaft.

Gründung als gemeinnützige GmbH

KTQ stellt ein Modell zur Verfügung, um die organisationalen Tätigkeiten hinsichtlich Qualität zu überprüfen. Die Qualitätsprüfung kann im Rahmen einer Selbstbewertung stattfinden oder durch eine Fremdbewertung die Zertifizierung anstreben. Das Ziel von KTQ ist die „Optimierung von Prozessen innerhalb der Patientenversorgung" (KTQ, 2021b).

Ansatz von KTQ

5.2.2 KTQ-Modell und Kategorien

Das KTQ-Modell fokussiert auf die Patientinnen und Patienten. Zur Sicherstellung der Patientensicherheit werden unterschiedliche Kategorien in den Blick genommen. Die Kategorien sind: Patientenorientierung – Mitarbeiterorientierung – Sicherheit – Kommunikations- und Informationswesen – Unternehmensführung – Qualitätsmanagements- und klinisches Risikomanagement.

Fokus: optimale Patientenversorgung

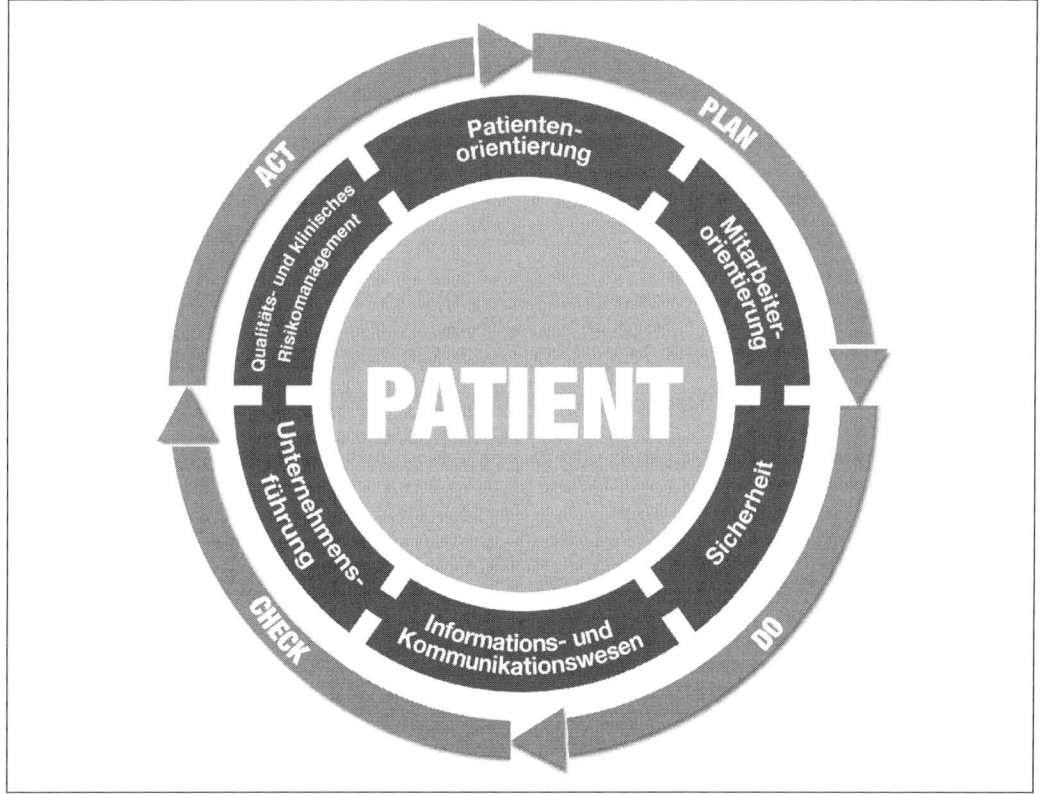

Abb. 39: Das KTQ-Modell (KTQ, 2021, S. 18)

5.2 KTQ

Zertifizierungskriterien

Den Kategorien sind jeweils unterschiedliche Subkategorien und Kriterien zugeordnet.

Kategorie	Subkategorie		Kriterium	
1 Patientenorientierung	1.1	Rahmenbedingungen der Patientenversorgung	1.1.1	Erreichbarkeit und Aufnahmeplanung
			1.1.2	Leitlinien, Standards und Richtlinien
			1.1.3	Information und Beteiligung der Patienten
			1.1.4	Service und Ausstattung
	1.2	Akut-/Notfallversorgung	1.2.1	Erstdiagnostik und Erstversorgung
	1.3	Elektive, ambulante Versorgung	1.3.1	Elektive, ambulante Diagnostik, Behandlung und Operationen
	1.4	Stationäre Versorgung	1.4.1	Stationäre Diagnostik, Interdisziplinarität, Behandlung und Visite
			1.4.2	Therapeutische Prozesse und Ernährung
			1.4.3	Operative und interventionelle Prozesse
	1.5	Weiterbetreuung/ Übergang in andere Bereiche	1.5.1	Entlassungsprozess
	1.6	Sterben und Tod	1.6.1	Palliative Versorgung, Umgang mit sterbenden Patienten und Verstorbenen
2 Mitarbeiterorientierung	2.1	Personalmanagement	2.1.1	Personalbedarf und Akquise
			2.1.2	Personalentwicklung
			2.1.3	Einarbeitung
			2.1.4	Ausbildung, Fort- und Weiterbildung
			2.1.5	Arbeitszeiten/Work Life Balance
3 Sicherheit	3.1	Patientenbezogene Risiken	3.1.1	Eigen- und Fremdgefährdung
			3.1.2	Medizinisches Notfallmanagement
			3.1.3	Organisation der Hygiene, Infektionsmanagement
			3.1.4	Hygienerelevante Daten
			3.1.5	Arzneimittel und Arzneimitteltherapiesicherheit
			3.1.6	Labor- und Transfusionsmedizin
			3.1.7	Medizinprodukte

5. Branchenspezifische Qualitätsmanagementkonzepte

Kategorie	Subkategorie		Kriterium	
	3.2	Schutz- und Sicherheitskonzepte	3.2.1	Arbeitsschutz
			3.2.2	Brandschutz
			3.2.3	Krankenhausalarm und Einsatzplanung inkl. Ausfall von Systemen
			3.2.4	Umweltschutz
4 Informations- und Kommunikationswesen	4.1	Informations- und Kommunikationstechnologie	4.1.1	Netzwerkstruktur und Datensysteme
			4.1.2	Einsatz von Software
	4.2	Patientendaten	4.2.1	Klinische Dokumentation
			4.2.2	Datenschutz
	4.3	Internes Informationsmanagement	4.3.1	Einsatz neuer Medien
5 Unternehmensführung	5.1	Unternehmenskultur	5.1.1	Unternehmenskultur
			5.1.2	Führungskompetenz, vertrauensbildende Maßnahmen
			5.1.3	Ethische, religiöse und gesellschaftliche Verantwortung
			5.1.4	Unternehmenskommunikation
	5.2	Strategie und Zielplanung	5.2.1	Entwicklung, Vermittlung und Umsetzung der Strategie und Zielplanung
			5.2.2	Wirtschaftliches Handeln, kaufmännisches Risikomanagement und Compliancemanagement
			5.2.3	Partnerschaften und Kooperationen
	5.3	Unternehmensentwicklung	5.3.1	Organisationsstruktur und Arbeitsweise der Führungsgremien
			5.3.2	Innovation, Wissens- und Ideenmanagement
6 Qualitäts- und klinisches Risikomanagement	6.1	Struktur und Ablauf	6.1.1	Organisation, Aufgabenprofil des Qualitäts- und klinischen Risikomanagements
			6.1.2	Methoden des klinischen Risikomanagements zur Patientensicherheit
			6.1.3	Vernetzung, Prozessgestaltung und -optimierung

5.2 KTQ

Kategorie	Subkategorie		Kriterium	
	6.2	Befragungen	6.2.1	Patientenbefragung
			6.2.2	Mitarbeiterbefragung
	6.3	Meinungs-management	6.3.1	Beschwerdemanagement: Lob und Beschwerden von Mitarbeitern, Patienten und weiteren Externen
	6.4	Qualitäts-relevante Daten	6.4.1	Qualitätsrelevante Daten interner/externer Verfahren

Abb. 40: KTQ-Katalog Krankenhaus 2021 im Überblick: Kategorien, Subkategorien, Kriterien (KTQ, 2021a)

Die Kriterien werden durch Themen/Anforderungen weiter erläutert.

Das Kriterium 1.1.3 „Information und Beteiligung des Patienten" wird mit folgenden Themen/Anforderungen konkretisiert:

Beispiel: Patient/innen Information, Beteiligung

1.1.3 Information und Beteiligung des Patienten	
1	Patientenrechte, Berücksichtigung von Patientenverfügungen, rechtlichen Betreuungen und Vollmachten, Umsetzung des Patientenrechtegesetzes
2	Patientenaufklärung unter Berücksichtigung rechtlicher Vorgaben
3	Informationsmaterial und -medien während der Versorgung
4	Einbeziehung des Patienten, der Angehörigen, Bezugs- und Begleitpersonen zur Krankheitsbewältigung
5	Umgang mit Fremdsprachlichkeit, Sprachbarrieren, Gehörlosen
6	Respektierung der Privat- und Intimsphäre
7	Spezifische Angebote, z. B. Seelsorge, psychologische Betreuung, Krisenintervention etc.
8	Patientenschulungen bei speziellen Krankheitsbildern
...	

Abb. 41: Beispiel Themen/Anforderungen (KTQ, 2021a, S. 47)

5.2.3 Bewertungsverfahren

Selbstbewertung

Das Verfahren der Selbstbewertung sieht eine möglichst breite Beteiligung der Mitarbeitenden vor. Betont wird zudem die Verantwortung der Einrichtungsleitung. Darüber hinaus wird auf bewährte Vorgehensweisen des Projektmanagements verwiesen (vgl. KTQ, 2021a, S. 16). Im Zentrum einer KTQ-Selbstbewertung steht eine Arbeitsgruppe, die interdisziplinär, hierarchie- und berufsgruppenübergreifend besetzt ist (vgl. ebd., S. 17)

Prozess-beschreibungen notwendig

Im Rahmen der Selbstbewertung müssen zu jedem Kriterium die zugehörigen Prozesse beschrieben werden. Alle genannten Themen/Anforderungen sind zu berücksichtigen. Die Beschreibung orientiert sich dabei am PDCA-Zyklus.

5. Branchenspezifische Qualitätsmanagementkonzepte

Im KTQ-Manual Krankenhaus lautet die Beschreibung im Wortlaut:

PLAN	Beschreiben Sie bitte die Planung der Prozesse, den Soll-Zustand mit Zielen und Kennzahlen sowie die geregelten Verantwortlichkeiten.
DO	Beschreiben Sie bitte den Ist-Zustand, beziehungsweise die Umsetzung der Prozesse.
CHECK	Beschreiben Sie bitte, wie die regelmäßige, nachvollziehbare Überprüfung und Bewertung der in PLAN und DO dargestellten Vorgaben, Maßnahmen und Prozesse erfolgt: Welche Kennzahlen und/oder Messgrößen und/oder Methoden werden verwendet?
ACT	Beschreiben Sie bitte die Verbesserungsmaßnahmen, die Sie in den vergangenen Jahren/seit der letzten Zertifizierung aus den Ergebnissen des CHECK abgeleitet haben, und deren Umsetzung.

Abb. 42: Prozessbeschreibung nach dem PDCA-Zyklus im KTQ-Modell (KTQ, 2021a, S. 19)

Bewertung der Kriterien

Jedes Kriterium wird anschließend gemäß einer spezifischen Systematik bewertet. Für jedes Kriterium können maximal 18 Punkte vergeben werden. Der Punktwert ergibt sich aus den Einzelwertungen der vier Schritte im PDCA-Zyklus. Der Schritt „Do" erhält dabei eine höhere Gewichtung.

		Anforderungen sind ... ... nicht erfüllt	Anforderungen sind ... ... ansatzweise erfüllt	Anforderungen sind ... ... teilweise erfüllt	Anforderungen sind ... ... umfassend erfüllt	arithm. Mittel der Summe Erreichungs- und Durchdringungsgrades (Beispiel)	Ergebnis
	Erreichungsgrad						
	Durchdringungsgrad	... in keinem Bereich umgesetzt	... in wenigen Bereichen umgesetzt	... in mehreren Bereichen umgesetzt	... in allen Bereichen umgesetzt		
PLAN	Erreichungsgrad	0	1	2	3	2	1,5
	Durchdringungsgrad	0	1	2	3	1	
DO	Erreichungsgrad	0	1 2 3	4 5 6	7 8 9	6	5
	Durchdringungsgrad	0	1 2 3	4 5 6	7 8 9	4	
CHECK	Erreichungsgrad	0	1	2	3	2	2
	Durchdringungsgrad	0	1	2	3	2	
ACT	Erreichungsgrad	0	1	2	3	1	1
	Durchdringungsgrad	0	1	2	3	1	
					Summe	9,5	
					ggf. Aufrundung, immer zum höheren Punktwert		
					Summe:	10	

Abb. 43: Beispiel für die Bewertung eines Kriteriums (KTQ, 2021a, S. 21)

Bei 48 Kriterien mit einer maximal möglichen Punktzahl von 18 können bis zu 864 Gesamtpunkte erzielt werden.

5.2 KTQ

Beispiel: Selbstbewertung „stationäre Pflegeeinrichtung"

Folgendes Beispiel zeigt eine exemplarische Prozessbeschreibung nach dem PDCA-Zyklus:

Plan				Do									
0	1	2	3	0	1	2	3	4	5	6	7	8	9

Beispielantwort

1. Mit dem neuen Mitarbeiter werden für den ersten Tag Ort und Zeit für den Dienstbeginn vereinbart. Als erstes erfolgt ein Gespräch mit der Heimleitung/Pflegedienstleitung, Schweigepflichtserklärung, Laufzettel usw. werden ausgehändigt und erläutert. Die Heimleitung/Pflegedienstleitung und die Personalabteilung klären mit dem Mitarbeiter alle organisatorischen und rechtlichen Belange. Weitere Schritte sind in dem Organisationsstandard „Einarbeitung neuer Mitarbeiter" beschrieben. Neben einer Zielsetzung und einer Ablaufbeschreibung ist dem Standard eine Checkliste angefügt, in dem die Tätigkeiten nach Erledigung von dem Mitarbeiter und dem Mentor abgezeichnet werden. Weiterhin beinhaltet der Standard eine Checkliste für drei Reflektionsgespräche.
2. Für alle Mitarbeiter ist eine Stellenbeschreibung vorhanden. In dieser ist eine ausführliche Tätigkeitsbeschreibung und ein Anforderungsprofil integriert.

Beispielantwort

1. Die Zuständigkeiten (Personalabteilung, Heimleitung, Pflegedienstleitung, Wohngruppenleitungen, Mentoren) sind in dem Standard „Einarbeitung neuer Mitarbeiter" geregelt. Anhand der Checkliste, die der Mentor mit dem neuen Mitarbeiter bearbeitet, erfolgt die Kontrolle über eine vollständige Information. Zusätzlich steht jedem Mitarbeiter ein „Info-Ordner" mit allen organisatorischen Informationen zur Verfügung.
2. Der Mitarbeiter erhält über einen Zeitraum von vier Wochen einen Mentor, der die Integration ins Team unterstützt. Zusätzlich erfolgen halbjährige Einführungsveranstaltungen, in denen den neuen Mitarbeitern weitere Informationen und Unterstützung angeboten wird.
3. Die Regelungen sind in dem Standard „Einarbeitung neuer Mitarbeiter" beschrieben. In der Regel begleitet die Pflegedienstleitung den Mitarbeiter in die Wohngruppe und stellt ihn vor. Die weitere Vorstellung bezüglich der Mitarbeiter und Bewohner übernimmt die Wohngruppenleitung bzw. der Mentor.

Check				Act			
0	1	2	3	0	1	2	3

Beispielantwort

1. Der Einarbeitungsstandard wird von der AG Qualitätsmanagement bei Bedarf und einmal jährlich aktualisiert. Innerhalb des ersten Halbjahres erfolgen drei Reflektionsgespräche. Teilnehmer sind der Mitarbeiter, die Wohngruppenleitung, der Mentor und die Pflegedienstleitung. Zur Überprüfung der Zielsetzung dienen die Protokolle der Reflektionsgespräche sowie die bearbeitete Checkliste des Einarbeitungsstandards.
2. Die Stellenbeschreibungen werden bei Bedarf von der Heimleitung/Pflegedienstleitung in Zusammenarbeit mit dem Personalrat überarbeitet.

Beispielantwort

1. Durch die Reflektionsgespräche sind notwendige Veränderungen erkannt worden. Diese werden umgehend in den Standard eingearbeitet. So ist im letzten Jahr die Checkliste wiederholt aktualisiert worden.
2. Die Stellenbeschreibungen sind den organisatorischen Veränderungen angepasst worden.

Abb. 44: Beispielhafte Selbstbewertung des Kriteriums 2.2.2, stationäre Pflegeeinrichtung (KTQ, 2006, S. 38 f.)

5.2.4 Fremdbewertung, Zertifizierung

Das KTQ-Zertifizierungsverfahren kann in vier Schritten beschrieben werden (vgl. KTQ, 2021a, S. 12):

4 Schritte zur Zertifizierung

- Der erste Schritt im Zertifizierungsverfahren ist die Selbstbewertung nach dem KTQ-Kriterienmodell. Das Unternehmen erstellt einen KTQ-Selbstbewertungsbericht und als Kurzform einen KTQ-Qualitätsbericht für die Öffentlichkeit.

- Im zweiten Schritt wird eine zugelassene Zertifizierungsstelle mit der Fremdbewertung beauftragt. Beide Berichte werden eingereicht. Die Zertifizierungsstelle prüft die Antragsunterlagen, stellt den sog. Visitationsbegleiter und schlägt ein Visitorenteam vor.

- Der dritte Schritt stellt die Fremdbewertung dar. Das Visitorenteam prüft die eingereichten Berichte. Es folgt ein Besuch der Organisation mit Begehungen, weiteren Dokumentenanalysen und Gesprächen. Das Visitorenteam verfasst schließlich einen Visitationsbericht.

- Das Zertifizierungsverfahren endet im vierten Schritt mit der Verleihung eines drei Jahre gültigen KTQ-Zertifikats. Das Unternehmen erhält den Visitationsbericht. Der Qualitätsbericht wird veröffentlicht.

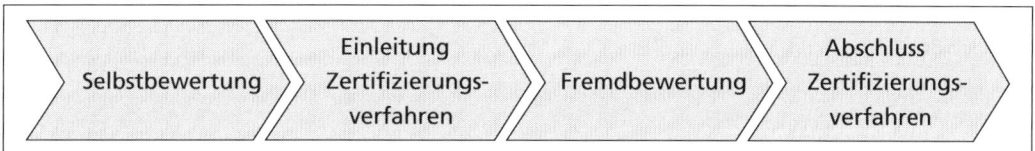

Abb. 45: Ablauf des KTQ-Zertifizierungsverfahrens (vgl. KTQ, 2021a, S. 12)

Für den Erhalt des ersten und zweiten KTQ-Zertifikats müssen mindestens 55 Prozent der Maximalpunktzahl erreicht werden. Ab dem dritten Zertifizierungsverfahren sind bei jedem einzelnen Kriterium mindestens 55 Prozent der Maximalpunktzahl, also mindestens zehn Punkte zu erzielen (vgl. KTQ, 2021a, S. 22).

Voraussetzungen für Zertifikatsvergabe

Das KTQ-Modell sieht verschiedene Zertifizierungsvarianten vor (vgl. Ertl-Wagner, Steinbrucker, & Wagner, 2013, S. 39 f.):

Varianten der Zertifizierung

- **Verbundzertifizierung**: Zertifizierung verschiedener Standorte gleicher Versorgungsform mit den Optionen unabhängige oder gemeinsame Zertifizierung.

- **Vernetzte Zertifizierung**: Zertifizierung verschiedener Standorte unterschiedlicher Versorgungsform.

- **Gesamtzertifizierung**: Zertifizierung des gesamten Unternehmens.

- **Zertifizierung einer Organisationseinheit**: Zertifizierung einer abgeschlossenen Einheit, z. B. Abteilungen, Teilkliniken.

5.3 Das Aachener Qualitätsmanagementmodells und Q.wiki

5.3.1 Entwicklung und Ansatz des Aachener Modells

Umfassender QM-Ansatz

Das Aachener Qualitätsmanagementmodell wurde in Kooperation des Lehrstuhl für Fertigungsmesstechnik und Qualitätsmanagement des Werkzeugmaschinenlabors (WZL) der Rheinisch-Westfälischen Technischen Hochschule Aachen (RWTH) und des Fraunhofer Instituts unter der Federführung von Prof. Dr. Schmitt entwickelt. Es wurde im technischen Bereich konzipiert, versteht sich jedoch als umfassender Qualitätsmanagementansatz im Sinne von TQM (vgl. Schmitt & Pfeifer, 2015, S. 126). Eine Übertragung des Modells in Unternehmen der Sozialwirtschaft ist daher grundsätzlich denkbar.

Die Autoren des Aachener Modells betonen die Anschlussfähigkeit ihres Ansatzes: „Das Modell greift dabei bewusst etablierte und erfolgreiche Aspekte und Elemente bestehender (Qualitäts-)Managementmodelle auf, insbesondere den Gedanken der kontinuierlichen Verbesserung des Deming-Zyklus, die Erfordernisse einer prozessorientierten Betrachtungsweise der ISO 9000er-Reihe und die perspektivische Berücksichtigung interner und externer Einflussfaktoren des St. Gallener Managementmodells" (Schmitt & Pfeifer, 2015, S. 117).

Mittelpunkt: Unternehmerisches Qualitätsverständnis

Das Aachener Qualitätsmanagementmodell stellt ein unternehmerisches Qualitätsverständnis in den Mittelpunkt (vgl. Schmitt & Pfeifer, 2015, S. 108f.). Nach klassischer Lesart ist Qualität in der Passung zwischen Qualitätsforderungen und tatsächlichen Leistungen zu verorten. Vereinfacht entspricht dies einer normativen Qualitätsdefinition.

Die Autoren stellen die Frage, wie Unternehmen in diesem Spannungsfeld aktiv steuern können. Nach dem Aachener Qualitätsmanagementmodell realisieren sich Leistungen zwischen der marktorientierten strategischen Ausrichtung des Unternehmens und der operativen Umsetzung. „Jede Unternehmung ist darauf gegründet, bestimmte Ziele zu erreichen, die sich an den Anforderungen des spezifischen Marktes orientieren. Diese Ziele sollen durch den ökonomischen Einsatz von entsprechenden Mitteln und Ressourcen erreicht werden. Die Ergebnisse dieser Aktivitäten werden ... als Unternehmensleistung bezeichnet" (Schmitt & Pfeifer, 2015, S. 110).

In anderen Worten: Marktforderungen, wie insbesondere Kundenforderungen, aber auch gesetzliche Vorgaben oder Erwartungen anderer Anspruchsgruppen, können nicht unmittelbar und erfolgversprechend in Leistungen übersetzt werden. Vielmehr realisieren sich Unternehmensleistungen zwischen der grundlegenden normativen und strategischen Ausrichtung des Unternehmens und den Fähigkeiten der operativen Umsetzung und Steuerung.

Mehrachsiges Spannungs- und Gestaltungsfeld

Das Aachener Qualitätsmanagementmodell zeigt also ein mehrachsiges Spannungs- oder auch Gestaltungsfeld zwischen Markt-, Kundenforderungen[5], Unternehmensausrichtung und Unternehmensfähigkeiten. Der Grad der Überschneidung markiert den Bereich unternehmerischer Qualität.

---

[5] Schmitt, Lenkewitz und Behrends sprechen 2007 noch von Kundenperspektive und differenzieren zwischen internen und externen Kunden. 2015 führt Schmitt nur noch den Begriff Marktperspektive respektive Marktforderungen. Hier wurden beide Begriffe zusammengeführt.

5. Branchenspezifische Qualitätsmanagementkonzepte

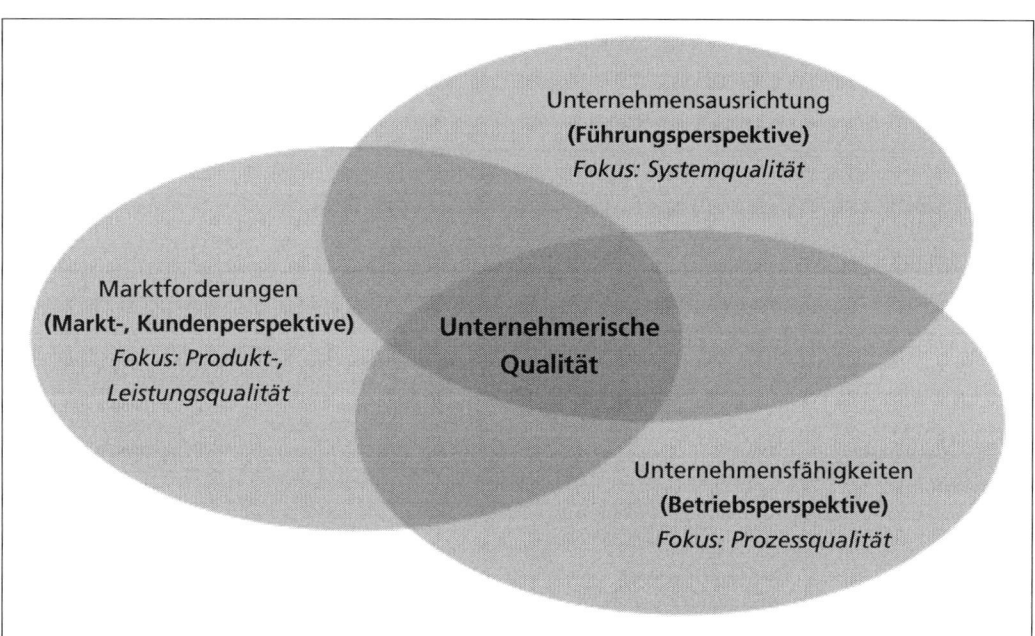

Abb. 46: Das unternehmerische Qualitätsverständnis (in Anlehnung an Schmitt, Lenkewitz, Behrens, 2007, S. 16 und Zollondz, 2011, 364)

In Bezug auf die Pole dieses Gestaltungsfeldes unterscheidet das Aachener Qualitätsmanagementmodell drei in kontinuierlicher Wechselwirkung stehende Betrachtungsperspektiven (vgl. v. a. Schmitt & Pfeifer, 2015, S. 117 ff.; vgl. a. Schmitt, Lenkewitz, & Behrens, 2007, S. 17; Zollondz, 2011, S. 364):

In Wechselwirkung stehende Perspektiven

- **Markt-, Kundenperspektive:** Im Zentrum der Betrachtung stehen Markt-, insbesondere Kundenforderungen in Bezug auf Produkt- oder Leistungsqualität. Der Grad der Transformation ist systematisch zu erfassen und kontinuierlich zu verbessern.

- **Führungsperspektive:** Der Fokus richtet sich auf die Systemqualität des Unternehmens. Die Aufgabe des Managements besteht darin, die zentralen Unternehmensziele und -strategien mit den betrieblichen Leistungsprozessen zu verbinden. Das bedeutet auch, die organisationalen Fähigkeiten zu entwickeln.

- **Betriebsperspektive:** Die Betriebsperspektive betrachtet schließlich die Ebene der operativen Umsetzung. Hier muss die Organisation in der Lage sein, Anforderungen aus Markt-, Kunden- und Führungsperspektive in geeignete Prozesse zu überführen.

5.3.2 Kernelemente

Das Aachener Qualitätsmanagementmodell konfiguriert sich aus vier Kernelementen, aus denen sich unternehmerische Gestaltungsoptionen ableiten lassen: Markt, Management, Quality Stream und Ressourcen & Dienste. Diese Kernelemente korrespondieren mit den drei skizzierten Betrachtungsperspektiven. Sie erklären sich wie folgt (Schmitt & Pfeifer, 2015, S. 117 ff.):

Kernelemente: Ableitung unternehmerischer Gestaltungsoptionen

5.3 Das Aachener Qualitätsmanagementmodells und Q.wiki

Der Markt ist das Kernelement, das den „Forderungs- und Bestimmungsort von Leistungen" darstellt (Schmitt & Pfeifer, 2015, S. 124).

Quality Stream — Das zentrale Kernelement ist der Quality Stream. Der Quality Stream umfasst alle „qualitätsschöpfenden Prozesse" des Unternehmens entlang der Produktions- oder Leistungsprozesse. Orientierungsmaßstab des Quality Streams sind die Erwartungen bzw. die Zufriedenheit externer und interner Kunden. Dabei entspricht der Quality Stream dem Konzept des Produktlebenszyklus und nicht der reinen innerbetrieblichen Leistungserstellung. Der Quality Stream gliedert sich in einen Quality Forward und einen Quality Backward Chain. Der Quality Forward Chain bezieht sich auf alle Tätigkeiten, Techniken und Methoden zur Erreichung und Sicherung der Qualität von Produkten und Leistungen. Der Quality Backward Chain umfasst alle internen und externen Daten zur Bewertung der Produktions- und Leistungsprozesse, deren systematische Einbindung und Nutzung sowie sämtliche daraus abzuleitenden korrektiven Aktivitäten.

Das Kernelement Management beinhaltet alle thematischen Aspekte, die für die Gestaltung und Steuerung des Quality Stream erforderlich sind. Identität und Werte stellen die normative Basis dar. Ziele und Strategien orientieren sich daran und sind gleichzeitig mit Blick auf Veränderungen des Marktes und Kundenforderungen einer Dynamik unterworfen. Diese Dynamik muss in der Gestaltung des Quality Stream aufgenommen und abgebildet werden.

Das letzte Kernelement umfasst – analog zur Betriebsebene – Ressourcen & Dienste. Der Einsatz betrieblicher Ressourcen, insbesondere Personal, aber auch Betriebsmittel und Infrastruktur sowie Technologien und Methoden, sind für die Erreichung der Unternehmensziele zwingend erforderlich. Zur Koordination und Steuerung der einzusetzenden Ressourcen und Dienste bedarf es systematischer Information und Kommunikation ebenso wie Bewertungs- und Anpassungsprozesse.

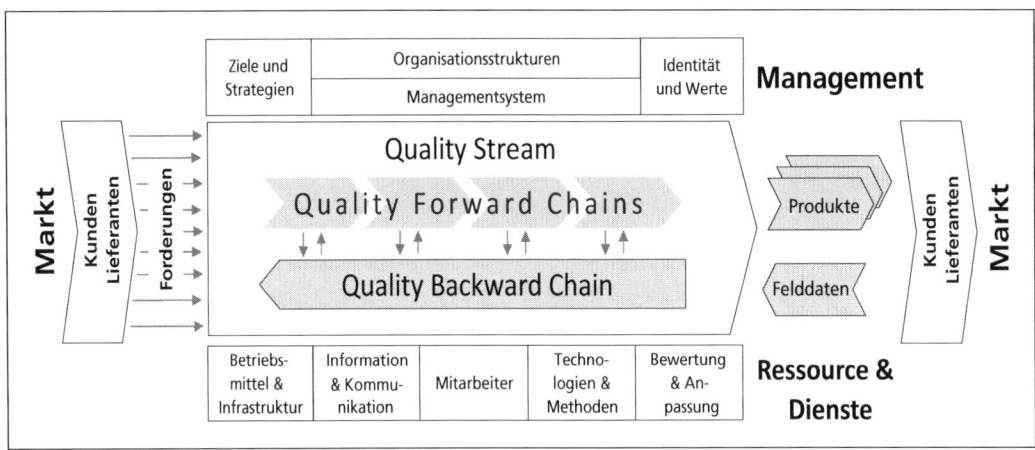

Abb. 47: Das Aachener Qualitätsmanagement Modell (Schmitt, Pfeifer, 2015, S. 125)

5. Branchenspezifische Qualitätsmanagementkonzepte

5.3.3 Q.wiki

Q.wiki, vertrieben von der Modell Aachen GmbH, ist ein webbasiertes Portal, das eine umfassende Prozessmodellierung und -steuerung ermöglicht. Strukturelle Blaupause von Q.wiki ist eine an das Aachener Qualitätsmanagementmodell angelehnte Prozesslandschaft.

Prozessmodellierung und -steuerung

Grundsätzlich ist Prozessmanagement ein strukturbestimmendes Prinzip im Qualitätsmanagement. Unabhängig vom eingesetzten Qualitätsmanagementsystem oder -konzept müssen Organisationen ihre zentralen, wertschöpfungsrelevanten Prozesse beschreiben, entwickeln und steuern. Vielfach wird dies durch eine entsprechende Nachweisdokumentation realisiert. In der Praxis zeigt sich jedoch, dass zwischen der Prozessdefinition und -implementierung eine Art Konfliktzone entsteht. Prozessstandards müssen über reale Führungstätigkeit umgesetzt werden. Hinzu kommt ein zentralisiertes Dokumentenmanagement. Die Folge sind Verzögerungen, enorme administrative Aufwände und Motivations- bzw. Akzeptanzverluste.

Q.wiki verfolgt einen anderen Ansatz. Das Portal unterstützt zunächst das organisationale Prozessmanagement umfassend. Rein technisch wird der gesamte Prozess der Dokumentenlenkung über Q.wiki erfasst. Dokumente können dabei in beliebiger Form und in beliebigen Formaten erstellt und verwaltet werden.

Prozess der Dokumentenlenkung

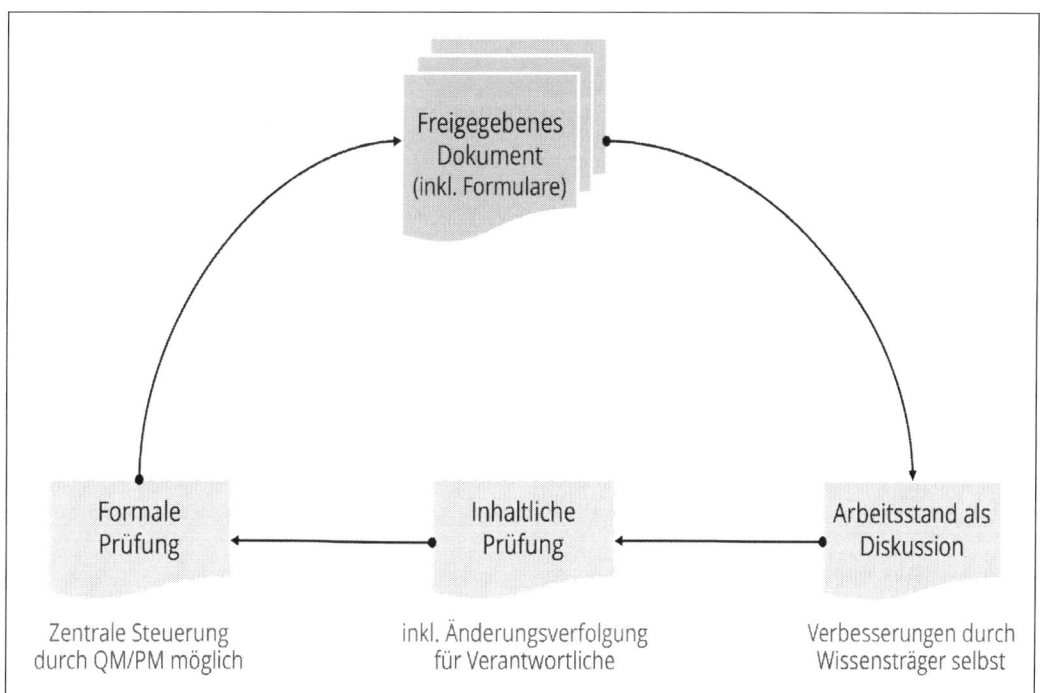

Abb. 48: mod. n. unveröffentlichter Präsentation Modell Aachen 2019

Durch die Anwendung der Wiki-Technologie kann das Portal darüber hinaus interaktiv und dynamisch genutzt werden. Die Prozessentwicklung erfolgt transparent, dezentral und synchron. Durch Q.wiki werden nicht nur Dokumente digital erstellt und abgelegt, sondern gleichzeitig der begleitende Arbeitsprozess erfasst. Diese Eigenschaft lässt das

Erfassung begleitender kommunikativer Prozesse

5.3 Das Aachener Qualitätsmanagementmodells und Q.wiki

Programm gerade auch im Feld personenbezogener Dienstleistungen mit einem dynamischen, kooperativen Qualitätsverständnis anschlussfähig erscheinen.

Zu erwähnen ist, dass Q.wiki als Basis für andere prozessorientierte Qualitätsmanagementsysteme fungiert. Das Portal bietet über Prozessmanagement hinaus Applikationen zu anderen Managementbereichen wie etwa Risiko-, Audit- oder Projektmanagement.

6. Implementierung und Steuerung von Qualitätsmanagement

Im folgenden Kapitel werden zentrale thematische Aspekte aufgezeigt, die in Bezug auf die Implementierung und Steuerung von Qualitätsmanagement in Organisationen eine wesentliche Rolle spielen. Die Implementierungsschritte sind je nach Organisation unterschiedlich zu vollziehen. Manches Unternehmen hat in Teilbereichen bereits Erfahrung mit Qualitätsmanagement und kann auf diese Strukturen und Erfahrungen aufbauen. Andere Organisationen setzen sich mit der Thematik erstmals auseinander und müssen daher grundlegendere Entscheidungen treffen. In jedem Fall sollte ein organisationsspezifischer Weg der Implementierung von Qualitätsmanagement gefunden werden.

6.1 Strategische Vorüberlegungen

Qualitätsmanagement wird in der Praxis vielfach als operative, adminstrative Funktion verstanden. Im Vordergrund steht dann die Einführung eines umfassenden Dokumentations- und Nachweissystems, insbesondere, um gesetzliche Anforderungen zu erfüllen. Qualitätsmanagement wird genutzt, um Prozesse zu standardisieren oder einzelne Verbesserungs- und Entwicklungsprojekte umzusetzen. Die Anstrengungen richten sich auf einzelne Aktivitäten oder organisationale Segmente. Damit fehlt ein ganzheitlicher Blick für die organisationale Wertschöpfung und die Entwicklungs- bzw. Qualitätsfähigkeit der Gesamtorganisation.

Qualitätsmanagement wurde im Kontext der geschichtlichen Darstellung als umfassender, unternehmensweit zu integrierender Steuerungsansatz eingeführt, der auf den Zweck, den Auftrag der Organisation fokussiert und alle notwendigen Aktivitäten der Organisation koordiniert, um die beabsichtigte Wertschöpfung zu realisieren. Es wurde dabei deutlich, dass die Implementierung eines Qualitätsmanagementsystems nach diesem Verständnis weitreichende Auswirkungen innerhalb der Organisation hat. Daher sind einige grundsätzliche, strategische Vorüberlegungen anzustellen.

6.1.1 Einführung von Qualitätsmanagement als Change-Vorhaben

Bei der Einführung eines Qualitätsmanagementsystems sind unterschiedliche Ebenen der Organisation betroffen (siehe Abb. 49). Auf der Strukturebene müssen Stellen geschaffen werden, es sind Ressourcen bereitzustellen, Dokumentations- und Steuerungssysteme sind einzuführen und Personal ist zu schulen (Restrukturierung). Mit der Einführung von Qualitätsmanagement verändert sich im Kern auch die Ausrichtung der Organisation, insbesondere hinsichtlich einer konsequenten Anspruchsgruppen- und Prozessorientierung (Reorientierung). Prozessorientiertes Qualitätsmanagement kann überdies auch zur Folge haben, dass sich die innerbetriebliche Zusammenarbeit fundamental verändert. Es soll zudem ein gemeinsames Verständnis für die Bedeutung von Anspruchsgruppen entstehen. Die Einführung von Qualitätsmanagement betrifft also auch das Verhalten der Organisationsmitglieder und damit einhergehend auch Werte und Einstellungen (Revitalisierung und Remodellierung). Die nachfolgende Abbildung verdeutlicht den Zusammenhang zwischen den verschiedenen Ebenen der Veränderung. Je tieferliegend die Ebene, desto weitreichender gestaltet sich die Veränderung und

Ebenen des Veränderungsvorhabens

6.1 Strategische Vorüberlegungen

umso stärker sind möglicherweise Verunsicherungen und Widerstände bei den Mitarbeitenden. Die Einführung von Qualitätsmanagement ist also ein weitreichender Veränderungsprozess in der Organisation und insofern als Change-Vorhaben zu verstehen.

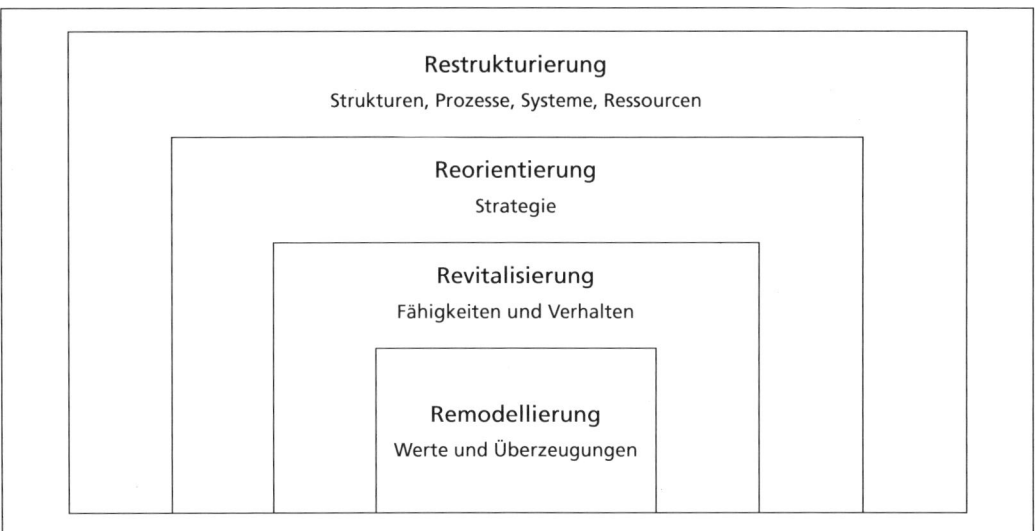

Abb. 49: Ebenen des organisationalen Wandels (vgl. Krüger, 2009, zit. in Vahs, 2019, S. 270)

Change: Zentrale Handlungsfelder

Change-Management als komplexes Themenfeld kann in diesem Kontext nicht umfassend diskutiert werden. Es werden aber zentrale Handlungsfelder thematisiert, die bei der Implementierung von Qualitätsmanagement im Sinne eines organisationalen Veränderungsvorhabens berücksichtigt werden sollten. Nach Vahs sind bei organisationalen Veränderungsvorhaben vier Handlungsfelder zu beachten: Organisation, Strategie, Kultur und Technologie (vgl. Vahs, 2019, S. 324).

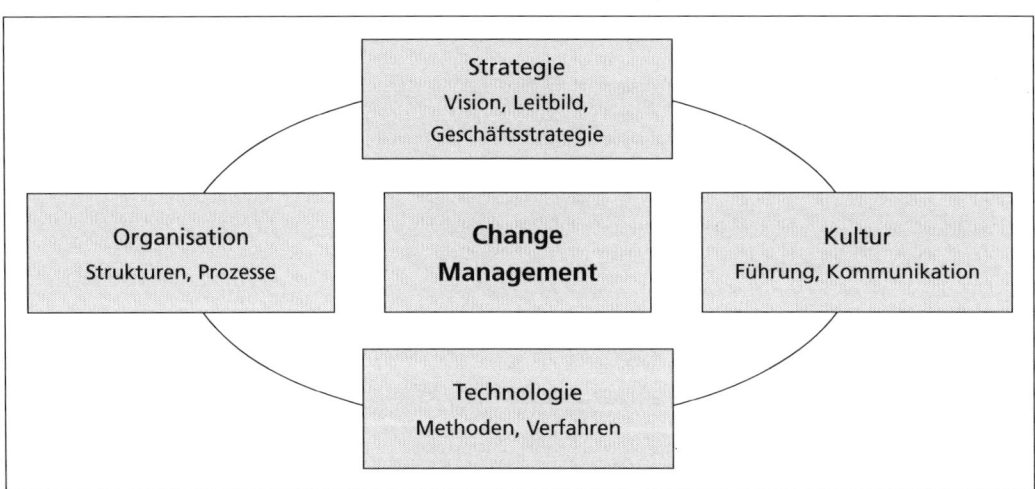

Abb. 50: Handlungsfelder des Veränderungsmanagements (Vahs, 2019, S. 324)

- Das erste Handlungsfeld betrifft die **Strategie**: Qualitätsmanagement ist ein Funktionsbereich im Komplex der Managementaufgabenbereiche. Funktionsstrategien werden genauso wie Geschäftsfeldstrategien aus der Unternehmensstrategie abgeleitet. Die Wahl des Qualitätsmanagementsystems, dessen Planung und Entwicklung und letztlich die zu implementierenden Strukturen und Prozesse müssen mit der

Unternehmensstrategie in Einklang stehen. Qualitätsmanagement als Funktionsbereich hat dabei eigene strategische Grundausrichtungen, wie die Stärkung der Marktposition und der Wettbewerbsfähigkeit (siehe 6.1.2 „Strategische Zielsetzung beim Qualitätsmanagement").

- Das zweite Handlungsfeld bezieht sich auf die **Unternehmenskultur**: Die Einführung von Qualitätsmanagement berührt, wie aufgezeigt wurde, im Kern auch Werte und Überzeugungen der Organisationsmitglieder. Insofern kann die Einführung von Qualitätsmanagement auch die Einleitung und Gestaltung eines Kulturwandels bedeuten. Hier sind spezifische Vorgehensweisen und angemessene Zeitplanungen erforderlich. Eine zentrale Bedeutung haben in diesem Zusammenhang die Führungskräfte, die v. a. die mit Qualitätsmanagement verbundenen Werte glaubhaft vertreten müssen, um notwendiges Commitment und Engagement der Mitarbeitenden zu fördern.

- Das dritte Handlungsfeld fokussiert die **Technologie** des Unternehmens: Unter dem Begriff Technologie sind Methoden und Verfahren zusammengefasst. Im Bereich von sozialen Organisationen ist damit insbesondere die Informations- und Kommunikationstechnologie gemeint. Daraus folgt, dass Qualitätsmanagement in diesem Sinne in erheblichem Maße die Entwicklung und Steuerung von Technologie beeinflusst bzw. mit bestehenden Strukturen in Einklang zu bringen ist

- Das vierte Handlungsfeld wird mit **Organisation** bezeichnet: Es bezieht sich im Wesentlichen auf die Aufbau- und Ablauforganisation eines Unternehmens. Auf Organisation des Qualitätsmanagements wird in Abschnitt 6.3 „Qualitätsplanung" genauer eingegangen.

Zwischen diesen vier Handlungsfeldern bestehen vielfache Wechselwirkungen. So hat etwa die Entwicklung einer prozessorientierten Organisation in stark funktional geprägten Unternehmen Auswirkungen auf die etablierten Kommunikationsbeziehungen und berührt damit auch zentrale Normen und Werte. Die Einführung neuer Methoden und Verfahren wiederum beeinflusst organisationale Strukturen und Prozesse. Und eine Strategie, die in einer Vision oder einem Leitbild ihren Ausdruck findet, muss von der Kultur der Organisation getragen sein.

Wechselwirkungen

Es bleibt festzuhalten: Die Einführung von Qualitätsmanagement im Sinne eines Change-Vorhabens erfordert eine Planung, die diese Handlungsfelder und deren Wechselwirkungen gezielt integriert.

6.1.2 Strategische Ausrichtung des Qualitätsmanagements

Im vorangegangenen Abschnitt wurde bereits die strategische Dimension des Qualitätsmanagements angesprochen. Qualitätsmanagement orientiert sich als Funktionsstrategie immer an der grundlegenden Ausrichtung der Organisation. Diese Verbindung wird im Rahmen der Qualitätsplanung hergestellt (siehe 6.3 „Qualitätsplanung"). In Anlehnung an Bruhn (vgl. 2013, S. 215 ff.) können mit der Einführung von Qualitätsmanagement verschiedene strategische Ausrichtungen verknüpft werden.

Verbesserung der organisationalen Leistungsqualität: Die Verbesserung und Weiterentwicklung der organisationalen Leistungsqualität oder auch Wertschöpfung ist das Kernanliegen des Qualitätsmanagements. Die organisationale Qualität bzw. Wertschöpfung zu erhöhen, bedeutet, den Kern- bzw. Wertschöpfungsprozess als Ganzes zu reflektieren. Dabei ist das Zusammenwirken aller organisationalen Aktivitäten im Hinblick

Verbesserung der Leistungsqualität

6.2 Organisation des Qualitätsmanagements

auf Leistungsqualität zu optimieren. So gesehen folgt Qualitätsmanagement auch einer Professionalisierungsstrategie.

Verbesserung Wettbewerbsfähigkeit und Marktposition

Verbesserung der Wettbewerbsfähigkeit und Marktposition: Eine weitere strategische Grundausrichtung des Qualitätsmanagements ist die Verbesserung der Wettbewerbsfähigkeit und die Stärkung der Marktposition. Qualitätsmanagement ist geeignet, um die Leistungsqualität des Unternehmens nach außen zu kommunizieren und sich damit im Rahmen eines Qualitätswettbewerbs zu positionieren. Das führt allgemein zu einer stärkeren Kundenbindung und damit zu einer Stärkung der Marktposition. An dieser Stelle muss einschränkend jedoch darauf hingewiesen werden, dass sich sozialwirtschaftliche Organisationen in der Regel in einem sozialgesetzlich regulierten Markt bewegen und der Aspekt der Kundenbindung mit grundlegenden Einschränkungen zu sehen ist (siehe 2.1.2 „Besonderheiten des Qualitätsverständnisses in der Sozialwirtschaft").

Organisationsentwicklung

Organisationsentwicklung: Die Implementierung von Qualitätsmanagement selbst stellt ein weitreichendes Veränderungsvorhaben dar. Gelingt der Implementierungsprozess im Sinne einer ganzheitlichen Integration, induziert Qualitätsmanagement perspektivisch eine fortlaufende Dynamik der Veränderung und Anpassung innerhalb des Unternehmens. Tragende Basis dieses Entwicklungsprozesses ist eine qualitätsfördernde Unternehmenskultur. In diesem Sinne fördert Qualitätsmanagement die Verbesserung der Entwicklungs- und Lernfähigkeit der Organisation als Ganzes.

Die Einbindung des Qualitätsmanagements in die unternehmensstrategische Planung erfolgt über die Balanced Scorecard, ein Instrument zur Strategieimplementierung (siehe hierzu 6.7.3 „Qualitätscontrolling").

6.1.3 Wahl des Qualitätsmanagementsystems

Mit der Einführung von Qualitätsmanagement verbindet sich auch die Frage nach der Wahl eines konkreten Qualitätsmanagementsystems. Die zwei „Branchenriesen" wurden bereits in Kapitel 4 ausführlich vorgestellt. Wie in Kapitel 5 ausgeführt, gibt es außerdem eine Reihe branchenspezifischer Qualitätsmanagementkonzepte, die entweder alternativ oder zusätzlich eingeführt werden können oder bereits etabliert sind. Teilweise ist die Wahl eines bestimmten Qualitätsmanagementsystems auch vorgegeben, etwa durch bestimmte gesetzliche Vorgaben. Bei der Einführung eines bestimmten QM-Systems sind eine Vielzahl unterschiedlicher Aspekte zu beachten, die in diesem Kontext nicht erörtert werden können. Mit Blick auf die insbesondere weitreichenden Entscheidungen und organisationalen Veränderungen, die sich mit der Einführung von Qualitätsmanagement verbinden, sei an dieser Stelle jedoch auf die Bedeutung dieses Aspekts hingewiesen.

6.2 Organisation des Qualitätsmanagements

6.2.1 Aufbauorganisation

Der strukturelle Aufbau eines Unternehmens kann nach einer Primär- und Sekundärorganisation unterschieden werden.

Primärorganisation

Die Primärorganisation bezeichnet die dauerhafte „aufbauorganisatorische Grundstruktur", die von temporären „sekundären Strukturierungskonzepten ergänzt bzw. überlagert werden kann" (Staehle, 1999, S. 739).

In Bezug auf Qualitätsmanagement bezieht sich die primäre Qualitätsorganisation demnach auf die Verteilung der Verantwortung für das Qualitätsmanagement im Liniengefüge des Unternehmens (vgl. Bruhn, 2013, S. 300 ff.). Die sekundäre Qualitätsorganisation bezeichnet die sachlich-inhaltliche Steuerung von Qualität.

In den bisherigen Ausführungen wurde stets betont, dass die Verantwortung für die Einführung und Steuerung von Qualitätsmanagement bei der Unternehmensführung liegen muss. Dies muss in der Primärorganisation zum Ausdruck kommen. Gleichzeitig ist auch klar, dass die Verantwortung der obersten Leitung ab einer gewissen Größe des Unternehmens delegiert werden muss. Mit Blick auf den Grundsatz der Führungsverantwortung ist dabei auch zu gewährleisten, dass die verantwortlichen Führungskräfte auch die Verpflichtung zur Qualität übernehmen und glaubhaft an die Belegschaft vermitteln.

Neben der Linienverantwortlichkeit wird die Einrichtung einer zentralen koordinierenden Stelle empfohlen, entweder in Form eines Gremiums oder einer einzelnen Stabsstelle (vgl. Bruhn, 2013, S. 300).

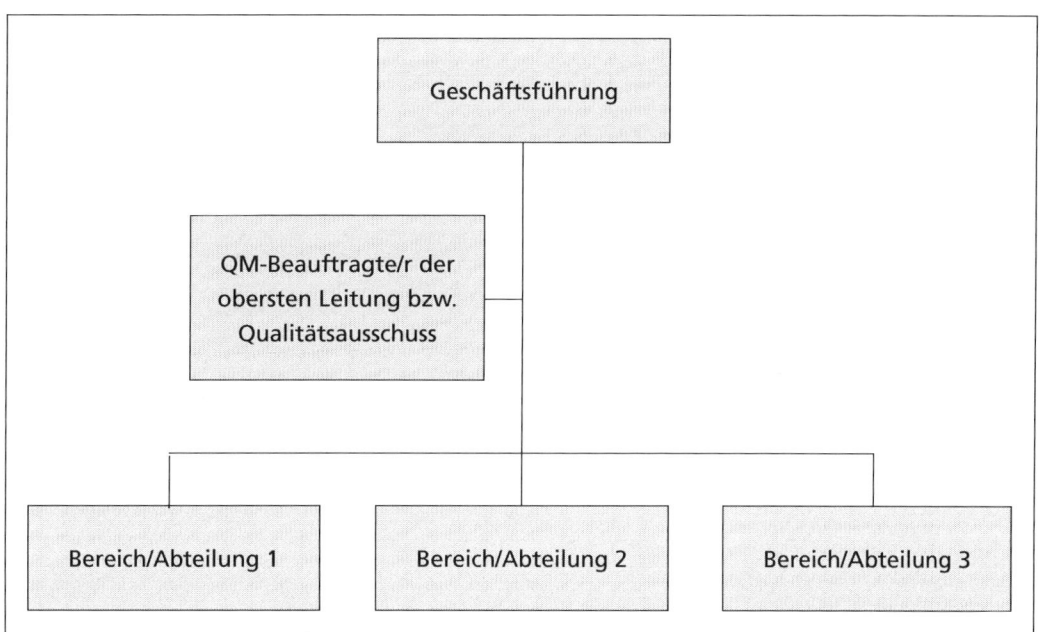

Abb. 51: Beispiel für die primäre Qualitätsorganisation

Neben der Verankerung verantwortlicher Qualitätsstellen im primären Liniengefüge ist der Aufbau ergänzender, hierarchieübergreifender Organisationseinheiten sinnvoll. Diese Strukturen werden als Sekundärorganisation bezeichnet. *Sekundärorganisation*

Unter die sekundäre Qualitätsorganisation fallen in der Regel Qualitätszirkel (QZ) und ähnliche Arbeitsgruppen, wie Prozess- oder KVP-Teams. Die Bedeutung und Arbeitsweise des Qualitätszirkels werden unter 6.2.3 näher erläutert. Nachfolgende Abbildung zeigt, wie Qualitätszirkel in die Sekundärorganisation integriert werden können. *Qualitätszirkel*

6.2 Organisation des Qualitätsmanagements

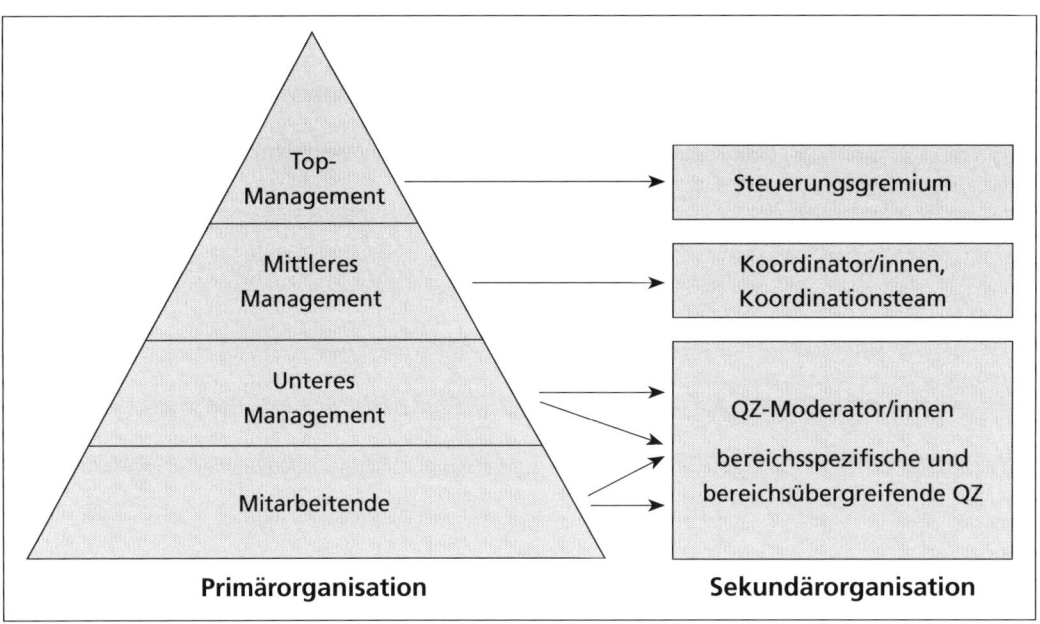

Abb. 52: Qualitätszirkel als Teil der Sekundärorganisation

Die Primärorganisation des Unternehmens ist hier allgemein dargestellt. Den Hierarchieebenen der primären Organisationsstruktur sind die Steuerungsebenen der Qualitätszirkelorganisation zugeordnet. Dabei sind die Aufgaben folgendermaßen verteilt (vgl. Bruhn, 2013, S. 303 f.):

- Das **Steuerungsgremium** ist aus Mitgliedern der obersten Führungsebene zusammengesetzt und hat primär die Aufgaben, eine übergeordnete Qualitätsstrategie zu entwickeln und für die Bereitstellung notwendiger Ressourcen zu sorgen.

- **Koordinator/innen** bzw. **Koordinationsteams** werden mit Führungskräften des Unternehmens besetzt, hier aus der mittleren Führungsebene. Haupt- und nebenamtlich sind deren Aufgaben die Unterstützung der QZ-Moderator/innen, die Koordination der Qualitätszirkel und die Auswertung der Ergebnisse der Qualitätszirkel sowie die Berichtserstattung an das Steuerungsgremium.

- Die **Qualitätszirkelmoderator/innen** leiten die Qualitätszirkel. Sie können direkte Linienvorgesetzte der am Qualitätszirkel Mitarbeitenden sein oder aus dem Qualitätszirkel gewählt werden.

Die Qualitätszirkel haben in der Regel eine wechselnde Zusammensetzung. Die Mitglieder stammen meist aus einem Fachbereich. Beratend können problemspezifisch externe Fachleute hinzugezogen werden.

Spezifische Qualitätsmanagementorganisation

Das hier skizzierte Strukturbeispiel ist eine Möglichkeit unter vielen. Allgemein sollte für jede Organisation eine spezifische Qualitätsmanagementorganisation entwickelt werden. Einige maßgebende Aspekte dabei können an dieser Stelle genannt werden.

Die Einrichtung zentraler qualitätsmanagementbezogener Organisationseinheiten wird erst ab einer bestimmten Unternehmensgröße möglich bzw. sinnvoll sein. Sehr häufig werden Stabsstellen eingerichtet, die der obersten Leitung direkt unterstellt sind und koordinierende, zuarbeitende Aufgaben haben. Üblich ist heute die Etablierung von Qualitätsmanagementbeauftragten. Diese können entweder als Qualitätsmanagementbeauftragte/r der obersten Leitung eine zentrale Führungsstelle besetzen oder im Rahmen einer Stabsstelle koordinierend tätig sein. Vielfach gibt es auch Mischformen.

Auch wird es eine Rolle spielen, welche Bedeutung Qualitätsmanagement in der Organisation beigemessen wird. Hensen differenziert in diesem Kontext zwischen einer einfachen und einer umfassenden Qualitätsorganisation (vgl. 2019, S. 177 ff.). Die Leitvorstellung einer einfachen Qualitätsorganisation ist, Qualitätsmanagement primär als operative Organisationseinheit zu verankern. Einfache Qualitätsorganisationen orientieren sich im Wesentlichen an feststehenden Qualitätsmanagementsystemen; der Leistungsprozess steht im Mittelpunkt. Im Gegenzug folgt eine umfassende Qualitätsorganisation der Idee von Qualitätsmanagement als umfassenden Ansatz der Organisationsführung und -gestaltung. Betrachtet wird die organisationale Qualität als Ganzes. Die Gegenüberstellung veranschaulicht die Spannbreite der Ausprägung von Qualitätsorganisation. In der Praxis werden vermutlich Mischformen vorzufinden sein.

Einfache vs. umfassenden Qualitätsorganisation

6.2.2 Ablauforganisation

Während die Aufbauorganisation grundsätzlich eine konstante Komponente der Qualitätsmanagementorganisation darstellt, muss die Ablauforganisation den jeweils aktuellen Erfordernissen angepasst werden.

Für die ideale Ablauforganisation gibt es keine allgemeine Empfehlung. Nach Geiger und Kotte sind für die Erreichung eines idealen Organisationsgrads jedoch mindestens drei Grundelemente zueinander auszutarieren (vgl. 2005, S. 225 f.).

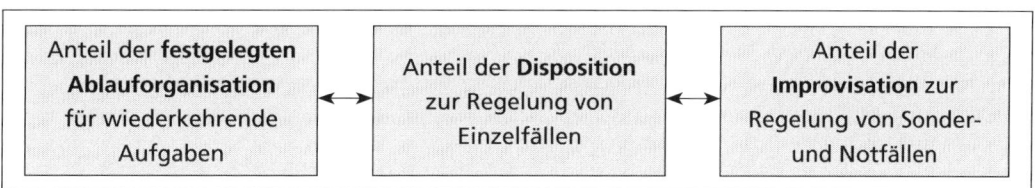

Abb. 53: Optimaler Organisationsgrad der Ablauforganisation (Geiger, Kotte, 2005, S. 225)

Feste, wiederkehrende Aufgaben bestimmen den Anteil der festgelegten Ablauforganisation. Variierende Elemente der Ablauforganisation stellen Disposition und Improvisation dar.

Die Disposition entspricht dem Weisungsrecht der Führungskräfte im notwendigen Einzelfall. Improvisation ist unmittelbar in Sonder- und Notfällen erforderlich (vgl. Geiger & Kotte, 2005, S. 225). Je nachdem, ob dispositive Anteile durch mehr Festlegungen minimiert oder situationsbedingt erhöht werden sollten, entsteht eine Situation der Unter- bzw. Überorganisation. Sind zwischen Aufbau- und Ablauforganisation Überschneidungen erkennbar und entstehen Konflikte, kann von Desorganisation gesprochen werden.

Dispositive Anteile

Gemäß dieser grundlegenden strukturellen Unterscheidung sind feste Abläufe insbesondere im Kontext der primären und sekundären Aufbauorganisation festzulegen. Zwischen den in der Qualitätsmanagementorganisation beteiligten Personen, Stellen und Gremien müssen regelmäßig strategische Planungen vollzogen werden. Dabei ist die Qualitätspolitik zu diskutieren und zu bestimmen; darauf aufbauend sind grundlegende Qualitätsziele und -strategien zu entwickeln (siehe 6.3 „Qualitätsplanung").

Feste Abläufe festlegen

6.2 Organisation des Qualitätsmanagements

Operative Prozesse verbindlich regeln

Im Bereich des operativen Qualitätsmanagements sind alle Prozesse der laufenden Qualitätsmessung, -bewertung und -lenkung betroffen. Im Sinne eines kontinuierlichen Verbesserungskreislaufs sind die operativen Prozesse ebenfalls verbindlich zu regeln, insbesondere notwendige Abläufe im Zusammenhang der Sekundärorganisation des Qualitätsmanagementsystems (siehe 6.2.1 „Aufbauorganisation"). Geiger benennt weitere, routinemäßig zu planende Abläufe (vgl. 1998, S. 226 f.), wie die Erstellung der Qualitätsmanagementdokumentation oder interne Auditprozesse.

Besonderheiten bei sozialen Dienstleistungen

Der dispositive Anteil der Ablauforganisation hat in sozialwirtschaftlichen Organisationen eine besondere Bedeutung. Mit Blick auf das Prinzip der Koproduktion muss gerade auf die situativen und persönlichen Erfordernisse der Leistungsempfangenden eingegangen werden, so dass Prozesse häufiger anzupassen sind. In Bezug auf das in 2.2.2 vorgestellte Modell der Dienstleistungsqualität nach Parasuraman, Zeithaml und Berry müssen die kommunikativen und koordinierenden Abläufe zwischen Fachpersonal und Management daher durchlässig und dynamisch gestaltet werden, um eine dynamische Prozesssteuerung zu gewährleisten.

6.2.3 Qualitätszirkel

Einbindung der Belegschaft

Kaoru Ishikawa – ein Pionier des Qualitätsmanagements – befasste sich in den 1950er-Jahren mit Gruppenarbeitskonzepten und entwickelte in diesem Kontext die Methode des Qualitätszirkels (vgl. Zollondz, 2011, S. 115). Seine Bemühungen richteten sich auf Qualitätssicherung im gesamten Unternehmen. Ishikawa integrierte Qualitätszirkel in einen umfassenden Qualitätsansatz. Sein Grundanliegen war es, alle Mitarbeitenden in das Qualitätsmanagementsystem einzubinden (vgl. ebd., S. 116).

Moderierte Kleingruppe zur Lösung betrieblicher Probleme

Ein Qualitätszirkel ist eine moderierte Kleingruppe innerhalb eines Bereiches, die sich auf freiwilliger Basis regelmäßig trifft, um betriebliche Probleme des Arbeitsalltags zu analysieren und unter Anwendung geeigneter Methoden Lösungen zu entwickeln. Die Arbeitssystematik folgt dem Prinzip des kontinuierlichen Verbesserungskreislaufs. Zunächst werden aktuelle Probleme gesammelt und priorisiert. Das Problem und der betriebliche Kontext werden genauer analysiert.

Kontinuierlicher Verbesserungskreislauf

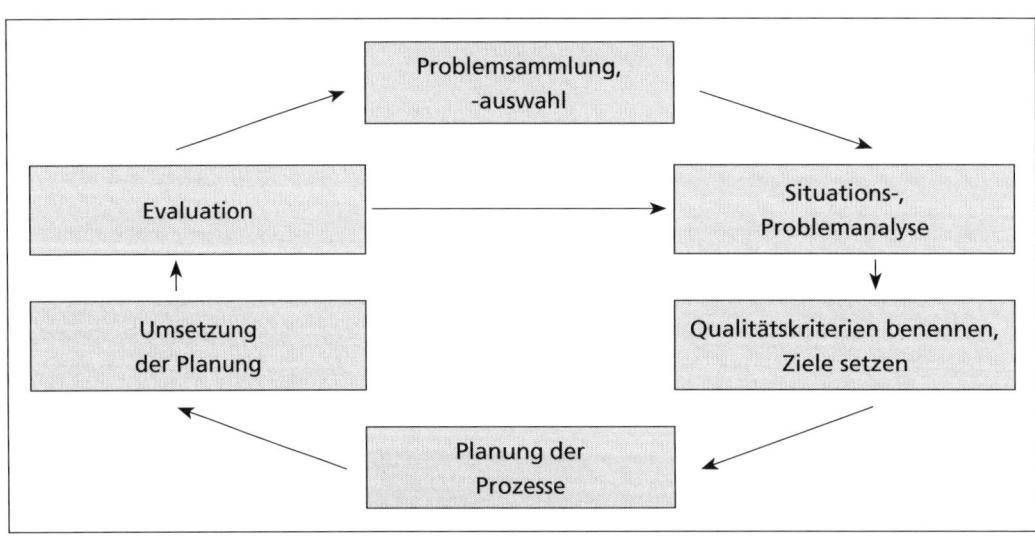

Abb. 54: Arbeitssystematik im Qualitätszirkel

6.3 Qualitätsplanung

Planung ist der Beginn jedes Management- bzw. Steuerungskreislaufes. Der Begriff „Qualitätsplanung" steht analog am Anfang des kontinuierlichen Verbesserungskreislaufs im Qualitätsmanagement.

Qualitätsplanung bezeichnet „das Festlegen der Qualitätsziele und der notwendigen Ausführungsprozesse sowie der zugehörigen Ressourcen zum Erreichen der Qualitätsziele" (DIN, 2015a, S. 31). Ausgangspunkt der Qualitätsplanung sind dabei die unterschiedlichen externen und internen Qualitätsforderungen an eine Leistung oder ein Produkt.

Begriff Qualitätsplanung

Planungsprozesse können sowohl strategisch und damit in größeren Abständen wie auch operativ im Kontext der täglichen Qualitätslenkung stattfinden. An dieser Stelle wird die grundlegende Ebene der Qualitätsplanung im Sinne von Qualitätspolitik und strategischen Qualitätszielen fokussiert.

Einordnung von Planungsprozessen

Qualitätsstandards stellen grundlegende Soll-Vorgaben dar und sind damit Richtschnur insbesondere für das operative Prozessmanagement (siehe 6.4 „Einführung von Prozessmanagement").

Es ist insgesamt entscheidend, eine unternehmensspezifische Planungssystematik zu entwickeln, um die vielfältigen unterschiedlichen Qualitätsforderungen, die strategisch wie operativ erhoben werden, zu verknüpfen.

6.3.1 Ermittlung von Qualitätsforderungen

Qualitätsforderungen können aus unterschiedlicher Richtung erhoben und entsprechend auf unterschiedlichem Wege ermittelt werden. In Bezug auf einzelne Prozesse sind stets alle Qualitätsforderungen zu erfassen, insbesondere technische, rechtliche Vorgaben, fachliche Standards oder mögliche Risiken. Im Fokus steht hier die Erfassung der Qualitätsforderungen strategisch relevanter Anspruchsgruppen.

Anspruchsgruppen – oder Interessengruppen, interessierte Parteien, vielfach auch Stakeholder genannt – sind Einzelpersonen, Personengruppen oder Organisationen, die Qualitätserwartungen an die sozialwirtschaftliche Organisation stellen (siehe auch 3.1).

Anspruchsgruppenanalyse

Im Rahmen einer Anspruchsgruppenanalyse werden die internen und externen Anspruchsgruppen und deren Interessen und Erwartungen erfasst und in Bezug auf den Leistungsprozess bzw. notwendige Maßnahmen bewertet.

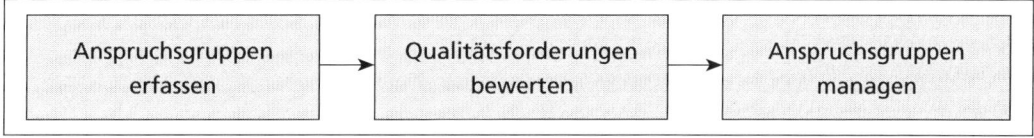

Abb. 55: Schema der Anspruchsgruppenanalyse

Die relevanten Anspruchsgruppen oder auch Einzelpersonen werden zunächst unsortiert erfasst und deren Interessen und Erwartungen gegenüber den Leistungen der Organisation benannt. Neben den Qualitätsforderungen sind Angaben zu Funktion,

Anspruchsgruppen erfassen und systematisieren

6.3 Qualitätsplanung

Rolle, fachlicher Expertise und natürlich Erreichbarkeit der Anspruchsgruppen aufschlussreich. Gerade in sozialwirtschaftlichen Organisationen kann hier eine größere Zahl Anspruchsgruppen entstehen, so dass eine Kategorisierung sinnvoll ist. Intern kann etwa zwischen Mitarbeitenden, Führungskräften und anderen Funktionsgruppen differenziert werden. Extern lassen sich beispielsweise Leistungsempfangende, Kostenträger, Politik, Lieferant/innen, Kooperationspartner/innen u. a. unterscheiden.

Qualitätsforderungen Bewerten

In einem nächsten Schritt werden die Anspruchsgruppen – oder besser deren Qualitätsforderungen – bewertet. Bei der Bewertung ist die Relevanz der Qualitätsforderungen für das Qualitätsmanagementsystem bzw. die Qualität des Leistungsprozesses maßgebend. Dabei bemisst sich die Relevanz einerseits nach dem Interesse bzw. der Erwartungen der Anspruchsgruppen. Andererseits muss der Einfluss der Anspruchsgruppen für den Leistungsprozess bzw. die Organisation mitbedacht und mit den Interessen/Erwartungen in Relation gebracht werden. Je stärker das Interesse an bestimmten Qualitätsforderungen ist und je höher der Einfluss auf den Leistungsprozess, desto höher ist die Notwendigkeit, diese Qualitätsforderungen zu realisieren. Im Zuge der Bewertung treten möglicherweise auch Interessenskonflikte auf. Nicht alle Qualitätsforderungen lassen sich gleichermaßen realisieren. Insofern ist eine Priorisierung erforderlich. Die Priorisierung lässt sich sehr gut in Gestalt eines Portfolios abbilden. Eine alternative Systematik zur Einordnung von Qualitätsforderungen stellt das Kano-Modell dar (siehe 2.2.3 „Kano-Modell").

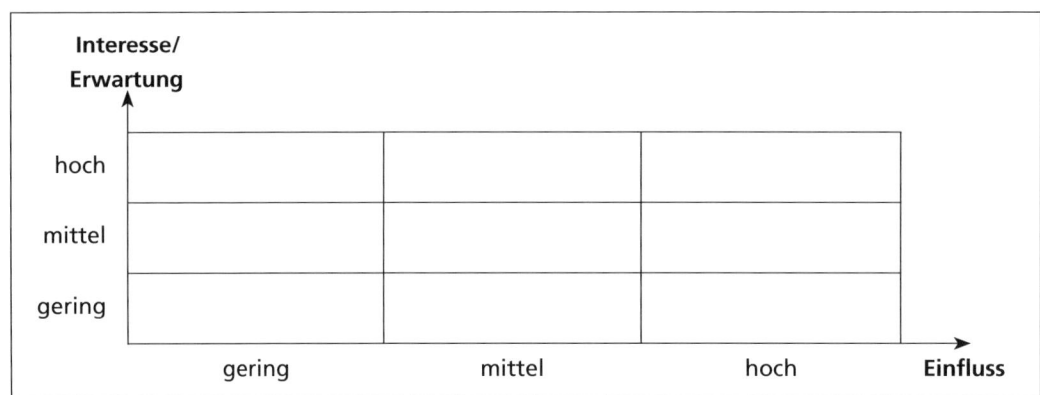

Abb. 56: Anspruchsgruppen-Portfolio

Anspruchsgruppen managen

Es bleibt nicht aus, Qualitätsforderungen regelmäßig und systematisch zu erheben und zu aktualisieren. Hierzu stehen eine Vielzahl an Verfahren und Instrumente zur Verfügung (siehe 6.6.3 „Verfahren der Qualitätsmessung").

Vertrauen und Wertschätzung vermitteln

Anspruchsgruppen managen geht jedoch über die Erhebung von Qualitätsforderungen hinaus. Ein zentraler Aspekt ist die systematische Kommunikation mit den Stakeholdern, um Vertrauen und Wertschätzung in der Beziehung zwischen Organisation und Anspruchsgruppe zu fördern. Dazu zählen alle organisationalen Aktivitäten der Informations- und Kommunikationspolitik, wie beispielsweise Berichte, Pressearbeit, Veranstaltungen, Newsletter, offene Veranstaltungen oder Betriebsführungen.

Integration Qualitätsforderungen in Qualitätsplanung

Schließlich ist zu bestimmen, wie die Qualitätsforderungen realisiert werden können. Die ermittelten Interessen und Erwartungen der Anspruchsgruppen fließen dabei auf unterschiedlichen Ebenen und in unterschiedlicher Weise in die Qualitätsplanung ein.

Im Sinne einer Qualitätspolitik sind auf normativer Ebene grundlegende Qualitätsleitlinien oder auch Qualitätspositionen zu entwickeln. Diese werden auf strategischer Ebene in übergeordnete Qualitätsziele und passende Strategien transferiert. Schließlich werden im Kontext operativer Prozessplanung konkrete Qualitätskriterien, Merkmalsausprägungen und schließlich Qualitätsindikatoren definiert.

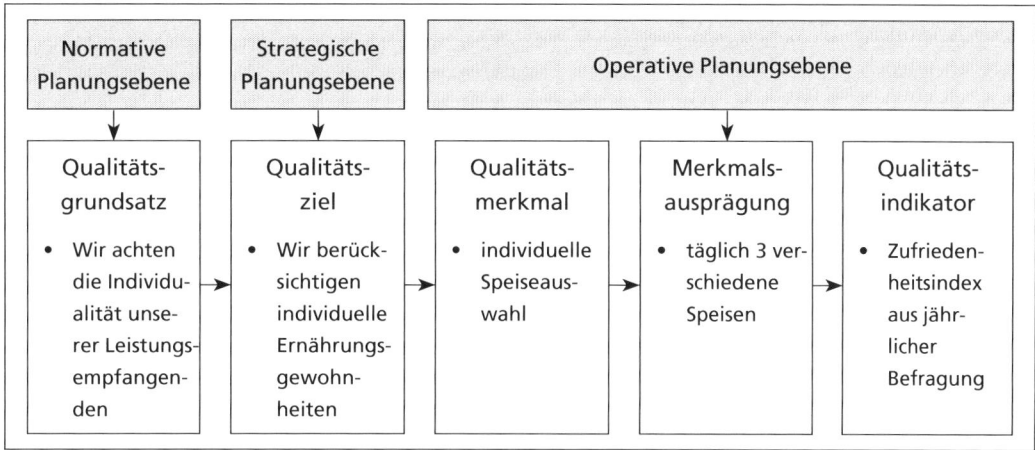

Abb. 57: Qualitätsforderungen auf unterschiedlichen Planungsebenen

6.3.2 Zielentwicklung

Im vorangegangenen Abschnitt wurde aufgezeigt, dass Qualitätsziele grundsätzlich aus Qualitätsforderungen resultieren. Teilweise ist das jedoch nicht unmittelbar möglich und/oder sinnvoll, da Qualitätsforderungen zu vage oder zu komplex sind.

In diesen Fällen ermöglichen Ziele eine schrittweise Konkretisierung. Es gibt etliche Ansätze, Ziele zu systematisieren. Gemäß der bislang vorgenommenen Differenzierung zwischen verschiedenen Managementebenen ist folgende Unterscheidung naheliegend:

Zielkonkretisierung

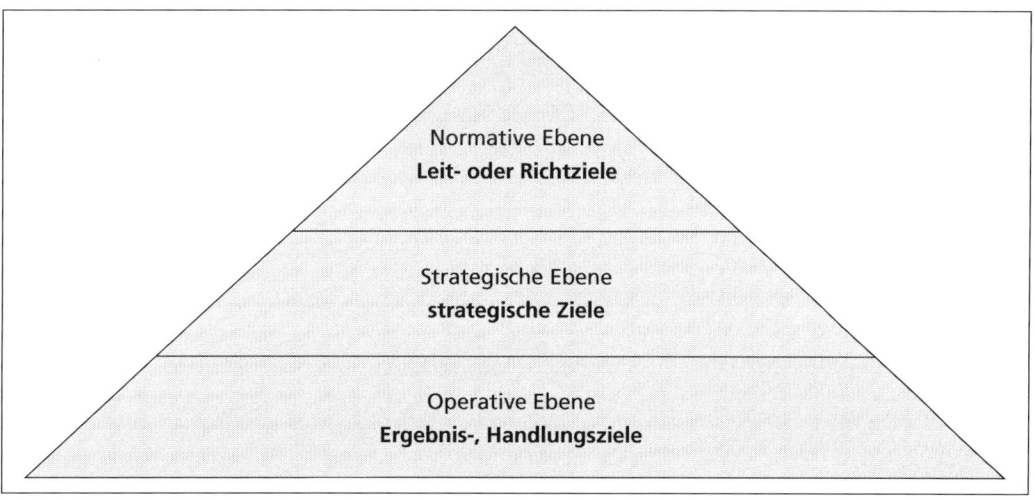

Abb. 58: Zielhierarchie

6.3 Qualitätsplanung

Orientierung am Leitbild — Auf normativer Ebene werden – orientiert am Unternehmensleitbild – grundlegende Qualitätsforderungen in Leit- oder Richtziele transferiert. Daraus ergibt sich die Qualitätspolitik der Organisation. Aus Leit- oder Richtzielen werden strategische Ziele abgeleitet, die schließlich in operativen Ergebnis- bzw. Handlungszielen münden. Möglicherweise werden mehrere strategische Ziele einem Richtziel zugeordnet. Auf operativer Ebene können sich Ergebnis- bzw. Handlungsziele vervielfältigen.

Strategieziele — Weitere Differenzierungen können darüber hinaus hilfreich sein, etwa eine zusätzliche zeitliche Unterscheidung zwischen lang- und mittelfristigen Strategiezielen. In Anlehnung an eine übliche Planungssystematik im Projektmanagement kann darüber hinaus zwischen Sachzielen (oder auch Qualitätszielen), Kosten- und Zeitzielen differenziert werden. Diese Unterscheidung ist im Zusammenspiel sehr wichtig, um Ziele zu präzisieren. Bekannt ist schließlich auch die methodische Konstruktion von Zielen gemäß dem sog. „S.M.A.R.T"-Schema[6] (Doran, 1981). Danach sollen Ziele folgende Kriterien erfüllen:

- **Specific** (spezifisch): Festlegung, was genau zu verbessern ist
- **Measurable** (messbar): Ziel quantifizieren oder mit einem Indikator versehen
- **Assignable** (zuweisbar): Persönliche Zuordnung der Zielsetzung bzw. Zielerreichung
- **Realistic** (realistisch): Angabe eines realistisch erreichbaren Ziels und der verfügbaren Ressourcen
- **Time-related** (terminiert): Zeitliche Angabe der Zielerreichung

6.3.3 Qualitätsstandards

Standards in der Sozialwirtschaft — Standards sind grundsätzlich fester Bestandteil von Qualitätsmanagement. Bereits Deming hatte sich eingehend mit Standards und Standardisierung im Qualitätsmanagement befasst (1992, S. 297 ff.). Im Bereich des Managements von sozialwirtschaftlichen Organisationen fehlt jedoch eine systematische Auseinandersetzung mit der Bedeutung und Funktion von Standards weitestgehend. So herrscht auch keine Begriffsklarheit über Standards bzw. Qualitätsstandards. Eine Ausnahme bildet das Gesundheitswesen; hier scheint der Umgang mit Standards zumindest eine gewisse Selbstverständlichkeit zu haben. Im Fachdiskurs der Sozialen Arbeit hingegen werden Forderungen nach Standards bzw. Standardisierung vielfach kritisch diskutiert und sogar abgelehnt (vgl. Merchel, 2014, S. 63 ff.). Wie bereits ausgeführt, ist Qualität ein relationaler Begriff und letztlich das Ergebnis der Zusammenführung unterschiedlicher Qualitätsforderungen. Aus diesem Kontext wird vor allem abgeleitet, dass Standards zu einer unzulässigen Vereinfachung und Vereinheitlichung komplexer Handlungsanforderungen führen können. Merchel schlägt daher vor, auf den Standardbegriff zu verzichten und fachliches Handeln in der Sozialen Arbeit alternativ an Qualitätskriterien und Qualitätsindikatoren zu orientierten (vgl. Merchel, 2014, S. 66). Dieser kritische Zusammenhang ist jedoch nicht zwingend.

---

[6] Im Originaltext steht „A" für „assignable". In der Literatur finden sich meist andere Übersetzungen. Meistens sollen Ziele akzeptabel (acceptable), erreichbar (achievable) oder ansprechend (attractive) sein.

6. Implementierung und Steuerung von Qualitätsmanagement

Das Ergebnis der Zusammenführung maßgebender und konsensfähiger Qualitätsforderungen entspricht grundsätzlich einer qualitativen Soll-Vorstellung. Insofern dienen Qualitätsstandards als Planungsvorlage. Diese Soll-Vorstellung ist vorläufig, wird systematisch und laufend überprüft, angepasst, schließlich standardisiert und wieder auf den Prüfstand gestellt. Das entspricht der Grundvorstellung eines kontinuierlichen Verbesserungskreislaufs (siehe dazu auch 3.2). So ist klar, dass der Prozess der Standardisierung und als Ergebnis die Formulierung eines Standards nicht prinzipiell im Widerspruch zu den Besonderheiten personenbezogener Dienstleistungen stehen. Hansen, der sich einer Publikation ausschließlich der kritischen wissenschaftlichen Auseinandersetzung mit Standards in der Sozialen Arbeit befasst, kommt zu dem Schluss, dass Standards „konstitutionelle Steuerungsinstrumente in sozialen Systemen sind" (2010, S. 163). Ein offener, konstruktiver Umgang mit den bestehenden Widersprüchen ermöglicht, so Hansen, „Standards als Orientierung für professionelle Prozessgestaltung und Standardabweichungen als Chance zur Reflexion und Optimierung sozialberuflichen Handelns zu begreifen" (vgl. ebd., S. 167)

Qualitätsstandards als Planungsvorlage

Qualitätsstandards bezeichnen also Qualitätsforderungen, die als definiertes Qualitätsniveau als norm- und Orientierung gebender Maßstab fungieren. Das Maß der Normierung bzw. Formalisierung ist dabei dynamisch. Es reicht von teambezogenen Festlegungen, fachlich-konzeptionellen Grundlegungen bis hin zur Forderung der Evidenzbasierung professionellen Handelns.

Qualitätsstandards sind definierte Qualitätsniveaus

Es ist sinnvoll, Qualitätsstandards zu systematisieren. Timmermans und Berg (2003) klassifizieren Standards wie folgt (zit. n. Hensen P., 2019, S. 97):

Systematisierung von Qualitätsstandards

Strukturstandards (Design Standards)	Begriffsstandards (Terminological Standards)	Leistungsstandards (Performance Standards)	Prozessstandards (Procedural Standard)
Standards, mit deren Hilfe strukturelle Spezifika von Einzelkomponenten oder von ganzen Systemen festgelegt werden.	Formal strukturierte Standards, die eine zeitliche und räumliche Stabilität in Sprache und Bedeutung von Fachausdrücken gewährleisten.	Standards, die Ergebnis- oder Zielwerte vorgeben. Sie haben keinen Regelungsanspruch auf die dahin führenden Tätigkeiten, sondern allein auf das Resultat der Handlung.	Standards, die sich auf die tatsächlichen Ausführungen bzw. die Gestaltung von Prozessen richten. Es können einzelne Arbeits- und Entscheidungsschritte bzw. die auszuführende Reihenfolge festgelegt werden.

Abb. 59: Klassifikation Standards nach Timmerman, Berg, 2003, S. 24 ff., zit. in Hensen, 2019, S. 95)

Neben der bereits erwähnten kritischen Bewertung von Standards in Organisationen der Sozialwirtschaft, überwiegen die Vorteile. Hensen beschreibt dabei drei unterschiedliche Ansätze (vgl. Hensen, 2019, S. 99 f.):

Vorteile von Standards

- **Vermeidung von Fehlern:** Die Orientierung an Standards führt zur Vermeidung von Fehlern, insbesondere in kritischen Situationen.

6.4 Prozessmanagement

- **Vermeidung von Qualitätsschwankungen:** Standards zielen darauf ab, Qualitätsschwankungen zu reduzieren. Dies fördert Sicherheit und Vertrauen aufseiten der Leistungsempfangenden, aber auch der leistungserbringenden Organisationen.
- **Erstellen anforderungsgerechter Qualität:** Die Ausrichtung an Standards bedeutet, Leistungen und Strukturen systematisch in Bezug auf Qualitätsforderungen bzw. -zielen zu entwickeln und zu evaluieren.

6.4 Prozessmanagement

Prozesssteuerung der gesamten Organisation

Qualitätsmanagement bedeutet im Kern Prozesssteuerung. Dabei ist es wichtig, die gesamte Organisation im Blick zu haben. Es reicht nicht, Prozesse einzeln zu betrachten und technisch zu strukturieren. Vielmehr muss die Organisation als Ganzes prozessorientiert verstanden werden. Dies erfolgt über die Entwicklung einer Prozesslandkarte. Auf der Basis der Prozesslandkarte muss dann ein systematisches Prozessmanagement eingeführt werden.

6.4.1 Entwicklung einer Prozesslandkarte

Organisationale Wertschöpfung

Wie gerade dargestellt: Qualitätsmanagement ist ein unternehmensweiter Steuerungsansatz. Bei der Einführung eines Qualitätsmanagementsystems ist es daher sehr wichtig, eine gemeinsame und grundlegende Vorstellung von der spezifischen organisationalen Wertschöpfung zu entwickeln. Um organisationale Wertschöpfung bzw. Qualität zu bestimmen, ist der Blick in zentrale normative Dokumente der Organisation aufschlussreich. Satzung, Konzeption oder Leitbild geben grundlegende Auskunft über die inhaltliche, qualitätsbezogene Ausgestaltung der Leistungen. Damit ist aber zunächst nur der Rahmen abgesteckt. Offen bleibt, wie die zahlreichen Aktivitäten und Funktionen in der Organisation zusammenwirken sollen, um die angestrebten Qualitätsziele zu erreichen. Hierfür bedarf es einer prozessorientierten Gesamtvorstellung der Arbeitsweise der Organisation. Dies leistet eine Prozesslandkarte.

Geschäftsmodell der Organisation

Die Prozesslandkarte – manchmal auch Prozessarchitektur oder -landschaft genannt – ist ein Konzept des organisationalen Handelns zur Erfüllung des Unternehmensauftrags. Die Entwicklung einer Prozesslandkarte entspricht damit dem Geschäftsmodell der Organisation. Alle wertschöpfungsrelevanten Prozesse werden systematisch visualisiert. Blaupause ist also nicht die Aufbaustruktur der Organisation, sondern die zentralen Prozesskategorien, die für die Erzeugung der organisationsspezifischen Wertschöpfung strategisch wichtig sind.

Prozessarten

Als Grundstruktur der Prozesslandkarte werden drei Prozessarten unterschieden: leistungsbezogene Kern- oder Primärprozesse, serviceorientierte, unterstützende Sekundärprozesse und steuernde, koordinierende Managementprozesse.

Kernprozesse

Kernprozesse sind alle Prozesse, die direkt eine Wertschöpfung erzeugen. Sie bilden zusammen die Wertschöpfungskette. Die Kernprozesse orientieren sich an den Qualitätsforderungen der relevanten Anspruchsgruppen. Der gesamte Wertschöpfungsprozess einer sozialwirtschaftlichen Organisation erstreckt sich von Beginn bis Ende der Maßnahme, also beispielsweise von der Aufnahme bis zur Entlassung und Nachsorge (siehe Abb. 60).

Managementprozesse bezeichnen alle zentralen Führungsprozesse, die für die Steuerung der Leistungserstellung und der notwendigen betrieblichen Ressourcen verantwortlich sind. Managementprozesse stecken den strategischen und normativen Rahmen für die Kernprozesse ab.

Managementprozesse

Unterstützungsprozesse sichern die Funktionalität aller anderen Prozesse. Sie leisten damit einen indirekten Beitrag zur Wertschöpfung der Kernprozesse, insbesondere durch die operative Bereitstellung notwendiger betrieblicher und leistungsbezogener Ressourcen.

Unterstützungsprozesse

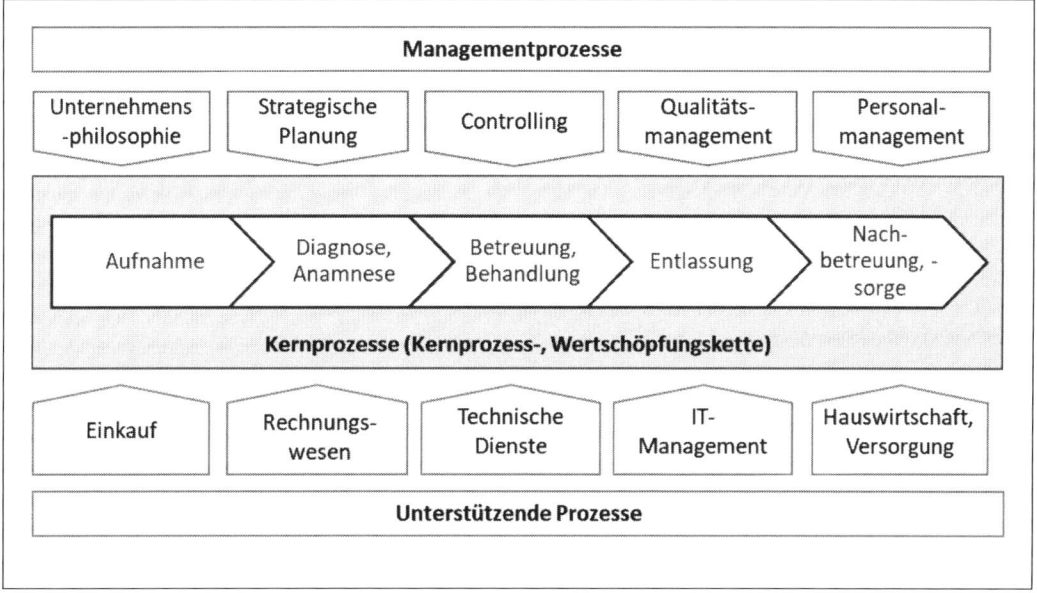

Abb. 60: Modellhafte Prozesslandkarte für ein sozialwirtschaftliches Unternehmen

Bei der Erstellung einer Prozesslandkarte ist grundsätzlich eine sinnvolle Vorgehensweise, zunächst alle strategisch relevanten Prozesse top-down zu identifizieren und zu einer vollständigen Prozessstruktur zu ordnen und dann bottom-up alle realen Prozessabläufe zu sammeln und der Prozesslandkarte zuzuweisen.

Vorgehensweise

Als erstes sollte eine zusammenhängende Wertschöpfungs- oder Kernprozesskette gebildet werden. Vielfach gibt es keine klare Vorstellung, welche Einzelprozesse in welcher Weise zusammenwirken, um die Qualitätserwartungen der zentralen Anspruchsgruppen zu erfüllen. Ein chronologisches Vorgehen ist daher sinnvoll. Ausgehend von den Qualitätsforderungen werden die Kernprozesse erfasst, die zeitlichen Parallelen und die Schnittstellen der Abläufe sichtbar gemacht. So entsteht ein zusammenhängender, konsistenter Wertschöpfungsprozess.

Bildung einer zusammenhängenden Wertschöpfungskette

Die Prozesslandkarte bildet die strategisch relevanten, erfolgskritischen Prozesse in einer geschäftsmodellartigen Übersicht ab. Prozesse werden an dieser Stelle noch nicht beschrieben. Die Prozesslandkarte ist aber Teil der Qualitätsdokumentation (siehe 6.5 „Qualitätsdokumentation").

Die meisten Qualitätsmanagementsysteme basieren selbst auf einem eigenen Prozessmodell. Diese Prozessmodelle können als Vorlage dienen. Ratsamer ist jedoch, eine jeweils für die Organisation spezifische Prozesslandkarte zu entwickeln.

6.4 Prozessmanagement

Auswahlüberlegungen

Steht die Wahl eines Qualitätsmanagementsystems aber tatsächlich an, so könnten mindestens zwei Fragen bzw. Überlegungen im Mittelpunkt stehen:

- Welcher Steuerungsanspruch wird mit dem Qualitätsmanagementsystem verbunden?
- Wie ist die Anschlussfähigkeit des Qualitätsmanagementsystems an die Organisation zu beurteilen?

6.4.2 Prozesssteuerung

Nach Erstellung einer Prozesslandkarte beginnt die Arbeit mit konkreten Prozessen. Dabei sollte systematisch vorgegangen werden.

Operative Prozesssteuerung

Prozesssteuerung wird in der Regel in Phasen unterteilt, wobei die Einteilung der Phasen in der Fachliteratur unterschiedlich dargestellt wird (vgl. Scholz & Vrohlings, 1994, S. 117 f.; vgl. Wagner & Käfer, 2017, S. 63 ff.; Zollondz, 2016d, S. 834). Eine sinnvolle Strukturierung sieht vier Schritte der operativen Prozesssteuerung vor:

- **Prozessdefinition**: Im ersten Steuerungsschritt wird die Prozessaufgabe bzw. der Zweck des Prozesses festgelegt und der Prozess in der Prozesslandkarte verortet. Weiter sind der Prozessumfang, Anfang und Ende des Prozesses sowie alle relevanten Qualitätsforderungen zu bestimmen. Schließlich werden die Prozessverantwortlichen benannt. Dabei wird vielfach zwischen Prozesseigner und -verantwortlichen unterschieden. Der Prozesseigner ist hauptverantwortlich für die Strukturierung, zielführende Umsetzung und Weiterentwicklung des Prozesses. Der Prozessverantwortliche trägt für die operative Umsetzung des Prozesses im Arbeitskontext Sorge.

- **Prozessstrukturierung**: Im zweiten Schritt folgt die detaillierte Strukturierung und letztlich die Beschreibung des Prozesses im Sinne einer Sollfestlegung. Die zentrale Aufgabe besteht darin, den Ablauf des Prozesses detailliert, einschließlich der Schnittstellen zu anderen Prozessen zu erfassen und schriftlich zu fixieren. Ferner sind Qualitätskriterien, -indikatoren und Messverfahren festzulegen. Die – möglicherweise auch stufenweise – Prozessfreigabe hingegen geschieht meist durch hierarchisch verantwortliche Stellen.

- **Prozessimplementierung und Durchführung**: Im dritten Schritt ist der Prozess im betreffenden Arbeitsbereich des Unternehmens einzuführen. Mit jedem Prozess sind bestimmte Aufgaben und Tätigkeiten verknüpft, die wiederum in der Aufbau- und Ablauforganisation verankert werden müssen. Das bedeutet, dass allen Prozessen verantwortlich ausführende Stellen zuzuordnen und notwendige Kommunikations- und Kooperationsprozesse zu beschreiben sind. Die Zuordnung der Prozessverantwortlichkeit ist also in erster Linie mit sachlich notwendigen Kompetenzen verbunden. Möglicherweise sind bei erstmaliger Prozessimplementierung oder bei gravierenden Änderungen Schulungen und Einweisungen erforderlich. Es folgt die Umsetzung des Prozesses. Der Prozess ist in geeigneter Weise zu messen und zu dokumentieren.

- **Prozessoptimierung**: Die Phase der Prozessoptimierung als vierte Phase schließt den Kreis. Anhand der Prozessfestlegungen werden Soll-Ist-Vergleiche durchgeführt. Die Analyse dient zunächst dazu, Fehler und Schwachstellen im Prozessablauf zu finden und auf mögliche Ursachen zu schließen. Daraus kann ein notwendiger Veränderungs-

und Anpassungsbedarf abgeleitet werden. Im Kontext einer solchen Prozessanalyse und -verbesserung kommen Qualitätswerkzeuge zum Einsatz, wie etwa das Ursache-Wirkungs-Diagramm, die Fehleranalyse oder komplexere Qualitätsmethoden wie Six Sigma. Zusätzlich kann auch Benchmarking, also der gezielte Vergleich mit unternehmenseigenen oder externen Prozessleistungen, vorgenommen werden. Die Phase der Prozessoptimierung entspricht dem Grundgedanken der kontinuierlichen Qualitätsverbesserung.

6.5 Qualitätsdokumentation

Qualitätsdokumentation wird in der einschlägigen Fachliteratur in der Regel im Zusammenhang mit Dokumentationsanforderungen großer Qualitätsmanagementsysteme, insbesondere der DIN EN ISO, thematisiert. Zentrale Begriffe und Zusammenhänge in Bezug auf Qualitätsdokumentation sind der DIN EN ISO entnommen und haben quasi allgemeingültigen Charakter angenommen. Selten wird jedoch Qualitätsdokumentation als solches systematisch unter methodischen oder instrumentellen Gesichtspunkten behandelt. Im Folgenden wird zunächst der Zweck und die Systematik der Qualitätsdokumentation dargestellt. Eine gesonderte Betrachtung fokussiert die Prozessbeschreibung als zentralen Bestandteil der Qualitätsdokumentation.

6.5.1 Zweck und Systematik der Qualitätsdokumentation

Wie bereits bei den Ausführungen über den Grundsatz der Qualitätsmessung (siehe 3.3) ausgeführt, hat Dokumentation grundsätzlich die Funktion, Qualität für Steuerung zugänglich und nutzbar zu machen. Dies geschieht in dreifacher Hinsicht: Einmal sind Qualitätsforderungen zu verschriftlichen, etwa in Form von Qualitätskriterien oder -standards. Ferner muss die Umsetzung von Qualitätsforderungen zielgerichtet überprüft und nachgewiesen werden, vor allem mittels Qualitätsindikatoren. Und schließlich ist auch das Qualitätsmanagementsystem als solches darzulegen.

Sinn von Dokumentation

Gemäß dieser Funktionsbreite von Qualitätsdokumentation sind auch verschiedene Dokumentenarten zu unterscheiden (vgl. Hinsch, 2014, S. 62 ff.):

Unterschiedliche Dokumentarten

- **Vorgabedokumente** dienen der Planung, Durchführung, Lenkung von Prozessen. Die Vorgaben können dabei auf unterschiedlichen Ebenen angesiedelt sein (z. B. Qualitätsziele, Leitlinien, technische Spezifikationen, Verfahrensanweisungen, Arbeitsanleitungen).

- **Nachweisdokumente** dienen der Darlegung von Aufzeichnungen, etwa im Kontext der Leistungserstellung (z. B. Patientenakte, Untersuchungsbefunde) oder Managementhandeln (z. B. Berichte, Statistiken).

- **Interne Dokumente** werden organisationsintern im Rahmen von Qualitätsmanagement erstellt und verwendet (z. B. Verfahrensanweisungen, Stellenbeschreibungen, Organigramm).

- **Externe Dokumente** werden außerhalb der Organisation erstellt, haben aber Relevanz für die Einrichtung (z. B. Gesetzestexte, Verordnungen, fachliche Leitlinien und Standards).

- **Mitgeltende Unterlagen** bezeichnen Dokumente, die nicht direkt einem Prozess zugeordnet sind, jedoch inhaltlich mit diesem im Zusammenhang stehen.

6.5 Qualitätsdokumentation

Messung, Analyse, Prozesssteuerung: Dokumentenlenkung

Die zentrale Funktion der Qualitätsdokumentation besteht in der Messung, Analyse und letztlich Steuerung von Prozessen. In der Fachliteratur hat sich hierfür der aus der DIN EN ISO entnommene Begriff Dokumentenlenkung etabliert. Im Rahmen der weiteren Ausführungen wird dieser Terminus beibehalten. Die Steuerung der Dokumentation ist eine zentrale Anforderung an ein Qualitätsmanagementsystem, nicht zuletzt unter arbeitsökonomischen Gesichtspunkten. Hier ist eine Einschränkung vorzunehmen: Tatsächlich anspruchsvoller und für die Leistungserstellung von größerer Bedeutung ist die Veränderung von Tätigkeiten und Abläufen, kurz Prozessen im organisationalen Alltag. Neben der Dokumentenlenkung muss gleichzeitig auch von Prozesslenkung gesprochen werden. Für die Implementierung von Prozessen und insbesondere von Änderungen bestehender Abläufe in der täglichen Arbeitspraxis haben Führungskräfte eine besondere Bedeutung.

Für die Dokumentenlenkung – oder für die Lenkung dokumentierter Informationen, wie es in der aktuellen Version der DIN EN ISO formuliert ist – sind methodische Aspekte zu beachten.

Regeln für Vorgabedokumente

Insbesondere sollten Vorgabedokumente nach festen Regeln erstellt werden (vgl. Ertl-Wagner, Steinbrucker, & Wagner, 2013, S. 115).

Festzulegen und festzuhalten sind:

- Name der Organisation
- Gültigkeitsbereich
- Bezeichnung bzw. Nummerierung des Dokuments
- Revisionsnummer bzw. Stand des Dokuments
- Name und Unterschrift der erstellenden Person
- Name und Unterschrift der prüfenden Person

Diese Informationen werden in der Regel im betreffenden Dokument festgehalten, vor allem in Kopf- und Fußzeile.

Archivierung, Datenschutz, Bekanntmachen

Neben diesen formalen Kriterien der Dokumentengestaltung sind mit Blick auf die Dokumentenlenkung weitere Aspekte zu berücksichtigen (vgl. Hinsch, 2014, S. 66 ff.):

- **Ablage und Archivierung:** Dokumente sollten im betreffenden Gültigkeitsbereich erreichbar und abrufbar sein. Das betrifft zum einen das Ablage- bzw. Archivierungssystem und zum anderen den konkreten Zugang zu den Dokumenten.
- **Datenschutz:** Dokumente sind in ausreichendem Maße zu schützen. In besonderem Maße gilt dies für elektronische Dokumente.
- **Verteiler und Bekanntmachung:** Dokumente bzw. die darin enthaltenen prozessrelevanten Informationen müssen an den davon betroffenen Arbeitsplätzen bekannt gemacht und eingeführt werden. Neben dem administrativen Austausch von Dokumenten sind auch inhaltliche Veränderungen in Bezug auf Tätigkeiten und Verfahren vorzunehmen. Hier sind wiederum Führungsaufgaben betroffen.

6. Implementierung und Steuerung von Qualitätsmanagement

Die Sammlung und Organisation aller geltenden Dokumente schließlich bedarf einer eigenen Systematik. Mit Bezugnahme auf die DIN EN ISO 9001:2008 wird vielfach von einer hierarchischen Systematik der Qualitätsdokumentation ausgegangen (vgl. Schmitt & Pfeifer, 2015, S. 306 f.).

Systematik der Qualitätsdokumentation

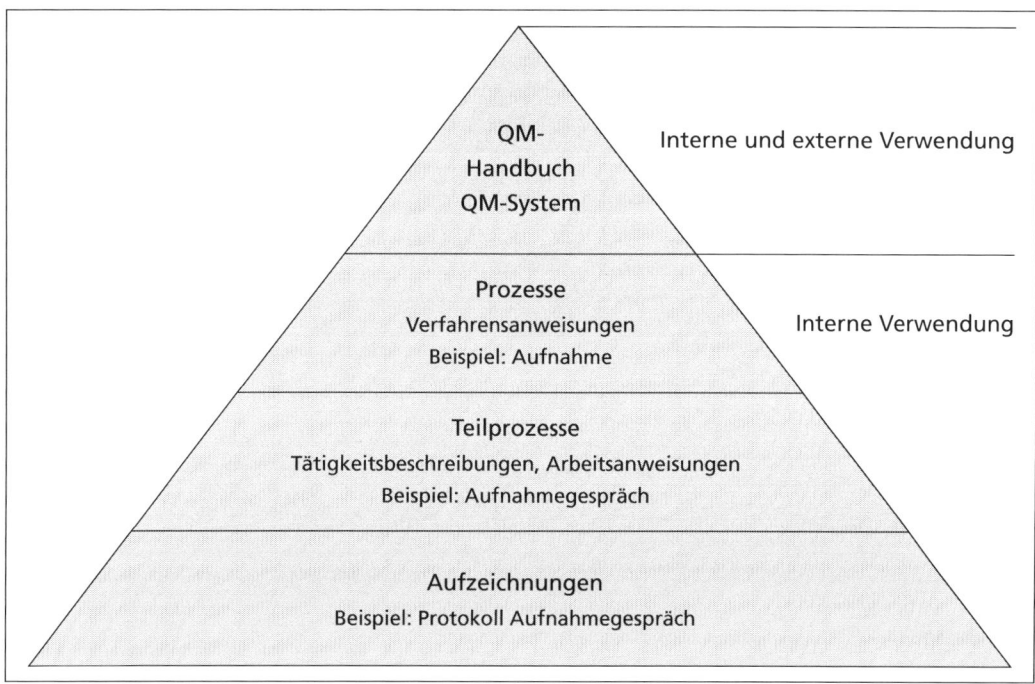

Abb. 61: System der Qualitätsdokumentation

Im Qualitätsmanagementhandbuch (QM-Handbuch) wird das Qualitätsmanagementsystem in seinen zentralen Elementen dargelegt. Für den konkreten Aufbau des QM-Handbuchs gibt es keine festen Vorgaben. Möglich ist eine Gliederung analog dem eingesetzten Qualitätsmanagementsystem. Mindestens sollten jedoch Angaben enthalten sein über (vgl. Ertl-Wagner, Steinbrucker, & Wagner, 2013, S. 117; vgl. Schmitt & Pfeifer, 2015, S. 307):

QM-Handbuch

- zentrale Qualitätsziele, Qualitätspolitik
- die normative Verortung des Qualitätsmanagements im Unternehmen
- die Struktur des eingesetzten Qualitätsmanagementsystems
- die Aufbau- und Ablauforganisation
- das Führungssystem
- die Verteilung von Zuständigkeiten und Kompetenzen
- die Struktur der zentralen Prozesse des Unternehmens (Prozesslandschaft)

Das QM-Handbuch wird in der Regel unternehmensintern eingesetzt. Es „dient als Referenz bei der Umsetzung, Aufrechterhaltung, Pflege und der kontinuierlichen Verbesserung des QM-Systems" (Schmitt & Pfeifer, 2015, S. 307). Vielfach fungiert das QM-Handbuch auch als Nachweis des Qualitätsmanagementsystems nach außen.

6.5 Qualitätsdokumentation

Weitere interne Aufzeichnungen

Die Ebenen der QM-Dokumentation unterhalb des QM-Handbuchs enthalten genauere Beschreibungen von Prozessen und Tätigkeiten und sind nur für die interne Nutzung bestimmt. Die Terminologie ist weder im Fachdiskurs noch in der Praxis einheitlich. Der Logik nach erhöht sich jedoch der Differenzierungsgrad der Dokumentation von oben nach unten.

- **Prozesse** bezeichnen in der Regel bereichsübergreifende, grundlegende Abläufe und Aktivitäten der Organisation. Ein alternativer Begriff ist Verfahrensanweisung. Die hier subsumierten Prozesse finden sich meist auch in der Prozesslandkarte.

- **Teilprozesse (auch Arbeitsanleitungen genannt)** oder Tätigkeitsbeschreibungen regeln arbeitsplatzbezogene Tätigkeiten oder Aktivitäten. Sie sind deshalb detaillierter und spezifischer als Prozessbeschreibungen. Prozess- und Teilprozessbeschreibungen sind Vorgabedokumente.

- **Aufzeichnungen** sind Nachweisdokumente, in Form von Protokollen, Akten, Statistiken, Berichten usw.

Prozesse	Teilprozesse	Aufzeichnungen, Nachweise
Aufnahme	Aufnahmegespräch führen	Aufnahmeprotokoll
Diagnostik	Intelligenztest	Testbogen
Betreuungs-, Pflegeplanung	Visite, Fallgespräch	Patientenakte, Teamprotokoll
Personalentwicklung	Leistungsbeurteilungsgespräch	Beurteilungsbogen
usw.	usw.	usw.

Abb. 62: Beispiele für Verfahrens- und Arbeitsanweisungen, Aufzeichnungen und Nachweise

Die Systematik der Qualitätsdokumentation, so wie hier dargestellt, entspricht im Prinzip den Vorgaben der DIN EN ISO 9001[7].

Die Qualitätsdokumentation in dieser Form ist gleichzeitig kompatibel mit anderen Qualitätsmanagementsystemen.

Die Binnenstruktur der verschiedenen Dokumentationsebenen sollte in jedem Fall systematisch so aufeinander abgestimmt sein, dass sie erstens der Struktur des eingesetzten Qualitätsmanagementsystems entspricht und zweitens Querbezüge zwischen allgemeinen Qualitätsvorgaben, Verfahren, Anweisungen sowie dazugehörigen Aufzeichnungen problemlos hergestellt werden können.

---

[7] In der aktuellen Version der DIN EN ISO 9001:2015 ist die Pflicht zur Erstellung eines Qualitätsmanagementhandbuchs entfallen.

6. Implementierung und Steuerung von Qualitätsmanagement

6.5.2 Prozessbeschreibung

Die Beschreibung von Prozessen gehört zum methodischen Kernbestand des Qualitätsmanagements. Die Bedeutung und die Funktion von Prozessbeschreibungen ergeben sich unmittelbar auch aus den Ausführungen zur Qualitätsmanagementdokumentation allgemein. Prozessbeschreibungen bilden den wichtigsten Teil der Qualitätsdokumentation.

Methodischer Kernbestand des QM

Prozesse können textlich, grafisch oder tabellarisch verschriftlicht werden. Kombinationen der verschiedenen Formen der Prozessbeschreibung sind üblich.

Unabhängig der Darstellungsform sollten bestimmte Aspekte berücksichtigt werden:

Notwendige Inhalte

- **Bezeichnung des Prozesses**: Name des Prozesses (z. B. „Aufnahme in Wohngruppe")

- **Zweck**: intendierter Regelungsbedarf (z. B. „Dieser Prozess regelt die Aufnahme eines Patienten/einer Patientin in die Wohngruppe")

- **Ziel**: angestrebtes inhaltliches Ergebnis (z. B. „Aufnahme in die Wohngruppe erfolgt fachlich indiziert und zeitnah")

- **Geltungsbereich** (teilweise auch Verteiler): Bereiche des Unternehmens, die vom Prozess betroffen sind

- **Prozessbeginn/Eingabe und Prozessende/Ausgabe**: Werden in die Prozessbeschreibung integriert (z. B. Vorschriften, Informationen, Protokoll, Aufzeichnung)

- **Schnittstellen**: vorgelagerte, nachfolgende und andere verknüpfte Prozesse

- **Qualitätsindikatoren**: Angabe Prozess bezogener Messwerte

- **Prozessverantwortlichkeit**: Person/Team die/das für die Erstellung und Weiterentwicklung des Prozesses verantwortlich ist

- **Dokumentation**: verschriftlichtes Prozessergebnis (z. B. Protokoll, Formular, Checkliste)

- **Mitgeltende Unterlagen**: für den Prozess relevante interne und externe Dokumente

- **Angaben zur Prüfung und Freigabe des Prozesses** (z. B. Prüfung Prozessbeschreibung durch Bereichsleitung, Freigabe durch Einrichtungsleitung)

Vielfach werden die wichtigsten prozessrelevanten Informationen in einer tabellarischen Übersicht zusammengefasst und der betreffende Prozess zusätzlich an anderer Stelle beschrieben.

6.5 Qualitätsdokumentation

Prozessbezeichnung	
Geltungsbereich	
Zweck bzw. Ziel	
Qualitätsindikatoren	
Prozessverantwortlichkeit	
Prüfung	
Freigabe	
Archivierung	

Abb. 63: Prozessübersicht

Häufigste Form: Flussdiagramm

Die häufigste Form der Prozessbeschreibung sind Flussdiagramme. Flussdiagramme stellen den Ablauf eines Prozesses grafisch dar. Dabei werden chronologisch zwischen Anfang und Ende eines Prozesses die einzelnen Prozessschritte, Entscheidungen, Ergebnisse und Schnittstellen zu anderen Prozessen abgebildet. Die Symbole werden einheitlich verwendet.

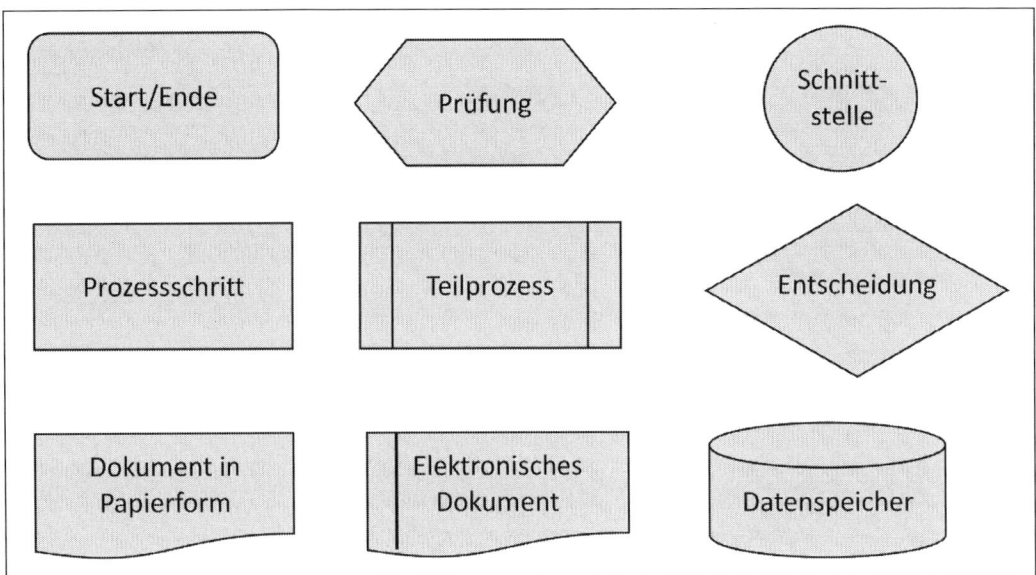

Abb. 64: Standardsymbole bei Flussdiagrammen

Das wichtigste Symbol ist der Prozessschritt. Das Rautensymbol stellt eine Entscheidung dar, die alternativ mit „ja" oder „nein" zu beantworten ist. Der Kreis markiert den Übergang auf eine weitere Seite. Unter einem vordefinierten Prozessschritt sind eigenständige Prozesse zu verstehen, die an anderer Stelle dargestellt werden. So werden Schnittstellen gekennzeichnet.

Beispiel: Aufnahmeprozess

Nachfolgende Abbildung zeigt in vereinfachter Form bespielhaft die grafische Darstellung eines Aufnahmeprozesses. Der Ablauf wird durch zusätzliche Informationen zu verantwortlichen Personen oder Stellen sowie Eingabe- und Ausgabedokumente bzw. -ereignisse ergänzt. Für die Erstellung von Flussdiagrammen stehen grundsätzlich weit-

6. Implementierung und Steuerung von Qualitätsmanagement

aus mehr Symbole als die hier vorgestellten zur Verfügung. Vielfältige Variationen der Darstellung sind möglich.

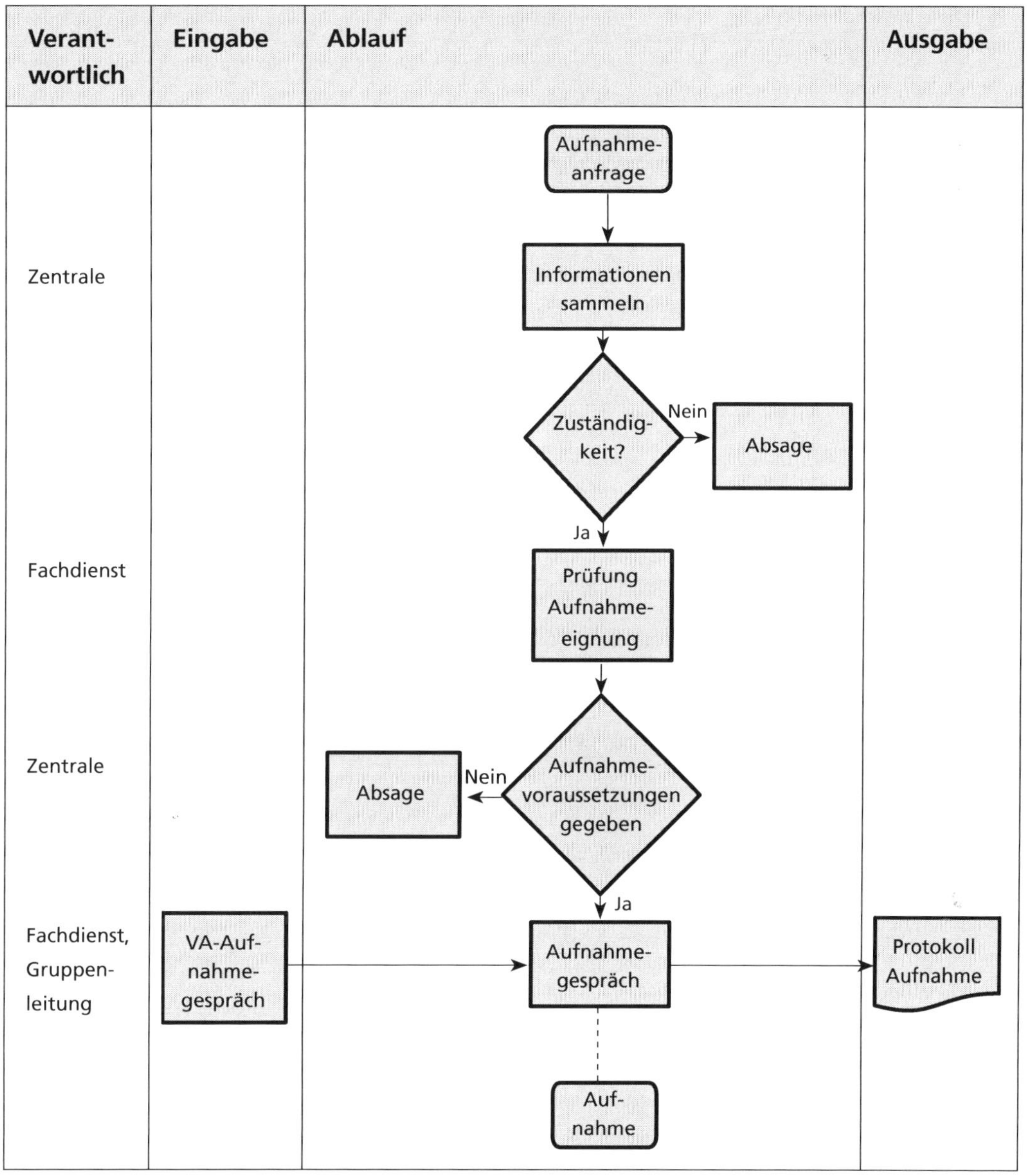

Verantwortlich	Eingabe	Ablauf	Ausgabe
Zentrale		Aufnahmeanfrage → Informationen sammeln → Zuständigkeit? —Nein→ Absage	
Fachdienst		Ja ↓ Prüfung Aufnahmeeignung	
Zentrale		Absage ←Nein— Aufnahmevoraussetzungen gegeben	
Fachdienst, Gruppenleitung	VA-Aufnahmegespräch	Ja ↓ Aufnahmegespräch ┄ Aufnahme	Protokoll Aufnahme

Abb. 65: Prozessbeschreibung als Flussdiagramm

Prozesse können ebenso textlich dargestellt werden. Auch in diesem Fall sind notwendige allgemeine Angaben zu integrieren, entweder in Kopf- und Fußzeilen, wie hier dargestellt oder in Prozessübersichten. Der Prozess selbst wird unter Punkt 5 beschrieben. Vielfach wird an dieser Stelle auf ein entsprechendes Flussdiagramm verwiesen. Wird der Prozess textlich beschrieben, empfehlen sich im Sinne von Klarheit Formulierungen in ganzen und kurzen Sätzen unter Verwendung von Subjekt, Prädikat, Objekt und ggf. eindeutiger Zeitangabe.

Textliche Darstellung von Prozessen

6.6 Qualitätsmessung und -bewertung

Vorlage: Prozessbeschreibung in Textform

Name des Unternehmens	Prozessbezeichnung	
1. Zweck		
2. Geltungsbereich		
3. Begriffserklärungen		
4. Verantwortlichkeit		
5. Durchführung		
6. Dokumentation		
7. Bemerkungen, Hinweise		
8. Änderungen, Pflege		
9. Mitgeltende Unterlagen		
Erstellt von .... am	Seite	Revisionsstand
Geprüft von .... am		Archivierung
Freigegeben von .... am		

Abb. 66: Prozessbeschreibung in Textform

Darstellung von Prozessen als Tabelle

Schließlich können Prozesse auch tabellarisch dargestellt werden. Die formale und inhaltliche Gestaltung der Darstellung bleibt dem Unternehmen überlassen. Auch werden zentrale Prozessangaben in Prozessübersichten oder Kopf- und Fußzeilen erfasst.

Beispiel: Aufnahmeprozess

Nr.	Prozessschritt	verantwortlich	Dokumentation
1	**Aufnahmeanfrage entgegennehmen** Aufnahmeeignung prüfen, Weitervermittlung oder interne Weiterleitung an Fachdienst	Zentrale	Gesprächsnotiz
2	**Aufnahmegespräch führen** Fachdienst vereinbart Aufnahmegespräch binnen einer Woche, Terminabsprache mit Gruppenleitung, bei Ablehnung Weitervermittlung	Fachdienst, mit Gruppenleitung	Protokoll Aufnahmegespräch
3	**Aufnahme festlegen** Aufnahmezeitpunkt festlegen, notwendige Unterlagen anfordern, Kostenbescheid anfordern		Checkliste Aufnahme

Abb. 67: Prozessbeschreibung in tabellarischer Form

6.6 Qualitätsmessung und -bewertung

Prozessbeschreibungen sind kein Selbstzweck. Entscheidend ist vielmehr die Umsetzung von Qualitätsforderungen und das Erreichen definierter Qualitätsziele. Zur Überprüfung von Qualitätszielen ist daher die Qualitätsmessung und -bewertung unumgänglich.

6. Implementierung und Steuerung von Qualitätsmanagement

Aufgrund der zentralen Bedeutung der Thematik ist eine **grundlegende und kritische begriffliche Klärung** notwendig. Ein weiterer Abschnitt fokussiert auf die Funktion von Kennzahlen und Indikatoren. Schließlich wird eine Übersicht über wichtige Messverfahren gegeben.

6.6.1 Grundbegriffe

Qualitätsmessung bedeutet allgemein, über qualitätsrelevante Sachverhalte (Prozesse, Strukturen, Ergebnisse) systematisch Daten zu erheben. *Qualitätsmessung*

Dies geschieht, wie in 3.4 aufgezeigt wurde, um die Realisierung bestimmter Qualitätsforderungen zu überprüfen. Der Vorgang des Vergleichs zwischen geforderter und gemessener Qualität wird als Qualitätsbewertung bezeichnet. *Qualitätsbewertung*

Hier muss eine begriffliche Differenzierung vorgenommen werden. Hensen führt zum Begriff Qualitätsbewertung noch den Begriff Qualitätsevaluation ein (vgl. 2019, S. 201 ff.). Er sieht zwischen beiden Begriffen – Qualitätsbewertung und -evaluation – eine inhaltliche Übereinstimmung, nämlich den bewertenden Qualitätsvergleich. Hensen verweist jedoch gleichzeitig auf einen unterschiedlichen Verwendungskontext. Von Evaluation, so Hensen, wird vor allem im wissenschaftlichen, gesellschaftlichen Kontext gesprochen, im betrieblichen Bereich eher von Bewertung. Eine weitere Unterscheidung kommt hinzu: Evaluation ist als sozial- und humanwissenschaftliche Forschungsmethode (vgl. Bortz & Döring, 2003) im Kontext fachbezogener Qualitätsentwicklung – gerade auch in der Sozialen Arbeit – von großer Bedeutung. *Qualitätsevaluation*

Es ist festzuhalten: Qualitätsbewertung ist stets bzw. ausschließlich in Bezug auf einen vorab definierten, festgelegten Bezugsrahmen durchführbar. Mit Blick auf Qualitätsmanagement soll daher im weiteren Verlauf von Qualitätsbewertung im Sinne eines gezielten Soll-Ist-Vergleichs die Rede sein. *Qualitätsvergleich*

Qualitätsvergleiche können wie folgt kategorisiert werden:

Vergleichsart	Vergleichsgegenstand	Vergleichsmethode
Strategische Zielerreichung	Vergleich der Qualitätsziele der Organisation mit der Qualität, die tatsächlich realisiert wurde	z. B. Selbstbewertung, Managementbewertung
Operative Zielerreichung	Vergleich der Qualitätsanforderungen und den tatsächlichen Aktivitäten der Organisationen	z. B. Compliance-Evaluationen wie Qualitätsaudits, Qualitätscontrolling
Querschnittsvergleiche	Vergleich der in der Organisation erreichten Qualität mit der Qualität anderer Einrichtungen	z. B. öffentliche Qualitätsvergleiche, Qualitätsberichte, Benchmarking
Längsschnittvergleiche	Vergleich der Veränderung der Qualität innerhalb der gleichen Organisation zwischen verschiedenen Zeitpunkten	z. B. Qualitätsmonitoring, Qualitätsstatistiken

Abb. 68: Grundprinzipien des Qualitätsvergleichs (Hensen, 2016, S. 156)

6.6 Qualitätsmessung und -bewertung

Selbst- und Fremdbewertung

Im Kontext von Qualitätsbewertung wird auch zwischen Selbst- und Fremdbewertung unterschieden: Im Falle einer **Selbstbewertung** nimmt die Organisation eine eigene, interne Qualitätsbewertung vor. Von **Fremdbewertung** wird gesprochen, wenn die Qualitätsbewertung durch externe Fachleute durchgeführt wird. Die Vorgehensweise der Selbstbewertung ist dem Grundsatz der kontinuierlichen Verbesserung (siehe 3.2 „Kontinuierliche Verbesserung") inhärent und damit unumgänglich. Die Fremdbewertung ist ergänzend zur Selbstbewertung wichtig, denn sie ermöglicht einen kritischen externen Blick auf die Organisation. Zudem ist die Fremdbewertung im Kontext von Zertifizierungen verpflichtend und damit unumgänglich.

Grenzen der Qualitätsmessung

Bereits in Abschnitt 3.3 wurde der Grundsatz der Qualitätsmessung im Qualitätsmanagement als unabdingbar dargestellt und gleichzeitig kritisch reflektiert. Auch an dieser Stelle ist nochmals auf folgende Problematik hinzuweisen: Ziel der Qualitätsmessung ist nicht, Sachverhalte evidenzbasiert abzubilden. Viele Qualitätsforderungen sind in sozialen Arbeitsfeldern nicht direkt quantifizierbar. Dennoch gibt es Möglichkeiten, auch qualitative „Messungen" vorzunehmen.

Verknüpfung mit Qualitätscontrolling

Letztlich muss berücksichtigt werden, dass der Vorgang der Qualitätsmessung nur einen Teilaspekt eines umfassenden Qualitätscontrollings darstellt (siehe 6.7 „Qualitätscontrolling"). Qualitätsindikatoren und -kennzahlen stellen nur die Informationsbasis für Planungs- und Steuerungsaktivitäten dar, die wiederum über Schnittstellen mit dem Qualitätsmanagementsystem selbst verbunden sind.

6.6.2 Qualitätskennzahlen, -indikatoren

Qualitätskennzahlen

Qualitätskennzahlen sind quantitative Maße, die qualitätsrelevante Sachverhalte unmittelbar bestimmen. Beispielsweise zeigen Größen- oder Gewichtsmaße direkt bestimmte Qualitätsmerkmale an.

Qualitätsindikator

Ein Qualitätsindikator ist eine Kenngröße, der qualitätsrelevante Sachverhalte indirekt durch Zahlen oder Zahlenverhältnisse abbildet. Dabei wird meist von hypothetischen Zusammenhängen ausgegangen. Es wird beispielsweise angenommen, dass Kenngrößen wie Kündigungsrate oder durchschnittliche Beschäftigungsdauer Aussagen über das Maß der Personalbindung zulassen. Ein fachliches Ziel, wie etwa soziale Integration, kann nicht direkt quantifiziert werden. Indikatoren wie Mitgliedschaft in einem Verein oder Schulabschluss könnten aber als Indikatoren Hinweise liefern für den Grad der gesellschaftlichen Integration.

Qualitätsindikatoren und Qualitätskennzahlen haben dieselbe Funktionalität, unterscheiden sich aber hinsichtlich der Verbindung zum zu messenden Sachverhalt. Qualitätsindikatoren sind auch Qualitätskennzahlen, nicht jede Qualitätskennzahl jedoch ein Qualitätsindikator. Im Folgenden wird der Einfachheit halber von Qualitätskennzahlen die Rede sein.

Vorteile und Grenzen des Kennzahleneinsatzes

Angesichts der Komplexität der Qualität personenbezogener Dienstleistungen sind die Vorteile und gleichzeitig Grenzen des Einsatzes von Qualitätskennzahlen zu beachten. Qualitätskennzahlen reduzieren Komplexität und machen qualitätsrelevante Sachverhalte einer Steuerung grundsätzlich zugänglich. Gleichzeitig ist die Steuerungserwartung aufgrund der starken Vereinfachung realer Zusammenhänge realistisch einzuschätzen. Qualitätskennzahlen sind notwendige Hinweise, die vielfach weiterer Analysen bedürfen.

6. Implementierung und Steuerung von Qualitätsmanagement

So ist die Zunahme von Beschwerdeeingängen von Bewohner/innen eines Altenheims ein Signal für die verantwortliche Leitung, aktiv zu werden, und je nach Art der Beschwerde persönliche Gespräche zu führen, um die Problemzusammenhänge besser zu verstehen und gezielte Maßnahmen ergreifen zu können.

Folgende Qualitätskennzahlen sind zu unterscheiden:

Absolute und relative Kennzahlen

- Absolute Qualitätskennzahlen – oder auch Grundzahlen – sind einfache Maßzahlen, ohne Bezug zu anderen Werten, vor allem als Summe (Häufigkeit, Anzahl), Differenz oder Mittelwert. Einfache Qualitätskennzahlen sind im Qualitätsmanagement grundsätzlich von Nachteil, da Bezugsgrößen fehlen und die Vergleichbarkeit von Soll- und Ist-Forderungen dadurch erschwert ist.

- Daher werden im Qualitätsmanagement vor allem relative Qualitätskennzahlen – oder auch Verhältniszahlen – verwendet. Als relative Qualitätskennzahlen werden Gliederungs-, Beziehungs- und Indexkennzahlen unterschieden. Gliederungskennzahlen bezeichnen das Verhältnis einer Teil- zur Gesamtgröße, wie beispielsweise die Abbruchquote von Heimunterbringungen im Verhältnis zu allen Unterbringungen innerhalb eines Zeitraums. *Beziehungskennzahlen* vergleichen Teil- und Gesamtgröße unterschiedlicher Datenherkunft, z. B. die Anzahl der Fachkräfte je Betreuungseinheit. Schließlich können *Indexkennzahlen* gebildet werden. Einfache Indexkennzahlen vergleichen Indikatoren in Bezug auf Zeiträume, wie etwa die Neuaufnahmen im Januar des laufenden Jahres zu den Neuaufnahmen des gleichen Monats im vorangegangenen Jahr. Zusammengesetzte Indizes kombinieren unterschiedliche Indikatoren. So setzt sich etwa der Arbeitszufriedenheitsindex aus mehreren additiv gewichteten Einzelindikatoren, wie z. B. Arbeitssicherheit, Arbeitsbedingungen und Entwicklungsmöglichkeiten zusammen.

Qualitätskennzahlen müssen grundlegenden Anforderungen genügen (vgl. Hafner & Polanski, 2009, S. 32; Hensen, 2019, S. 209 f.; Herrmann & Fritz, 2021, S. 118 f.):

Anforderungen an Kennzahlen

- **Relevanz** und **Nutzen**: Qualitätskennzahlen müssen in Bezug zu Qualitätszielen stehen, um grundsätzlich eine sinnvolle Steuerung zu ermöglichen. In diesem Zusammenhang ist Klarheit über den inhaltlichen Informationswert und dessen Bedeutung herzustellen. Die zentralen Qualitätskriterien bzw. -merkmale sind zu bestimmen.

- **Methodische Genauigkeit, Wissenschaftlichkeit und Unterscheidungsfähigkeit**: Technisch sind Berechnungsgrundlage sowie Erhebungs- und Dokumentationsmodus genau festzulegen. Dabei gelten – gerade im Gesundheitsbereich – auch wissenschaftliche Gütekriterien. Qualitätskennzahlen müssen Qualitätsmerkmale valide und reliabel abbilden, Messunterschiede sind präzise zu erfassen (Diskriminationsfähigkeit).

- **Durchführbarkeit und Praktikabilität**: Qualitätskennzahlen sollen nicht nur inhaltlich klar verständlich, sondern auch ohne mit angemessenem Aufwand zu erheben sein.

- **Ziel-, Richtwert**: Notwendig ist vor allem auch, dass zur Beurteilung von Qualitätskennzahlen Richt- oder Zielwerte benannt werden. Nur auf der Basis dieser Zielorientierung ist eine systematische Steuerung möglich.

- **Gezielte Steuerung**: Letztlich bedarf es Festlegungen hinsichtlich des Umgangs mit ermittelten Daten, einschließlich potenziell daraus abzuleitender Maßnahmen.

Die Entwicklung von Qualitätskennzahlen erfolgt stufenweise: Zunächst sind die kritischen Qualitätsmerkmale zu bestimmen und passende Qualitätskennzahlen zu bilden.

Entwicklung von Qualitätskennzahlen

6.6 Qualitätsmessung und -bewertung

Qualitätskennzahlen müssen durch Qualitätsziele und Zielwerte präzisiert werden. Ein geeignetes Messverfahren muss festgelegt werden und schließlich müssen aus der Datenerhebung und -bewertung Steuerungsmaßnahmen erfolgen.

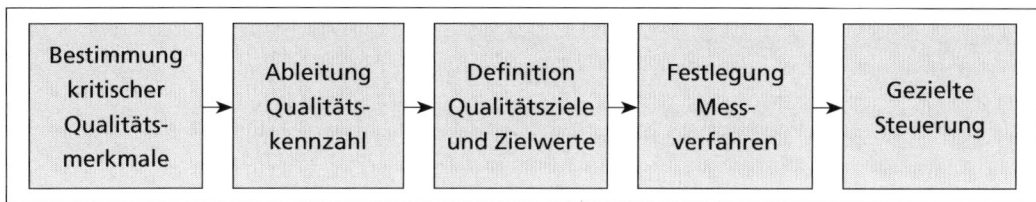

Abb. 69: Prozess der Entwicklung von Qualitätskennzahlen

6.6.3 Verfahren der Qualitätsmessung

Unter Verfahren der Qualitätsmessung werden alle Vorgehensweisen verstanden, um qualitätsrelevante Daten zu erheben. Allgemein steht hier das ganze Spektrum wissenschaftlicher Methoden zur Verfügung.

Zur Systematisierung möglicher Messverfahren zur Erfassung der Qualität in sozialwirtschaftliche Organisationen bietet sich an, von Qualitätsperspektiven auszugehen (vgl. Zollondz et al., 2016, zit. in Bruhn, 2021, S. 71). Einmal kann Qualität direkt aus Sicht der Leistungsempfangenden erfasst werden. Daneben ist die Perspektive der Organisation einzunehmen, wobei zwischen Management und Fachkräften unterschieden wird.

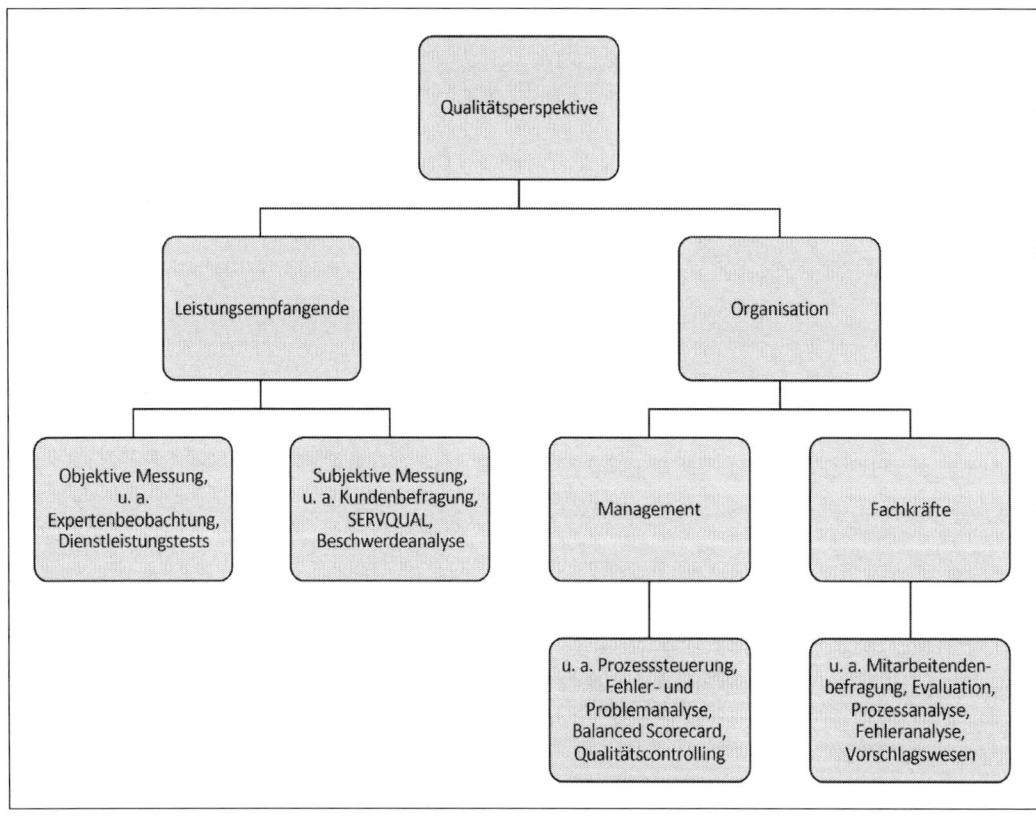

Abb. 70: Messverfahren nach Qualitätsperspektive

Qualität aus Sicht der Leistungsempfangenden kann durch objektive oder subjektive Verfahren ermittelt werden. Zu den subjektiven Messverfahren zählen u. a. Kundenbefragungen, verschiedene Feedbackmethoden, Beschwerdeanalysen oder spezielle Methoden wie das Kano-Modell oder das Instrument SERVQUAL. Objektivierte Messansätze, wie u. a. Expertenbeobachtungen oder Dienstleistungstests, zielen darauf ab, Qualität aus Kundensicht zu ermitteln und gleichzeitig intersubjektive Überprüfbarkeit zu gewährleisten.

Qualität aus Sicht der Leistungsempfangenden

Leistungsqualität aus Sicht des Managements fokussiert auf Strukturen, Standards und die Umsetzung externer Vorgaben mit dem Ziel, kunden- beziehungsweise nutzerorientierte Qualitätserwartungen im Dienstleistungsprozess zu realisieren. Methodisch können unter anderem Fehler- und Prozessanalysen oder die Erfassung von Qualitätskosten angeführt werden. Auf strategischer Ebene kommen Methoden wie die Balanced Scorecard zum Einsatz. Insgesamt stellt das Qualitätscontrolling einen zentralen methodischen Ansatz dar, um über die Ermittlung von Qualitätsindikatoren zu steuern.

Qualität aus Sicht des Managements

Die Qualität aus fachlicher Perspektive der Fachkräfte hat eine besondere Relevanz bei der Einschätzung von Leistungsqualität. Fachpersonal hat einmal direkten Kontakt mit Leistungsempfangenden und die größte Erfahrung in der Einschätzung von Leistungsqualität. Die Qualität aus Sicht der Fachkräfte wird etwa über Evaluationsverfahren und im Kontext operativer Prozesssteuerung erfasst. Dabei spielen auch Ansätze der Fehleranalyse eine wichtige Rolle. Schließlich sind auch Methoden der Festlegung fachlicher Qualität über Qualifikations- und Kompetenzprofile zu nennen, womit eine Verbindung zur Personalentwicklung gegeben ist.

Qualität der fachlichen Leistung

6.7 Qualitätscontrolling

In den bisherigen Ausführungen wurde deutlich, dass im Rahmen von Qualitätsmanagement in hohem Maße Daten zu erheben und Informationen zu managen sind. Daher ist eine Verknüpfung von Qualitätsmanagement und Controlling naheliegend.

6.7.1 Controlling und Qualitätscontrolling

Der englischsprachige Begriff Controlling wird in der Regel mit Steuern oder Lenken übersetzt und nach gängiger Lehrmeinung als zentrale Managementaufgabe eingestuft. Die grundlegende Aufgabe des Controllings ist zunächst, Sachverhalte, die aus Managementsicht einer Steuerung bedürfen, durch die systematische Bereitstellung von Informationen einer zielführenden, systematischen Steuerung zugänglich zu machen. Das „klassische" Controlling basiert(e) auf dem Rechnungswesen und fokussiert(e) im Wesentlichen Fragen der Finanzierung. Modernes Controlling umfasst als weitere Funktionen Planung, Koordination und Kontrolle.

Begriff Controlling

Controlling ist daher Steuerung auf der Basis von Information, Planung, Koordination und Kontrolle (vgl. Bono, 2006, S. 9; Bachert, 2010, S. 25; Fischer, Möller, & Schultze, 2012, S. 22).

Es zeigt sich an dieser Stelle, dass Controlling eine ähnliche Logik ausweist, wie der kontinuierliche Verbesserungsprozess im Qualitätsmanagement. Sowohl Qualitätsmanagement als auch Controlling folgen den gleichen Phasen:

6.7 Qualitätscontrolling

Analyse und Entscheidungsfindung – Zielentwicklung und Planung – Umsetzung – Kontrolle und Anpassung.

Schlüsselelement des Vorgehens ist dabei die Operationalisierung von Entscheidungen und Zielen durch Kennzahlen.

Begriff Qualitätscontrolling

Qualitätscontrolling bezeichnet die systematische Versorgung des Qualitätsmanagements mit Informationen zur Berücksichtigung von Qualitätsforderungen, zur Planung und Erreichung von Qualitätszielen und zur Kontrolle ihrer Einhaltung sowie die damit zusammenhängenden koordinierenden Aktivitäten. Es sind also nicht nur die wertschöpfenden Leistungsprozesse im Blickfeld der Steuerung, sondern auch die Effektivität und Effizienz des Qualitätsmanagementsystems selbst.

Im Allgemeinen wird zwischen strategischem und operativem Qualitätscontrolling unterschieden (vgl. Schmitt & Pfeifer, 2015, S. 322 ff.; vgl. Bruhn, 2013, S. 432 ff.; vgl. Vomberg, 2010, S. 259):

- Das **strategische Qualitätscontrolling** hat die Aufgabe, die strategische Zielplanung und Strategieentwicklung im Qualitätsmanagement zu überprüfen. Dies geschieht durch die Identifikation relevanter Einflussgrößen und die Entwicklung geeigneter Qualitätskennzahlen.

- Das **operative Qualitätscontrolling** unterstützt die Realisierung der strategischen Planung in der Zusammenführung von Qualitätsmanagement und Controlling.

6.7.2 Elemente des Qualitätscontrolling

Nachdem Qualitätscontrolling funktional bestimmt wurde, ist nun zu klären, wie es konzeptionell umgesetzt werden kann. Als gedankliche Vorlage dienen dabei die Überlegungen Bruhns (vgl. 2013, S. 431 f.) sowie Pfeifers und Schmitts (vgl. 2015, S. 98).

Grundsätzlich wird dem Qualitätsmanagementsystem ein Qualitätscontrollingsystem gegenübergestellt. Damit ist noch keine Festlegung der organisationalen Integration des Qualitätscontrollings vorgenommen. Die Überlegungen zum Qualitätscontrolling werden in diesem Rahmen prinzipiell auf funktionaler Ebene angestellt. Die Frage der konkreten Verortung des Qualitätscontrollings in der Aufbau- und Ablauforganisation muss unternehmensspezifisch geklärt werden.

Konzeptionelle Verbindung Qualitätscontrolling und QM

Das Qualitätsmanagement bildet sich, wie bereits beschrieben, zunächst in der Primär- und Sekundärorganisation ab (siehe 6.2.1). Darüber hinaus ist die Ebene der normativen und strategischen Qualitätsplanung zu benennen sowie die operative Umsetzung in Form von Prozessmanagement.

Demgegenüber setzt sich das Qualitätscontrolling aus einem Informationssystem sowie aus einem Planungs- und Kontrollsystem zusammen.

Das Qualitätsmanagement als Ganzes bzw. die Qualitätsfähigkeit der Organisation insgesamt werden durch regelmäßige Selbst- und Fremdbewertungsprozesse überprüft (siehe 4.1.8 „Auditierung und Zertifizierung" sowie 4.3.4 „Anwendungsoptionen des EFQM-Modells"). Aus der Systemkontrolle werden auch Ansätze und Möglichkeiten der Qualitätsverbesserung abgeleitet. In der Phase der operativen Umsetzung dienen Instrumente des Monitorings, der Dokumentation und des Reportings einer kontinuierlichen

Kontrolle der Qualitätsforderungen. Die Balanced-Scorecard nimmt dabei eine übergeordnete Funktion ein und wird gesondert dargestellt (siehe 6.7.3 „Controlling über die Balanced Scorecard").

Zentrales Element ist das qualitätsbezogene Informationssystem. Qualitätsrelevante Informationen, insbesondere Qualitätskennzahlen und -indikatoren, entstammen dabei unterschiedlichen Quellen. Risiko-, Beschwerde- und Fehlermanagement als funktionale Schnittstellen zum Qualitätsmanagement werden in Kapitel 8 dargestellt.

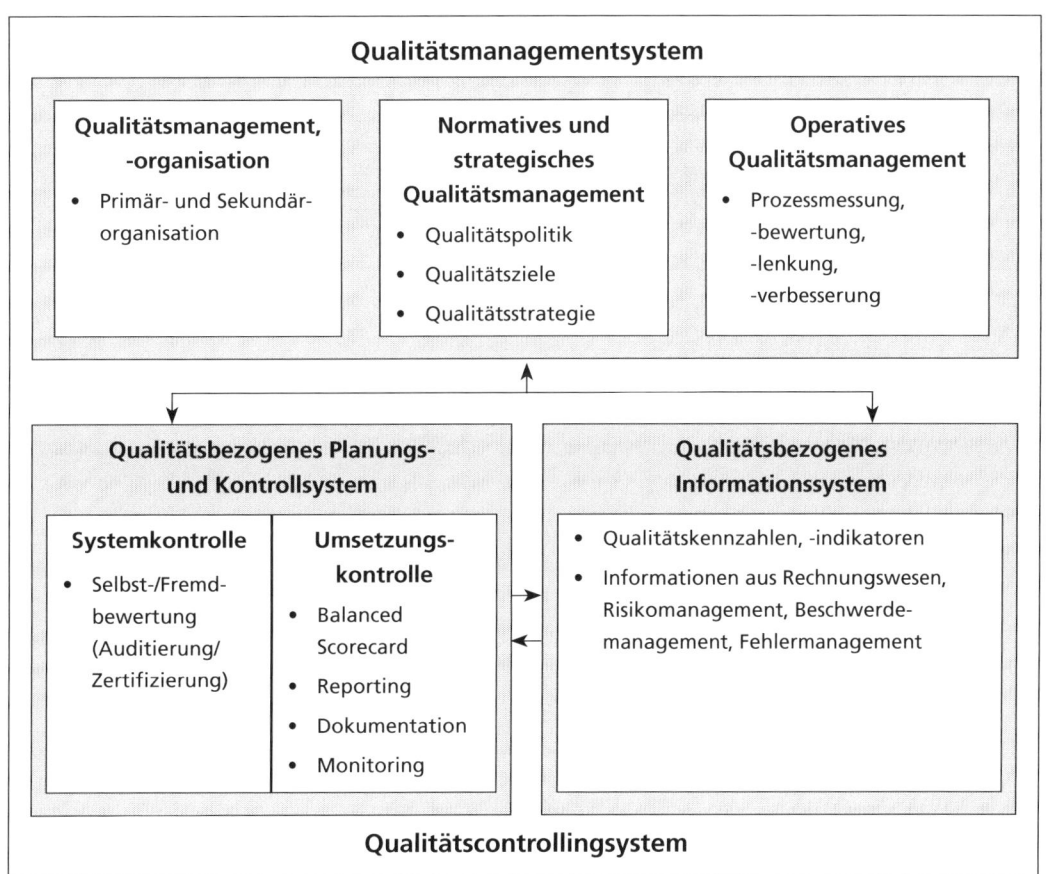

Abb. 71: Konzeptionelle Verbindung Qualitätscontrolling und Qualitätsmanagement (in Anlehnung an Bruhn, 2013, S. 431)

Qualitätscontrolling unterstützt das Qualitätsmanagementsystem durch Bereitstellung von Informationen, im Wesentlichen in Form von Qualitätszahlen bzw. -indikatoren. Die notwendigen Daten werden dabei weitestgehend dem Rechnungswesen entnommen. Darüber hinaus werden relevante Informationen auch aus anderen Managementbereichen eingespeist, insbesondere dem Risiko-, Beschwerde- oder Fehlermanagement; diese werden in Kapitel 8 dargestellt. Alle Informationen werden im Rahmen eines qualitätsbezogenen Planungs- und Kontrollsystems aufbereitet und zur Verfügung gestellt.

Unterstützungsfunktion durch Informationen

6.7 Qualitätscontrolling

6.7.3 Controlling über die Balanced Scorecard

Werkzeug im Rahmen der Strategieentwicklung

Die Balanced Scorecard (= ausgewogener Berichtsbogen) ist ein Controllinginstrument, das Auftrag und Vision von Unternehmen mit einer zielführenden Strategieentwicklung und -implementierung verknüpft. Orientiert an der Unternehmensvision werden für jede Strategieperspektive Ziele, passende Kennzahlen, Vorgaben bzw. Zielwerte sowie Maßnahmen zur Zielerreichung entwickelt.

Kaplan und Norton (1997) entwarfen die Balanced Scorecard als Alternative zu klassischen Kennzahlensystemen. Diese sind primär vergangenheitsorientiert und auf wirtschaftliche Daten beschränkt. Die Balanced Scorecard erweitert die strategische Planung um weitere zentrale Felder. In der originalen Balanced Scorecard werden folgende vier Strategieperspektiven unterschieden: Finanzwirtschaftliche Perspektive, Kundenperspektive, interne Prozessperspektive und Lern- und Entwicklungsperspektive (Kaplan & Norton, 1997). Die Ausgewogenheit des Berichtsbogen entsteht dabei prinzipiell durch die Berücksichtigung externer und interner Planungsperspektiven, durch Ergänzung finanzieller durch nichtfinanzielle, qualitative Strategieperspektiven und durch die Kombination retrospektiver und zukunftsgerichteter Kenngrößen (vgl. Stoll, 2013)

Anpassungen für Sozialunternehmen

Die Balanced Scorecard wurde für den Profitbereich konzipiert, so dass eine Anpassung für sozialwirtschaftliche Unternehmen sinnvoll und notwendig ist (vgl. Vomberg, 2010, S. 285 f.; vgl. Stoll, 2013, S. 95 ff.). Eine einheitliche Vorgehensweise ist dabei in der Literatur nicht zu finden. In jedem Fall sind jedoch die Sachziele anstelle der Gewinnorientierung sowie die fehlende Kundenautonomie zu berücksichtigen.

- **Finanzperspektive**: Kaplan und Norton messen der Finanzperspektive eine zentrale Funktion zu. „Die finanzwirtschaftlichen Ziele dienen als Fokus für die Ziele und Kennzahlen aller anderen Scorecard-Perspektiven" (1997, S. 46). Finanzielle Ziele sollen in Sozialunternehmen grundsätzlich die Auftragserfüllung wirtschaftlich absichern. Insofern ist die Finanzperspektive in sozialwirtschaftlichen Organisationen ebenso unverzichtbar, insbesondere mit Blick auf die Beschaffung notwendiger finanzieller Ressourcen. Der Stellenwert insgesamt ist jedoch nicht prioritär zu sehen.

- **Kundenperspektive (Stakeholderperspektive)**: Wie bereits diskutiert, ist der Kundenbegriff im Bereich der Sozialwirtschaft kritisch zu reflektieren bzw. es sollte in einem weiteren Sinne von Anspruchsgruppen oder Stakeholdern gesprochen werden. Die in diesem Kontext relevanten Interessen, Ziele bzw. Qualitätsforderungen stehen vielfach in einem Spannungsverhältnis zueinander. Entscheidend ist, für den Einsatz der Balanced Scorecard die jeweils strategisch relevanten Anspruchsgruppen eindeutig festzulegen.

- **Interne Prozessperspektive:** Die Prozessperspektive richtet sich auf die Frage, inwieweit interne Abläufe den Interessen und Anforderungen von Stakeholdern gerecht werden. Besondere Bedeutung kommt dabei den erfolgskritischen Prozessen oder Schlüsselprozessen zu, also diejenigen Abläufe, die vor allem Wirkung auf die Leistungnehmenden und deren Interessen und Anforderungen entfalten. Dies sind im Wesentlichen die Prozesse der Leistungserstellung selbst.

- **Lern- und Entwicklungsperspektive**: Die Lern- und Entwicklungsperspektive fokussiert die langfristige Veränderungs- und Anpassungsfähigkeit eines Unternehmens im Sinne einer lernenden Organisation (vgl. Kaplan & Norton, 1997, S. 121). Kaplan

6. Implementierung und Steuerung von Qualitätsmanagement

und Norton subsumieren unter der Lern- und Entwicklungsperspektive insbesondere „Mitarbeiterpotentiale, Potentiale von Informationssystemen sowie Motivation, Empowerment und Zielausrichtung" (ebd.). „Hierbei werden [prinzipiell; der Verf.] sowohl Menschen und Prozesse als auch das gesamte System in den Blick genommen" (Vomberg, 2010, S. 286). Stoll betont – mit Blick auf die Rolle des Personals – als zentralen Faktor bei der Leistungserstellung die Relevanz von Mitarbeitendenförderung und Personalentwicklung.

Die Balanced Scorecard kann in mehrfacher Hinsicht mit Qualitätsmanagement verknüpft werden. Stoll zeigt die Verbindungen, insbesondere auch für sozialwirtschaftliche Organisationen, wie folgt auf (vgl. 2013, S. 153 ff.): Die Balanced Scorecard fungiert als „qualitätssichernde bzw. -entwickelnde Maßnahme des Managements, da geplant und zielgerichtet vorgegangen wird und übernimmt damit gleichzeitig die Funktion eines Managements- und Qualitätsinstruments" (ebd., S. 153).

Verknüpfung mit Qualitätsmanagement

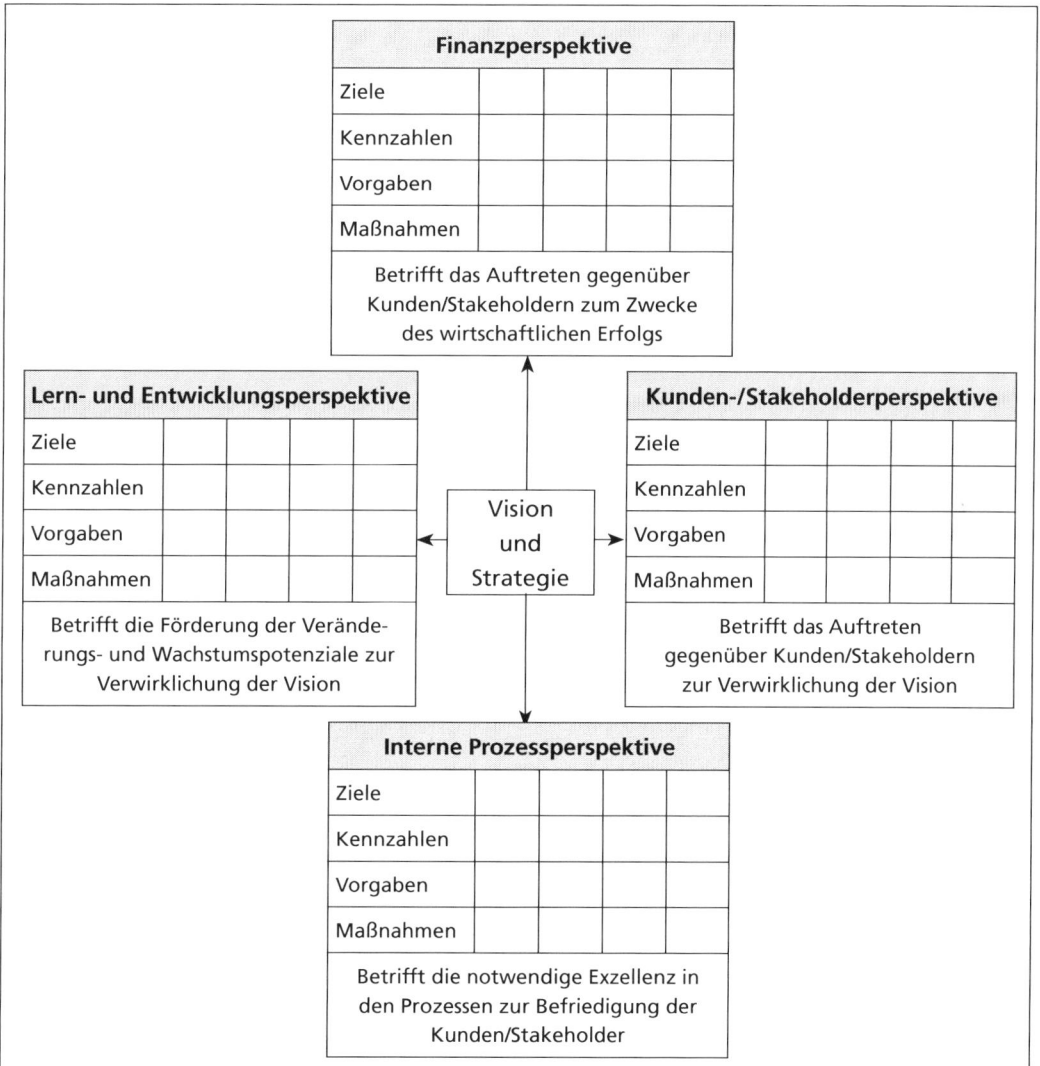

Abb. 72: Strategiefelder der Balanced Scorecard (mod. Kaplan, Norton, 1997, S. 9)

Die gezielte Operationalisierung strategischer Ziele erhöht die Transparenz von Planungen und dient damit letztlich der Überprüfung von Managementhandeln. Mit Bezug-

Zum Qualitätscontrolling einsetzbar

6.7 Qualitätscontrolling

nahme auf Lachhammer (2000) ist die Balanced Scorecard, so Stoll, auch im Sinne von Qualitätscontrolling einsetzbar, und zwar dergestalt, „da es mit ihr möglich ist, den definierten qualitätsrelevanten Eigenschaften und Eignungen der Kernprozesse der Sozialen Organisationen Quality Control Points (= Kennzahlen) sowie Zielniveaus und -toleranzen zuzuordnen" (Stoll, 2013, S. 154). In diesem Sinne stellt die Balanced Scorecard schließlich ein „rahmengebendes bzw. andere Qualitätsmanagementsysteme ergänzendes Qualitätsinstrument dar" (ebd.). Die Balanced Scorecard eignet sich insofern als Rahmen für Qualitätsmanagement, als sie grundsätzlich „strategisch und visionär ausgerichtet ist und Qualitätsmanagement letztlich die operative Umsetzung strategischer Leitlinien zum Ziel hat (ebd.). Qualitätsmanagementsysteme wie EFQM oder DIN EN ISO 9001:2015 können der Balanced Scorecard komplementär zu- oder auch untergeordnet werden, in dem die relevanten Qualitätsziele und verwendeten Qualitätsindikatoren durch die Balanced Scorecard koordiniert und gesteuert werden (vgl. ebd., S. 155 ff.).

7. Qualitätswerkzeuge

Qualitätsmanagement greift auf ein breites Spektrum an Methoden und Werkzeugen zurück. Sehr differenzierte und umfangreiche Darstellungen finden sich in Schmitt & Pfeiffer (2015), Benes & Groh (2017) und vor allem in Kamiske (2015). Die Mehrzahl der Methoden und Werkzeuge basiert auf dem Einsatz statistischer Daten. In diesem Rahmen wird – dem Anspruch einer Einführung im Qualitätsmanagement entsprechend – eine gezielte Auswahl getroffen. Für die Wahl war die Übertragbarkeit bzw. Anwendbarkeit der jeweiligen Methode in sozialwirtschaftlichen Organisationen maßgebend.

Einige Methoden, also bestimmte systematische Vorgehensweisen, wurden im thematischen Kontext bereits dargestellt, so das Kano-Modell (vgl. 2.2.3), der Qualitätszirkel (vgl. 6.2.3) oder die Balanced-Scorecard (vgl. 6.7.3). Die folgende Darstellung konzentriert sich auf Qualitätswerkzeuge, also unmittelbar anwendbare Hilfsmittel in der Qualitätsarbeit.

7.1 Fischgrätendiagramm

Das Ursache-Wirkungs-Diagramm (Ishikawa-Diagramm bzw. Fischgrätendiagramm) wurde von Kaoru Ishikawa erfunden (vgl. 1986, S. 18 ff.). Es ist ein Qualitätswerkzeug, um Kausalitätsbeziehungen von Problemen zu analysieren, und gilt in der Literatur als eine der bekanntesten Qualitätswerkzeuge.

Analyse Problemursachen

Ishikawa führte Qualitätsschwankungen zunächst auf fünf (1985), später auf vier (1986) grundsätzliche Faktoren zurück:

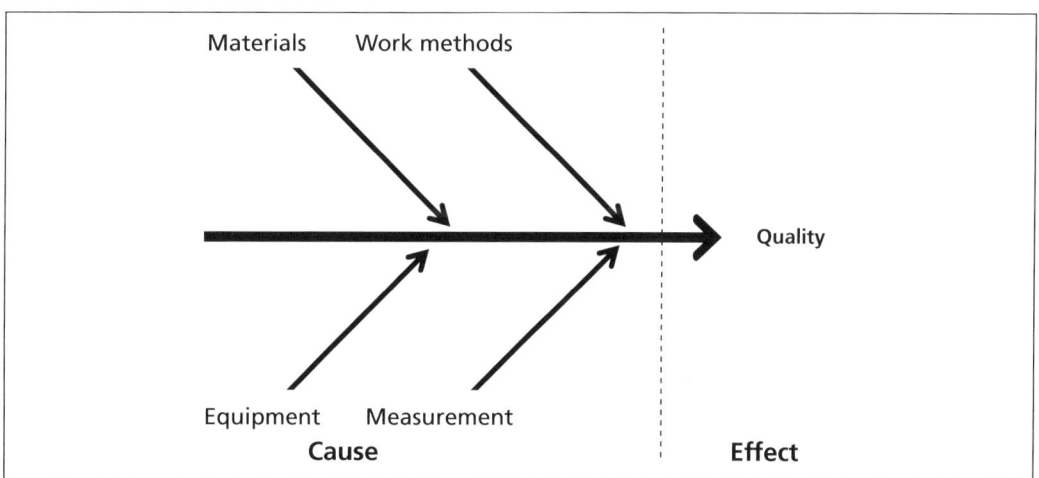

Abb. 73: Cause-and-effect diagram (Ishikawa, 1986, S. 19)

Er wies darauf hin, dass das Ursache-Wirkung-Diagramm auf die jeweilige Organisation angepasst werden müsse (1986). In der Fachliteratur hat sich die Darstellung des Fischgrätendiagramms letztlich mit sieben Ursachenkategorien etabliert:

Anpassung, Weiterentwicklung

Management – Mensch – Methode – Material – (Mit-)Umwelt – Maschine – Messbarkeit.

Grundsätzlich können die Bezeichnungen sowie die Zahl der Ursachenkategorien variiert werden.

Das Ursache-Wirkungs-Diagramm wird in der Regel im Team bzw. im Qualitätszirkel eingesetzt. Die Entwicklung des Diagramms folgt nach Ishikawa einer bestimmten methodischen Abfolge (vgl. Ishikawa, 1986, S. 19 f.).

Einsatz im Team, Qualitätszirkel

7.1 Fischgrätendiagramm

Anwendungsbeschreibung

Der eigentlichen Arbeit mit dem Ishikawa-Diagramm geht eine Problembeschreibung voraus. Zuerst wird das erkannte und zu lösende Problem an der Pfeilspitze notiert. Dann werden, mit Blick auf das beschriebene Problem, mögliche Hauptursachen ermittelt und die Hauptpfeile entsprechend benannt. Es folgt abschließend eine Zuordnung der möglichen Bedingungsfaktoren zu den Hauptursachen. Komplexere Probleme können auch in Teilprobleme gegliedert werden. Die Ursachensammlung wird vielfach auch durch den Einsatz von Kreativitätstechniken wie Brainstorming unterstützt. Die systematisierten Ursachen werden in einem weiteren Schritt genauer bewertet und priorisiert.

Nachfolgend wurde das Fischgrätendiagramm beispielhaft auf ein mögliches Teamproblem („Unzufriedenheit im Team") übertragen. Die Hauptursache „Leitung überfordert" könnte weiter differenziert werden. So könnte die Überforderung mit einer fehlenden Qualifizierung zur Vorbereitung auf die Führungsaufgabe zusammenhängen oder auf eine seit Längerem unbesetzte Stelle im Sekretariat zurückzuführen sein.

Beispiel: Unzufriedenheit im Team

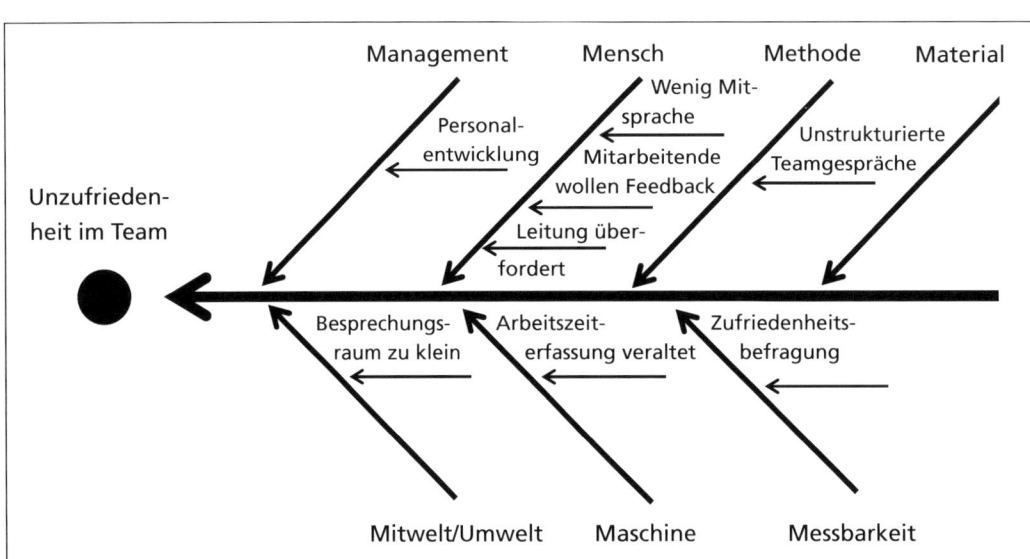

Abb. 74: Fischgrätendiagramm am Beispiel eines Teamproblems

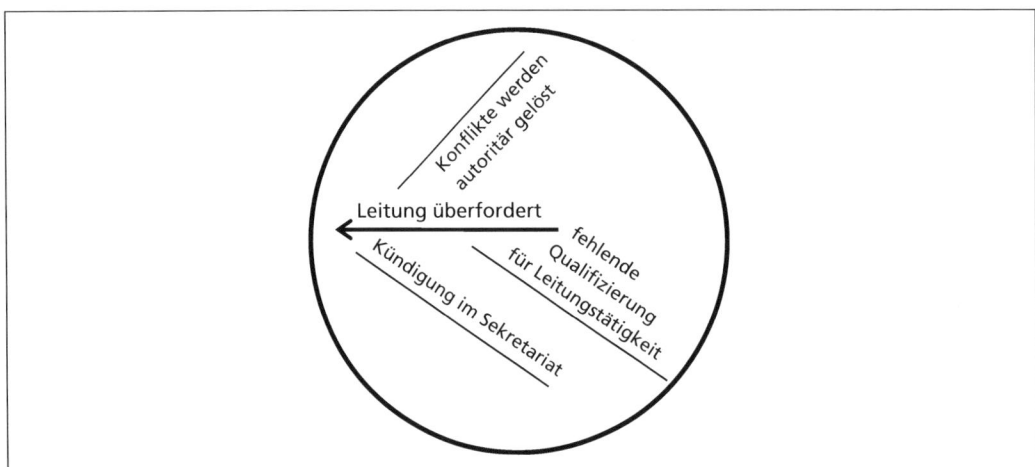

Abb. 75: Detaildarstellung der Hauptursache „Leitung überfordert"

7. Qualitätswerkzeuge

7.2 Fehlersammelkarte

Die Fehlersammelkarte (check sheet) wurde ebenfalls von Ishikawa eingeführt (1986, S. 3 ff.). Fehlersammelkarten sind Formulare, mit deren Hilfe Fehler im Kontext von Produkten und Prozessen erfasst und dokumentiert werden. Dabei werden vor allem Art und Häufigkeit von Fehlern aufgeführt sowie deren Zuordnung im Leistungsprozess. Mit Einführung der Fehlersammelkarte können auch die Art der Fehlererhebung und die verantwortliche(n) Person(en) bestimmt werden.

Dokumentation, Analyse von Fehlern

Eine wichtige Vorarbeit im Zusammenhang mit der Fehlersammelkarte ist neben der differenzierten Analyse möglicher Fehler auch die nachfolgende Diskussion und Bewertung der dokumentierten Ergebnisse.

Prozess: Berichterstellung		Prüfverantwortlich: Gruppenleitung Datum:			
Nr.	Fehlerart Zeitraum	Woche 1	Woche 2	Woche 3	Woche 4
1	zu späte Abgabe				
2	fehlende Unterschrift				
3	falsches Formular				
4	fehlende Anonymisierung				
5	nicht verifizierte Angaben				
6	Sonstiges				

Beispiel: Probleme bei der Berichterstellung

Abb. 76: Beispiel für eine Fehlersammelkarte

7.3 Relationendiagramm

Das Relationendiagramm ist ein Werkzeug, um Probleme qualitativ zu analysieren. Mit dem Relationendiagramm ist es möglich, unterschiedliche Sichtweisen und Einflussfaktoren von Problemen und deren Wechselwirkungen darzustellen (vgl. Benes & Groh, 2017, S. 280 f.; vgl. Schmitt & Pfeifer, 2015, S. 524 f.).

Qualitative Analyse

Zunächst muss eine konsensfähige Problembeschreibung, -definition bzw. Fragestellung formuliert werden. Diese wird in die Mitte einer Pinnwand, eines Whiteboards etc. gesetzt. Im nächsten Schritt werden möglichst viele Einflussfaktoren gesammelt und auf Karten festgehalten. Dabei können andere Kreativitätstechniken, wie Brainstorming, unterstützend eingesetzt werden.

Gemeinsame Problemdefinition, Sammlung Einflussfaktoren

Die gesammelten Einflussfaktoren werden um das Problem herum gruppiert und dann die Relationen zwischen den Einflussfaktoren mittels Pfeilen markiert. Eingehende Pfeile stellen Wirkungen, ausgehende Pfeile Ursachen dar. Pfeile werden dabei jeweils

7.4 SERVQUAL

nur in eine Richtung dargestellt. Im Konfliktfall muss eine Entscheidung getroffen werden. Abschließend sind die Hauptwirkungen, dargestellt durch die meisten eingehenden Pfeile, sowie Hauptursachen, dargestellt durch die meisten ausgehenden Pfeile, kenntlich zu machen und das Gesamtergebnis zu diskutieren.

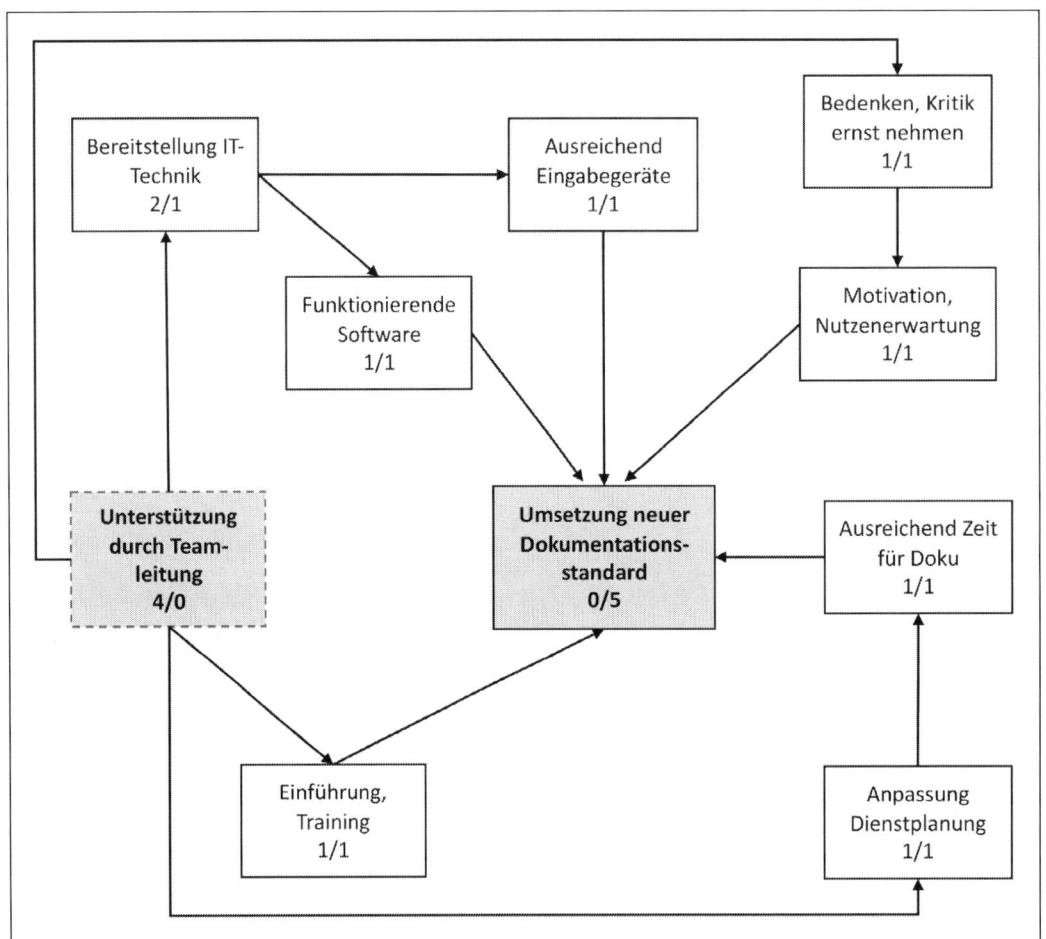

Abb. 77: Beispielhafte Darstellung eines Relationendiagramms

7.4 SERVQUAL

Fragebogentechnik zur Erhebung von Kundenzufriedenheit

Das Erhebungsinstrument SERVQUAL wurde von Parasuraman, Berry und Zeithaml (1991; 1988b) auf der Basis des GAP-Modells entwickelt (siehe 2.2.2 „Das Modell der Dienstleistungsqualität nach Parasuraman et al."). SERVQUAL steht für Service Quality.

Es handelt sich dabei um eine Fragebogentechnik, um Kundenzufriedenheit zu erheben. Die Autoren ermittelten im Zuge Ihrer Forschungen fünf Dimensionen, die für Servicequalität kennzeichnend sind: Materielles Umfeld, Zuverlässigkeit, Entgegenkommen, Souveränität und Einfühlungsvermögen. Diese Dimensionen werden mittels einer siebenstufigen Doppelskala erfasst – zunächst die Sollerwartungen an die Dienstleistungsleistungsqualität und dann die tatsächlich wahrgenommene Leistung. Abschließend wird ein Differenzwert berechnet, um daraus Ansatzpunkte für Verbesserungen abzuleiten.

7. Qualitätswerkzeuge

Qualitätserwartung (Expectation)	Qualitätswahrnehmung (Perception)
E1. They should have up-to-date equipment.	P1. XYZ has up-to-date equipment.
1 2 3 4 5 6 7	1 2 3 4 5 6 7
E2. Their physical facilities should be visually appealing.	P2. XYZ's physical facilities are visually appealing.
1 2 3 4 5 6 7	1 2 3 4 5 6 7
E3. Their employees should be well dressed and appear neat.	P3. XYZ's employees are well dressed and appear neat.
1 2 3 4 5 6 7	1 2 3 4 5 6 7
E4. The appearance of the physical facilities of these firms should be in keeping with the type of services provided.	P4. The appearance of the physical facilities of XYZ is in keeping with the type of services provided.
1 2 3 4 5 6 7	1 2 3 4 5 6 7

Abb. 78: Beispielhafter Auszug aus der SERVQUAL-Doppelstufenskala (vgl. Parasuraman, Zeithaml & Berry, 1988b, S. 38)

Die SERVQUAL-Methode wird teilweise auch kritisch bewertet. Moniert wird etwa, dass die Frage nach Qualitätserwartungen im Grunde nicht operationalisiert werden kann, daher häufig idealisierende Antworten gegeben werden und eine Realisierung damit unrealistisch erscheint (vgl. Hensen, 2019, S. 395; Bruhn, 2013, S. 133). *Kritik*

Im praktischen Einsatz des Erhebungsinstruments werden daher mitunter Modifikationen vorgenommen (vgl. Bruhn, 2013, S. 134). Beispielsweise werden Qualitätserwartungen nicht je Item eingeschätzt, sondern insgesamt eine Gesamtpunktzahl verteilt und damit eine Gewichtung erzwungen. Trotz der Kritik findet die SERVQUAL-Methode aufgrund der „Ganzheitlichkeit und Einfachheit der Rangfolgenbildung" und „des hohen Praxisbezugs" un gebrochen Anwendung (vgl. ebd.).

7.5 SIPOC-Analyse

SIPOC steht für Supplier Input Process Output Customer. Es ist ein Qualitätswerkzeug der Prozessanalyse und des Managementansatzes Six Sigma. Es dient der Analyse aller relevanten Kunden-Lieferanten-Beziehungen im Kontext eines Prozesses und der Entwicklung eines gemeinsamen Prozessverständnisses (vgl. Schmitt & Pfeifer, 2015, S. 594 ff.). *Werkzeug zur Prozessanalyse*

Exkurs: Six Sigma wurde als Qualitätstechnik ursprünglich von Motorola entwickelt, um mittels statistischer Verfahren im gesamten Produktionsprozess Fehler zu verringern (vgl. Köhler, Frank, & Schmitt, 2014, S. 258; vgl. Leyendecker, 2016, S. 1077). Die Namensgebung hing dabei mit dem statistischen Schlüsselwert „σ" als Streuungsmaß von Fehlern *Six Sigma*

7.5 SIPOC-Analyse

zusammen. Six Sigma wurde weiterentwickelt und gilt heute als strategischer Ansatz im Qualitätsmanagement, verbunden mit einem eigenständigen Führungssystem. Im Zentrum von Six Sigma steht dabei, so Zollondz, nicht zwingend die statistisch nachweisbare Fehlerreduktion, sondern die systematische, zielgerichtete und projektorientierte Arbeitsweise zur Optimierung von Prozessen (vgl. 2011, S. 403). Insofern ist Six Sigma auch im Bereich der Sozialwirtschaft anwendbar. Einzelne Qualitätstechniken werden in diesem Lehrbuch vorgestellt.

Arbeitsschritte von SIPOC

Die einzelnen Arbeitsschritte von SIPOC können folgendermaßen beschrieben werden (vgl. Schmitt & Pfeifer, S. 595 f.):

- **Process**: Der Gesamtprozess wird festgelegt, insbesondere Anfangs- und Endpunkt. Der Prozess wird in Teilprozesse gegliedert.
- **Input**: Alle relevanten Eingaben des Prozesses werden erfasst.
- **Supplier**: In Verbindung mit den Eingaben werden die internen und externen Lieferanten benannt.
- **Output**: Die Prozessergebnisse sind zu ermitteln.
- **Customer**: Interne und externe Kunden müssen ermittelt werden.

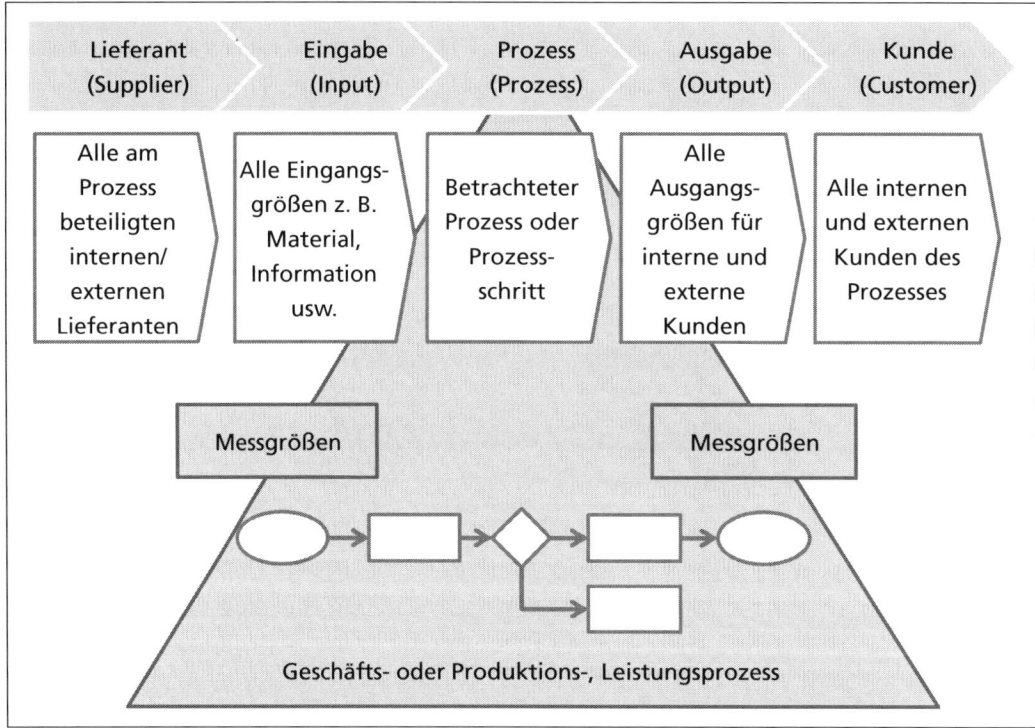

Abb. 79: Schema der SIPOC-Analyse (Schmitt & Pfeiffer, 2015, 595)

Messgrößen bestimmen

Abschließend sind für alle Eingaben und Ausgaben des Prozesses Messgrößen zu bestimmen. Für personenbezogene Dienstleistungsprozesse ist die Festlegung statistischer Messgrößen kaum möglich, aber auch nicht zwingend erforderlich. Wichtig ist hingegen, operationalisierte Indikatoren zu benennen.

7. Qualitätswerkzeuge

Beispielhaft wird hier die Erstellung eines Hilfeberichts mittels SIPOC-Analyse dargestellt. *Beispiel: Erstellung eines Hilfeberichts*

Ausgangspunkt ist die Daten- und Informationssammlung der zuständigen betreuenden Person für die Berichterstellung. Der Bericht wird erstellt und dem Fachdienst zur Genehmigung vorgelegt. Abschließend wird der Bericht an den Kostenträger versandt. Für jeden Prozessschritt sind die erforderlichen internen bzw. externen Lieferanten und Eingaben zu definieren, ebenso die jeweils folgenden Ausgaben und Kund/innen.

Prozess: Hilfebericht erstellen				
Supplier	Input (*Messgröße*)	Prozess	Output (*Messgröße*)	Customer
Betreuungsteam	Hilfedokumentation (*chronolog. Vollständigkeit*)	Daten-, Informationssammlung		
	Berichtsformular, Dokumentationsstandards	Berichterstellung	Bericht	
Betreuer/in	Erstellter Bericht	Genehmigung durch Fachdienst	Bericht mit Unterschrift	Betreuer/in
Betreuer/in		Versand	Fristeinhaltung	Jugendamt

Abb. 80: Beispiel für eine SIPOC-Analyse

7.6 CtQ-Analyse

Die Critical to Quality Analyse (CtQ) ist ebenfalls eine Qualitätstechnik aus Six Sigma. Sie wird eingesetzt, um die erfolgskritischen Merkmale eines Produkts, Prozesses oder Systems zu erfassen, welche sich unmittelbar auf die vom Kunden wahrgenommene Qualität auswirken. *Erfassung erfolgskritischer Merkmale*

Dabei werden drei Arten kritischer Qualitätsmerkmale unterschieden (Schmitt & Pfeifer, 2015, S. 548):

- **Kundenkritische Merkmale:** Was ist der Kundschaft wichtig?

- **Prozesskritische Merkmale:** Was ist für die Leistungserstellung wichtig?

- **Vorgaben bzw. normativkritische Merkmale:** Welche gesetzlichen Vorgaben oder Standards sind zu berücksichtigen?

7.6 CtQ-Analyse

Systematische Operationalisierung von Qualitätsforderungen

Der Kern des methodischen Vorgehens besteht darin, Qualitätsforderungen systematisch zu operationalisieren. Dies geschieht in einem Dreischritt (vgl. Lunau, 2007, S. 36; vgl. Benes & Groh, 2017, S. 201):

1. Zunächst werden Aussagen der Kundinnen bzw. Kunden im Originalton gesammelt,

2. dann sukzessive zu Kernthemen oder auch Treibern zusammengefasst und

3. schließlich messbare qualitätskritische Merkmale abgeleitet.

Für die Darstellung eignet sich eine tabellarische Form (Matrix) oder Baumstruktur.

Beispiel: Elternmeinungen zur Kita

Nachfolgendes Beispiel operationalisiert mögliche Aussagen von Eltern einer Kindertagesstätte.

Kundenaussage	Kernthemen/ Treiber	Qualitätskritische Merkmale
„Ich werde vom Team unfreundlich behandelt."	Freundlichkeit des Personals	Frage nach der Freundlichkeit des Personals muss bei der jährlichen Elternbefragung mindestens zu 95 % positiv beantwortet werden.
„Beim Abholen ist es reine Glückssache, mal mit einer Betreuerin noch kurz sprechen zu können"	Bring- und Abholzeit	In der Abholzeit Doppelbesetzung einplanen.
„Ich erfahre immer zu kurzfristig, wenn ein Ausflug geplant ist. Mein Kind ist dann nicht richtig angezogen"	Information über Ausflüge und aktuelle Projekte	Die Eltern werden über Ausflüge mind. zwei Werktage im Voraus durch einen Aushang am Schwarzen Brett informiert.

Abb. 81: Beispiel einer CtQ- Matrix

Qualitätserwartungen werden nicht nur von direkten Leistungsempfangenden gefordert. Auch interne Anspruchsgruppen stellen möglicherweise Qualitätsforderungen. Prozesskritische Qualitätsmerkmale werden vielfach durch Vorschriften und Standards vorgegeben. Ergänzend können wirtschaftliche Vorgaben gemacht werden (Critical to Cost).

7. Qualitätswerkzeuge

Eine weitere Option ist, Qualitätsanforderungen auf unterschiedlichen Organisationsebenen in Form eines CtQ-Flowdown darzustellen (vgl. Schmitt & Pfeifer, 2015).

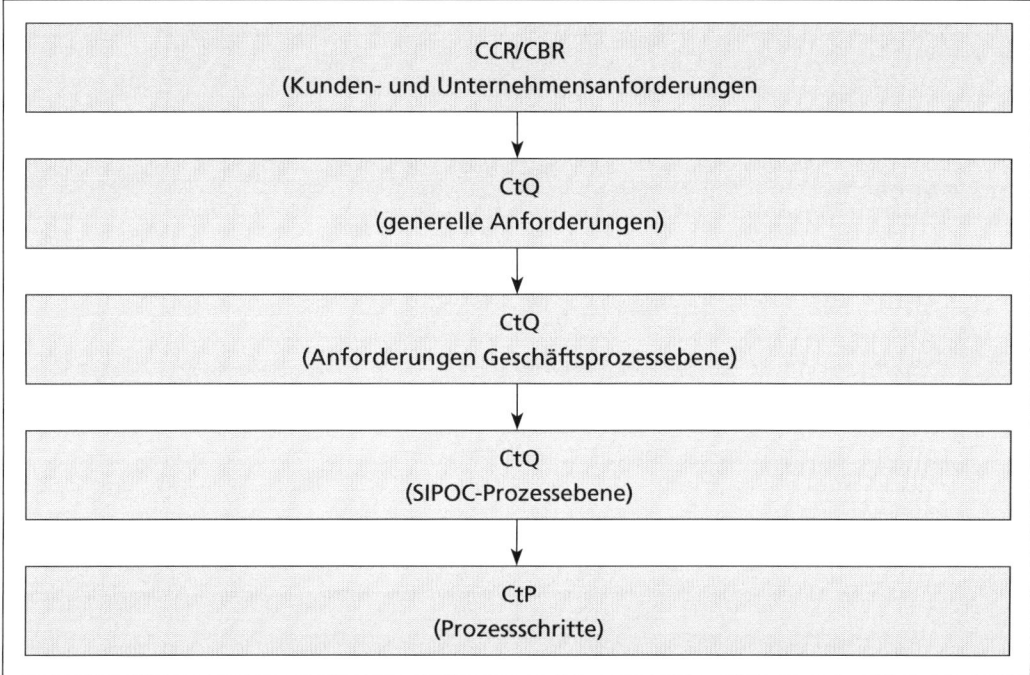

Abb. 82: Schema des CtQ-Flowdown

Bei der Anwendung der Methode CtQ ist eine umfassende und multiperspektivische Prozessbetrachtung wichtig. Zudem kommt es darauf an, die erfolgskritischen Qualitätsforderungen bzw. -kriterien zu identifizieren (vgl. Schmitt & Pfeiffer, 2015, S. 551).

8. Funktionale Schnittstellen des Qualitätsmanagements

Schnittstellen zu anderen Managementaufgaben

Qualitätsmanagement hat Schnittstellen zu anderen Managementaufgaben. Diese wechselseitigen Bezüge müssen im Rahmen eines unternehmensweiten Qualitätsmanagements koordiniert werden. Die betroffen Managementaufgaben werden im Folgenden in ihrer grundlegenden Systematik dargestellt und der Bezug zum Qualitätsmanagement jeweils verdeutlicht.

8.1 Beschwerdemanagement

Qualitätsmanagement zielt im Kern darauf ab, in allen Leistungsprozessen die Qualitätsforderungen relevanter Anspruchsgruppen zu erfüllen. Im Umkehrschluss ist es naheliegend, aus negativen Rückmeldungen systematisch Informationen zu gewinnen, um Produkte bzw. Leistungen und schlussendlich die Wettbewerbsfähigkeit der Organisation zu verbessern. Beschwerdemanagement bezieht sich demnach auf „die Planung, Durchführung und Kontrolle aller Maßnahmen, die ein Unternehmen im Zusammenhang mit Kundenbeschwerden ergreift" (Stauss, 2016, S. 85). Sofern es gesetzliche Vorgaben zum Beschwerdemanagement gibt, sind diese selbstverständlich einzuhalten (z. B. die Vorgabe im SGB VIII, dass ein internes und externes Beschwerdemanagement vorzuhalten ist).

Im Prozess des Beschwerdemanagements sind zwei Ebenen zu unterscheiden: das direkte und das indirekte Beschwerdemanagement (vgl. Stauss, 2016, S. 86 ff.).

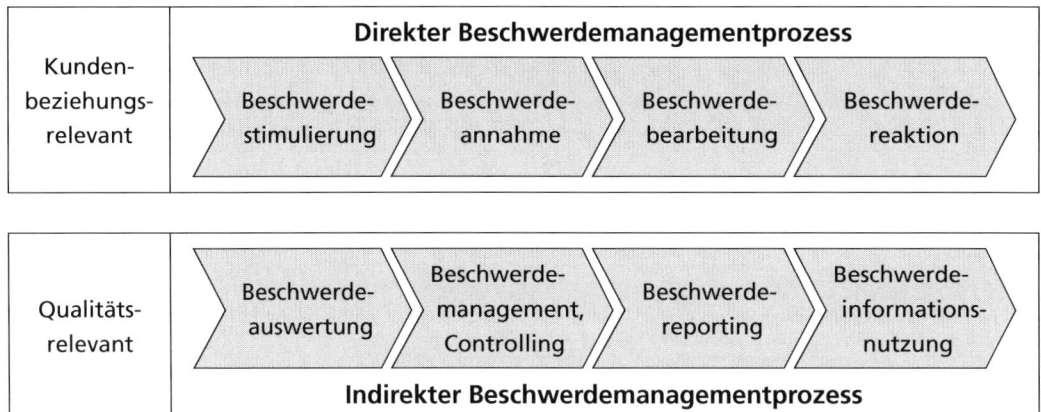

Abb. 83: Direkter und indirekter Beschwerdemanagementprozess (mod. n. Stauss & Seidel, 2014 S. 72)

Direkter Beschwerdemanagementprozess

Im Zuge des direkten Beschwerdemanagement sollen möglichst viele unzufriedene Kundinnen und Kunden motiviert werden, ihre Beschwerden dem Unternehmen mitzuteilen. Die Mitteilung von Beschwerden soll durch einen klar organisierten und vermittelten Beschwerdegang aktiv unterstützt werden. Ein entscheidender Aspekt im Rahmen der Beschwerdestimulierung, wie insgesamt beim direkten Beschwerdemanagementprozess ist ein verständnisvoller, angemessener Umgang der Mitarbeitenden im direkten Kontakt mit den sich beschwerenden Kundinnen und Kunden.

Der Prozess des indirekten Beschwerdemanagements findet im Rahmen des Qualitätsmanagements statt. Während das direkte Beschwerdemanagement am Einzelfall ausgerichtet ist, zielt die Bearbeitung im Rahmen von Qualitätsmanagement darauf ab, die gewonnenen Erkenntnisse produkt- und prozessbezogen auszuwerten und für Verbesserungen zu nutzen (vgl. Stauss, 2016, S. 87 f.; Hensen, 2019, S. 339 f.).

Eingehende Beschwerden werden hinsichtlich des Umfangs und der Verteilung der Beschwerden systematisiert und dann systematisch gewichtet und priorisiert (vgl. Stauss, 2016). Eine besondere Funktion hat das Beschwerdemanagement-Controlling. Es muss geprüft werden, ob über Beschwerden tatsächlich die Unzufriedenheit der Kunden und Kundinnen erfasst wird. Zudem ist zu bewerten, ob die Aufgaben des internen Beschwerdemanagementprozesses erfüllt werden. Schließlich muss das Beschwerdemanagement unter Kosten-Nutzen-Gesichtspunkten betrachtet werden (vgl. ebd. S. 88).

Im Rahmen des Beschwerde-Reportings werden die Ergebnisse der Beschwerdeanalysen intern wie extern kommuniziert. Das Beschwerde-Reporting ist gleichzeitig die Basis für die Beschwerdeinformationsnutzung. Bei dieser systematischen Auswertung der Ergebnisse kommen geeignete Analyseinstrumente, wie etwa das Ursache-Wirkungs-Diagramm, zur Anwendung.

8.2 Fehlermanagement

Der systematische Umgang mit Fehlern ist fest im Qualitätsmanagement verankert. Das Augenmerk galt dabei lange Zeit der Fehlervermeidung, insbesondere unter Kostengesichtspunkten. Modernes Fehlermanagement geht jedoch darüber hinaus und zielt auf einen aktiven Umgang mit Fehlern ab (vgl. Hagen, 2016, S. 315). Fehler sollen rechtzeitig erkannt und verhindert werden. Auch sollen negative Folgen gemachter Fehler korrigiert werden. Dabei ist Fehlermanagement nicht nur unter fachlichen Gesichtspunkten im engeren Sinne von Bedeutung, sondern auch im Zusammenhang mit Risikomanagement (siehe 8.3 „Risikomanagement").

Von Fehlervermeidung zum umfassenden Fehlermanagement

Folgende Fehlerarten werden unterschieden (vgl. Hagen, 2016, S. 315):

Fehlerarten

- **Ausführungsfehler**: Planabweichung einer Tätigkeit
- **Gedächtnisfehler**: Vergessen von Teilen einer Tätigkeit nachträglich (ergebnisbasiert) oder durch externe Einschränkungen im Sinne von Folgeproblemen im Zusammenhang anderer Prozesse

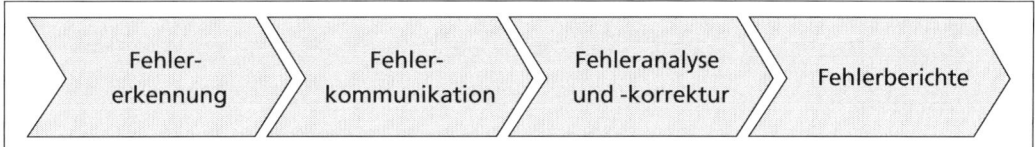

Abb. 84: Prozess des Fehlermanagements

Der nächste Schritt ist die Fehlerkommunikation. Dieser Prozessabschnitt ist insofern entscheidend, da Fehler erst gemeldet werden müssen, um dann analysiert und korrigiert werden zu können. Eine besondere Schwierigkeit liegt darin, dass die Meldung eigener Fehler oder der anderer aus Angst vor Sanktionen oder aus Schuldgefühlen gerne vermieden wird. Es bedarf einer konstruktiven Fehlerkultur, in der Fehler sachlich behandelt und nicht primär sanktioniert werden. Es ist daher sinnvoll, Fehler nicht in individuellem Verhalten zu suchen, sondern im System (vgl. Ertl-Wagner, Steinbrucker, & Wagner, 2013, S. 153). Dieser „Paradigmenwechsel", führt dabei „weg von einer

Fehlerkommunikation

8.3 Risikomanagement

oberflächlichen Kultur der Schuldzuweisung („culture of blame') hin zu einer systemanalytischen, proaktiven Sicherheitskultur („safety culture')" (ebd., S. 153).

Standardisierung des Umgangs mit Fehlern

Das bedeutet im Wesentlichen, dass der gesamte Prozess, von der Fehlererkennung bis zum Fehlerbericht, standardisiert wird. Formalisierte Verfahren, verantwortlich benannte Stellen der Koordination, Steuerung und Maßnahmen zur Anonymisierung des Meldeprozesses sind dabei zentrale Faktoren.

Fehlermeldesystem CIRS

Beispielhaft für ein systematisches Verfahren im Umgang mit Fehlern ist das Critical Incident Reporting System (CIRS). Die Idee des Fehlermeldesystems CIRS geht zurück auf die sog. Critical Incident Technique, die in den 1950er Jahren von John C. Flanagan entwickelt wurde (vgl. Hensen, 2019, S. 410). CIRS sieht die Meldung kritischer Zwischenfälle, unerwünschter Ereignisse oder Beinahe-Fehlern vor. Die Meldungen erfolgen dabei anonym, formalisiert und in aller Regel IT-gestützt an bestimmte Meldestellen, ohne Einbindung der Vorgesetzten. Sie enthalten die Beschreibung des Vorfalls, dessen graduelle Bewertung, die Benennung etwaiger Ursachen und mögliche präventive Maßnahmen. Die Meldungen werden in Teams (CIRS-Gruppen) bearbeitet und über speziell verantwortliche Mitarbeitende an verantwortliche Stellen weiter kommuniziert. Für das Qualitätsmanagement ergeben sich wichtige Schnittstellen zu Qualitätszirkeln oder KVP-Teams (vgl. ebd., S. 411).

Trotz Anonymisierung und Formalisierung bestehen Vorbehalte hinsichtlich der Rückverfolgbarkeit der Meldungen. Wichtig ist daher eine strukturierte und standardisierte Vorgehensweise wie beim Beschwerdemanagement (vgl. ebd.).

8.3 Risikomanagement

Vermeidung von Doppelstrukturen

Risikomanagement ist konzeptionell eng mit Fehler- und Qualitätsmanagement verbunden. Qualitätsmanagement hat grundsätzlich die Erfüllung von Qualitätsforderungen zum Ziel. Die Nicht-Erfüllung von Qualitätsforderungen kann demzufolge im weitesten Sinne als Fehler verstanden werden.

Risikomanagement zielt vor allem auf Fehlervermeidung ab und umfasst alle Prozesse und Maßnahmen zur Steuerung einer Organisation bezüglich ihrer Risiken (Brühwiler, 2016, S. 1026). Es wird einerseits konzeptionell als eigenständiger Managementfunktionsbereich behandelt, andererseits in enger Verbindung mit Qualitätsmanagement gesehen (vgl. Brühwiler, 2016; Gurcke, Falke & Midlenberger, 2006). In jedem Fall sind bei der Organisation von Risikomanagement Doppelstrukturen zu vermeiden und Schnittstellen zu anderen Funktionsbereichen, wie dem Qualitätsmanagement oder Controlling genau zu beachten.

Systematisierung von Risiken nach verschiedenen Aspekten

Im Qualitätsmanagement wird von einem breiten Risikoverständnis ausgegangen. So müssen Risiken nach verschiedenen Aspekten systematisiert werden. Je nach Branche und Organisation sind etwa technische, finanzwirtschaftliche, haftungsrechtliche, das Management oder die Organisation betreffende Risiken, externe oder interne, immaterielle oder im Gesundheitsbereich auch klinische Risiken zu unterscheiden (vgl. Hagen, 2016, S. 312; Zollondz, 2016e).

Umgang mit Risiken in Sozialunternehmen

Der systematische Umgang mit Risiken in Organisationen der Sozialwirtschaft kann und muss über ein primär betriebswirtschaftliches Risikomanagement hinausgehen. So befasst sich Soziale Arbeit mit Problemen, die nicht nur Risiken in sich bergen, sondern bereits durch eingetretene psychosoziale „Schädigungen" gekennzeichnet sind. Der Risikobegriff ist dabei nicht unmittelbar zu fassen, sondern Bestandteil „eines dynamischen, immer wieder neu und anders wahrgenommenen und doch realen Prozesses von unsicheren und gefährdeten Lebenszusammenhängen mit einer Vergangenheit, Gegenwart und Zukunft" (Hongler & Keller, 2015). Das Verständnis von Risiko hat neben einer unternehmerischen und fallbezogenen, fachlichen Komponente auch eine gesellschaftliche Dimension. Aus Managementperspektive ist dies von Bedeutung, da Sicherheitsforderungen in vielfältiger Weise von außen an die Organisation herangetragen werden. Dabei sind nicht nur konkrete gesetzliche Bestimmungen zu berücksichtigen. Auch allgemeine gesellschaftliche Veränderungen im Umgang mit Risiken („Hochsicherheitsgesellschaft", „Vollkasko-Mentalität") haben Einfluss auf das organisationale Risikomanagement (Lindenau & Kressig, 2015, S. 81). Dies wird insbesondere hinsichtlich der Bewertung relevanter Risiken und der Wahl geeigneter Steuerungsmaßnahmen deutlich. Letztlich sind die Analyse und Bewertung möglicher Risiken auch einer ethischen Reflexion zu unterziehen.

Risikomanagement in der Sozialwirtschaft gewinnt zunehmend an Bedeutung (vgl. Ertl-Wagner, Steinbrucker & Wagner, 2013; Hensen, 2019; Moos, 2012). Hintergrund sind zum einen veränderte gesetzliche Vorgaben, zum anderen die zunehmende Bedeutung von Sicherheits- und Schutzaspekten im Leistungsbereich von sozialwirtschaftlichen Organisationen. Im Gesundheitswesen ist insbesondere die Patientensicherheit betroffen, in der Sozialen Arbeit Forderungen des Kinderschutzes. Nach wie vor wird Risikomanagement primär finanzwirtschaftlich verstanden. Risiken können jedoch sehr unterschiedlich gelagert sein. Gerade in sachzielorientierten Organisationen sind auch qualitative Risikobereiche von großer Bedeutung, in hohem Maße etwa auch die Reputation der Organisation (vgl. Bachert, Peters & Speckert, 2008, S. 56 f.). Die Wahrnehmung und Bewertung von Ereignissen und Entwicklungen als Risiken sind letztlich nicht festgeschrieben und müssen letztlich unternehmensintern und -spezifisch entwickelt werden (Moos, 2012, S. 24).

Bedeutungszuwachs von Risikomanagement in Sozialunternehmen

Ein einheitliches Risikomanagementsystem ist bislang in der Literatur nicht zu finden. Zentrale Bestandteile lassen sich jedoch zu einem Arbeitsmodell veranschaulichen.

Bisher kein einheitliches Risikomanagementsystem

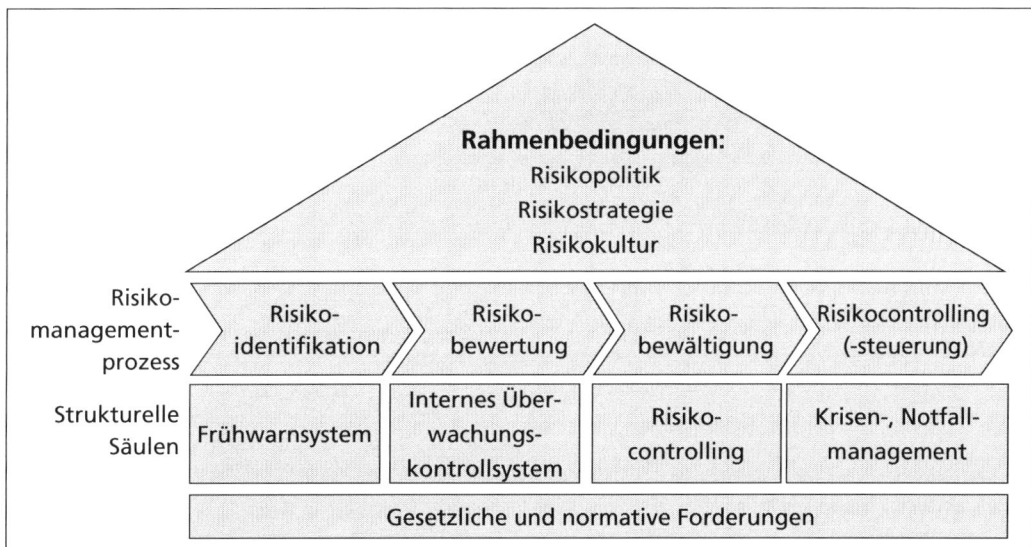

Abb. 85: Arbeitsmodell Risikomanagementsystem

8.3 Risikomanagement

Beispiel für gesetzliche Forderungen: KonTraG

Unabdingbare Basis des Risikomanagements sind gesetzliche und normative Forderungen. 1998 trat das Gesetz zur Kontrolle und Transparenz im Unternehmensbereich (KonTraG) speziell für börsennotierte Aktiengesellschaften in Kraft. Gleichzeitig war von der Gesetzgebung intendiert, dass das KonTraG auch in GmbHs und weiteren Organisationen wie Vereine oder Stiftungen übertragen werden soll (vgl. Bachert, Peters & Speckert, 2008, S. 29; Haufe, 2017; Moos, 2012, S. 142). Im Zuge des KonTraG wurden weitere Gesetze geändert, so das Aktiengesetz (AktG), das Handelsgesetzbuch (HGB), das Genossenschaftsgesetz (GenG) oder das Publizitätsgesetz (PublG). Konkrete Vorgaben zur Ausgestaltung eines Risikomanagementsystems sind in den Gesetzen nicht zu finden. Die genannten gesetzlichen Grundlagen zielen jedoch im Kern darauf ab, dass Unternehmen eine systematische wirtschaftliche Risikobetrachtung vornehmen, um Fehlentwicklungen frühzeitig zu erkennen (vgl. Moos, 2012, S. 142). Neben den gesetzlichen Vorgaben sind weitere Regelungen zu nennen, insbesondere die Regelungen der Eigenkapitalvorschriften im Zusammenhang mit Kreditvergaben durch die Baseler Eigenkapitalvereinbarungen (kurz Basel II und III).

Beispiel für normative Forderungen: DCGK

Normative Forderungen in Form übergeordneter Leitlinien stellt der Deutsche Corporate Governance Kodex (DCGK) dar. Im Bereich der Wohlfahrtsverbände wurden darüber hinaus mit Bezug auf den DCGK eigene Kodizes entwickelt, die auch explizit die Implementierung eines Risikomanagementsystems fordern (vgl. Bachert, Peters & Speckert, 2008).

Rahmenbedingungen: Bereitschaft zur Veränderung

Insofern sind die Rahmenbedingungen von Risikomanagement zu bestimmen. Risikomanagement erschöpft sich nicht in einer technischen, funktionalen Anwendung bestimmter Instrumentarien und Methoden der Risikoanalyse und -steuerung. Es setzt voraus, dass eine Organisation grundsätzlich bereit ist, unternehmerisches Handeln und Risikobereitschaft zu verbinden. Damit hängen wesentlich auch der Umgang mit Fehlern zusammen und die Fähigkeit, Veränderungen in einem Unternehmen zu bewältigen. „Wenn in einer Unternehmenskultur weder Veränderungsbewusstsein noch eine entsprechende Fehlertoleranz vorhanden sind, führt dies zu einem kulturellen Problem in der Organisation" (vgl. Bachert, Eischer & Speckert, 2014, S. 37). Risikokultur als Teil der Unternehmenskultur manifestiert sich in Risikostrategien und Risikopolitik. Strategisches Risikomanagement (auch Business- oder Geschäftsrisikomanagement) verfolgt mittel- und langfristige Ziele. Es ist Teil der Unternehmensstrategie und befasst sich vor allem mit Risiken im Zusammenhang von Investitionsplanungen, Finanzierung oder Geschäftsfeldstrategien (vgl. Brühwiler, 2016, S. 1026 f.). Die Umsetzung der Risikostrategie kennzeichnet die Risikopolitik eines Unternehmens. „Das bedeutet, dass in diesem Punkt das Gesamtkonzept der Organisation beschrieben wird. Es handelt sich dabei um den Rahmen, in welchem die Einrichtung beabsichtigt, die Risiken zu bearbeiten" (Bachert, Peters & Speckert, 2008, S. 103).

Herzstück: Risikomanagementprozess

Das Herzstück des Risikomanagementsystems bildet der Risikomanagementprozess. Er „umfasst die wichtigsten Aktivitäten zum Umgang mit Unternehmensrisiken" (Middendorf, 2006, S. 61). Der Risikomanagementprozess ist als fortlaufender Regelkreis zu verstehen.

Er umfasst die Phasen Risikoidentifikation, -bewertung, -bewältigung und -überwachung[8]. *Phasen des Regelkreises*

- **Risikoidentifikation** bedeutet die Festlegung von möglichen und bedeutsamen Risiken im gesamten Unternehmen im Sinne eines Risikoinventars (Herrscher & Goepfert, 2014, S. 167).

- Bei der **Risikobewertung** werden die definierten Risiken hinsichtlich Eintrittswahrscheinlichkeit und Schadenserwartungswert beurteilt. Weitere Bewertungskriterien können Statistiken, Erfahrungswerte, Branchenvergleiche, Studien oder auch subjektive Einschätzungen sein (vgl. Middendorf, 2006, S. 62).

- Im Kontext der **Risikobewältigung** werden in der Regel vier Strategien unterschieden (vgl. Middendorf, 2006, S. 62 ff.; Hensen P., 2019, S. 408; Herrscher & Goepfert, 2014, S. 169 f.): Risikovermeidung als Unterlassung von Risiko behafteter Aktivitäten, Risikominderung als Verringerung der Eintrittswahrscheinlichkeit oder Schadenshöhe von Risiken durch personelle, technische oder organisatorische Maßnahmen, Risikoüberwälzung oder -transfer als Risikoabsicherung durch Übertragung von Risiken auf Dritte, Risikovorsorge im Sinne von „Rücklagenbildung" für Schadenskompensation.

- **Risikoüberwachung** als permanente Funktion schließlich kontrolliert den Risikomanagementprozess in Bezug auf Effizienz und Wirksamkeit. Erfasst und analysiert werden Veränderungen der Risiken hinsichtlich ihrer Struktur, ihrer Eintrittswahrscheinlichkeit und Schadenshöhe.

Risikomanagement muss in der Organisation strukturell abgebildet werden. Dabei sind vier strukturelle Säulen zu beschreiben: ein Frühwarnsystem, ein internes Überwachungs- und Kontrollsystem, das Risikocontrolling und schließlich ein Krisen- und Notfallmanagement (vgl. Bachert, Eischer, & Speckert, 2014, S. 39 ff.; Brühwiler, 2016, S. 1031 ff.). *Strukturelle Säulen des Risikomanagements*

- **Frühwarnsystem/Risikofrüherkennung** dient der Erfassung und Analyse aktueller und möglicher Risiken mithilfe geeigneter Risikoindikatoren. Ähnlich dem Grundprinzip der Messung und Dokumentation im Qualitätsmanagement ist es auch im Risikomanagement erforderlich, die Beobachtungsbereiche festzulegen und geeignete Frühwarnindikatoren sowie dazugehörige Referenzwerte zu definieren. Beispielhaft sind folgende Beobachtungsbereiche und Frühwarnindikatoren denkbar (solidaris, 2003, zit. in Bachert, Peters & Speckert, 2008, S. 114):

---

[8] In der Literatur werden die Phasen teilweise anders benannt: Middendorf (2006) fasst die Risikoidentifikation und -bewertung unter Risikoanalyse zusammen und spricht von Risikocontrolling statt Risikosteuerung. Brühwiler (2016) nennt die Phasen Rahmenbedingungen, Risikoidentifikation, -analyse, -bewertung und -bewältigung und al. (2008, 2014) unterscheiden Risikoidentifikation, -analyse, -bewertung, -steuerung und -überwachung. Die inhaltliche Systematik bleibt trotz der begrifflichen Unterschiede weitestgehend unverändert.

8.3 Risikomanagement

Beobachtungsbereiche	Frühwarnindikatoren
Personaleinsatz	Vollkräftestatistik, Stellenpläne
Zufriedenheit und Motivation der Mitarbeitenden	Fehlzeitenstatistik, Fluktuationsrate, Fernbleiben von betrieblichen Veranstaltungen
Belegung, Fehlbelegung	Entwicklung der Pflege- und Betreuungstage, Abweichungen vom vereinbarten Budget
Leistungsakzeptanz am Markt	Nachfrageentwicklung, Image, Qualität der (Dienst-)Leistungen
Vermögens- und Kapitalstruktur	Finanzierungskennzahlen, Kapitalausstattung im Vergleich zum Branchendurchschnitt, Strukturzahlen, Investitions- und Instandhaltungsplan

Abb. 86: Beobachtungsbereiche und Frühwarnindikatoren (mod. nach solidaris, 2003, zit. in Bachert, Eischer und Speckert, 2014, S. 40)

- **Internes Überwachungssystem**: Das interne Überwachungssystem umfasst organisatorische Sicherheitsmaßnahmen und Kontrollen sowie die interne Revision (vgl. Bachert, Vahs, 2007 zit. in Bachert, Peters & Speckert, 2008, S. 38; Brühwiler, 2016, S. 1027).

- **Risikocontrolling**: Das Risikocontrolling umfasst die sachgerechte Analyse und Bewertung von Risiken und ist als Teil des Gesamtcontrollings zu verstehen. (vgl. Bachert, Eischer, & Speckert, 2014, S. 41).

- **Krisen-, Notfallmanagement**: Schließlich beinhaltet Risikomanagement auch Notfall- und Krisenmanagement, das sich mit der Handhabung sehr schwer oder im Vorfeld nicht einschätzbarer Risikosituationen befasst. Ziel des Krisen- und Notfallmanagements ist die rasche Reaktion im Krisenfall, die Begrenzung möglicher Schäden und die Wiederherstellung der Handlungsfähigkeit der Organisation (vgl. Brühwiler, 2016, S. 1027).

9. Qualitätskosten

Neben den bereits dargestellten Kosten im Kontext von Zertifizierungen und Begutachtungen, stellen sich grundlegende Wirtschaftlichkeitsüberlegungen. Der Zusammenhang zwischen Qualität und Kosten bzw. Wirtschaftlichkeit wird in der allgemeinen Fachliteratur als wichtiger Aspekt des Qualitätsmanagements beschrieben. Im Bereich von sozialwirtschaftlichen Organisationen wird diese Thematik jedoch meist nur unter allgemeinen Gesichtspunkten diskutiert. Das Hauptaugenmerk gilt dabei der Frage nach der Vereinbarkeit fachlicher, professioneller und betriebswirtschaftlicher Logik.

Wirtschaftlichkeitsüberlegungen

Im Folgenden wird der Zusammenhang zwischen Qualität und Kosten grundsätzlich beleuchtet.

Traditionell werden Qualitätskosten funktional gegliedert. Klassischerweise wird auf die Systematik Feigenbaums (1955) zurückgriffen, in der Fehlerverhütungs-, Prüf- und Fehlerkosten unterschieden werden.

Traditionell: funktionale Gliederung

- **Fehlerverhütungskosten** erfassen fehlerverhütende und fehlervorbeugende Kosten im Zusammenhang mit Maßnahmen der Qualitätssicherung. Darunter fallen Tätigkeiten wie Qualitätsplanungen, Prüfplanungen, Schulungen zum Qualitätsmanagement, interne Qualitätsaudits, organisatorische Stellen zur internen Organisation des Qualitätsmanagements oder Programme der Qualitätsverbesserung.

- **Prüfkosten** bezeichnen alle vorgesehenen, planmäßigen Qualitätsprüfungen. Hier entstehen Kosten etwa für Messvorrichtungen, notwendigen Einsatz von Personal oder die Erstellung von Qualitätsgutachten.

- **Fehlerkosten** schließlich entstehen, wenn Produkte oder Dienstleistungen nicht den geplanten Qualitätsforderungen entsprechen. Es werden interne und externe Fehlerkosten unterschieden.

Geiger und Kotte haben diese Systematik durch Hinzunahme externer Qualitätsdarlegungskosten ergänzt (vgl. 2005, S. 264 f.). Diese umfassen insbesondere Kosten durch externe Auditierungen und Zertifizierungen, einschließlich der notwendigen Vorbereitungsarbeiten.

Ergänzung: externe Qualitätsdarlegungskosten

Durch Fehlerverhütung und Qualitätsprüfung verringern sich Fehlerkosten und insgesamt die Qualitätskosten. Gleichzeitig steigen Fehlerverhütungs- und Prüfkosten an. Ein optimales Qualitätskostenniveau ist erreicht, wenn die Qualitätskosten minimiert sind und eine weitere Steigerung von Fehlerverhütungs- und Prüfkosten zur Unwirtschaftlichkeit führen würden. Diese klassische Erfassung qualitätsbezogener Kosten ist auch heute noch weit verbreitet. Qualitätsmanagement wurde bis in die 1980er-Jahre primär im Sinne von Qualitätskontrolle verstanden. 1985 hat die Deutsche Gesellschaft für Qualität (= DGQ) ein Rahmenwerk veröffentlicht, das diesem traditionellen Qualitätskostenverständnis entspricht und bis heute maßgebend ist (vgl. Schmitt & Pfeifer, 2015, S. 331).

Optimales Qualitätskostenniveau

Eine erweiterte Betrachtung qualitätsbezogener Kosten stellt die zusätzliche Berücksichtigung von Opportunitätskosten dar. Opportunitätskosten als „entgangene Erlöse aufgrund mangelnder Qualität" (Schmitt & Pfeifer, 2015, S. 333) entstehen, wenn z. B. Produkte oder Leistungen quantitativ oder qualitativ nicht ausreichend erbracht werden können, daher weniger oder nicht in Anspruch genommen werden und dadurch

Berücksichtigung von Opportunitätskosten

9. Qualitätskosten

Erlöse entfallen. Diese Kostenart kann im Rahmen der Kostenrechnung separat ausgewiesen und in Bezug auf Kundenzufriedenheit interpretiert werden.

Konformitätskosten, Non-Konformitätskosten

Mit zunehmend integrativen Qualitätsmanagementsystemen verliert die traditionelle funktionale Einteilung von Qualitätskosten an Informationswert. Basierend auf den Überlegungen Crosbys werden „Kosten der Übereinstimmung" mit Qualitätsforderungen (Konformitätskosten) von „Kosten der Abweichung" (Non-Konformitätskosten) unterschieden (Crosby, 1984).

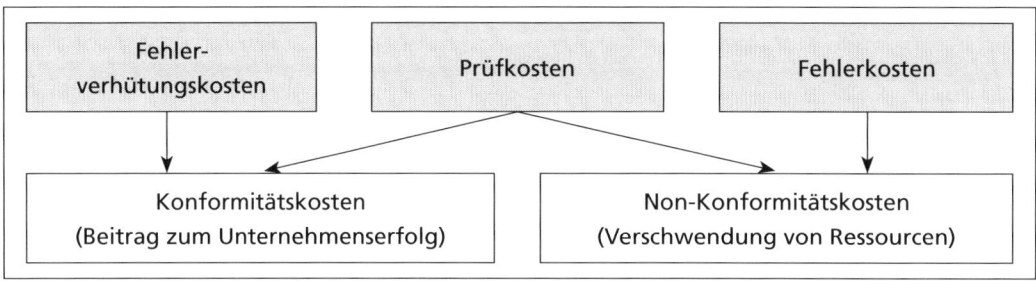

Abb. 87: Neugliederung von Qualitätskosten (mod. n. Schmitt, Pfeifer, 2015, S. 334)

Prozessorientierte Betrachtung

Mit der Neugliederung der Qualitätskosten nach Crosby ist tendenziell eine prozessorientierte Kostengliederung gegeben (vgl. Schmitt & Pfeifer, 2015, S. 334). Eine vollständige prozessorientierte Betrachtung von Qualitätskosten ist aber erst möglich, wenn die Relation von Kosten und Qualitätsforderungen konsequent auf den Wertschöpfungsprozess übertragen wird (vgl. Tomys, 1994). Prinzipiell ist hierfür eine Analyse der gesamten Wertschöpfungskette erforderlich. Es sind die Prozesse bzw. Tätigkeiten zu eruieren, die Wertschöpfung steigern bzw. stützen oder aber Wertschöpfung verringern bzw. keinen erkennbaren Wertzuwachs beitragen.

In Organisationen der Sozialwirtschaft sind diesem Ansatz naturgemäß Grenzen gesetzt, wenn von einem rein quantitativen Wertschöpfungsverständnis ausgegangen wird. Schmitt und Pfeifer empfehlen daher bei der Bewertung von Qualitätskosten hinsichtlich der Wertschöpfung des Unternehmens, die Integration strategisch orientierter Kennzahlen- und Planungssysteme, wie die Balanced Scorecard, um monetäre und nicht monetäre Kenngrößen zusammenführen (vgl. 2015, S. 339).

Literaturverzeichnis

Bachert, R. (2010). *Controlling in Nonprofit-Organisationen.* Freiburg im Breisgau: Lambertus Verlag.

Bachert, R., Eischer, S., & Speckert, M. (2014). *Risikomanagement im gemeinnützigen Bereich. Grundlagen und Praxisbeispiele.* Freiburg i. B.: Lambertus Verlag.

Bachert, R., Peters, A., & Speckert, M. (2008). *Risikomanagement in sozialen Unternehmen. Theorie. Praxis. Verbreitungsgrad.* Baden Baden: Nomos Verlagsgesellschaft.

Benes, G. M., & Groh, P. (2017). *Grundlagen des Qualitätsmanagents (4., aktualisierte Aufl.).* München: Carl Hanser Verlag.

Bobzien, M., Stark, W., & Straus, F. (1996). *Qualitätsmanagement.* Alling: Verlag Sandmann.

Bono, M. (2006). *NPO Controlling. Professionelle Steuerung sozialer Dienstleistungen.* Stuttgart: Schäffer-Poeschel.

Bortz, J., & Döring, N. (2003). *Forschungsmethoden und Evaluation für Human- und Sozialwissenschaften: mit 70 Tabellen (3., überarbeitete Aufl.).* Berlin u. a.: Springer Verlag.

Brugger-Gebhardt, S. (2016). *Die DIN EN ISO 9001:2015 verstehen. Die Norm sicher interpretieren (2., aktualisierte und überarbeitete Aufl.).* Wiesbaden: Springer Verlag.

Bruhn, M. (2013). *Qualitätsmanagement für Dienstleistungen. Handbuch für ein erfolgreiches Qualitätsmanagement. Grundlagen – Konzepte – Methoden (9., vollständig überarbeitete und erweiterte Aufl.).* Berlin, Heidelberg: Springer Verlag.

Bruhn, M. (2021). *Qualitätsmanagement für Non-Profit-Organisationen. Grundlagen – Planung – Umsetzung – Kontrolle (2., überarbeitete und erweiterte Aufl.).* Wiesbaden: Springer Gabler Verlag.

Brühwiler, B. (2016). Risikomanagement. In H.-D. Zollondz, M. Ketting, & R. Pfundtner (Hrsg.), *Lexikon Qualitätsmanagement. Handbuch des modernen Management auf Basis des Qualitätsmanagements (2., komplett überarbeitete und erweiterte Aufl.)* (S. 1025–1030). Odenbourg: De Gruyter Verlag.

Crosby, P. B. (1984). *Quality without tears.* New York: McGraw Hill.

Deming, W. E. (1992). *Out of th crisis. Quality, Productivity and competitive Position.* Cambridge, Melbourne, Sidney: Cambridge University Press.

Deming, W. E. (1994). *The new Economics for Industry, Government, Education (2nd. ed.).* Cambridge: MIT Press.

DIN. (2021). *Qualitätsmanagement. QM-Systeme, Verfahren, Begriffe (11. Aufl.).* Berlin, Wien, Zürich: Beuth Verlag.

DIN. (2022). *1x1 der Normung. Ein praxisorientierter Leitfaden für KMU.* Von https://www.din.de/blob/64110/084794daa0c32d6c4672cef5b5954c0b/1x1-data.pdf abgerufen am 20.7.2022

Literaturverzeichnis

Donabedian, A. (1980). *The Definition of Quality and Approaches to its Assessment and Monitoring.* Ann Arbor: Health Administration Press.

Doran, G. T. (1981). There's a S.M.A.R.T way to write management's goals and objectives. *Management Review, 70*(11), S. 35–36.

EFQM. (2019). *Das EFQM-Modell.* Brüssel: o. V.

Ertl-Wagner, B., Steinbrucker, S., & Wagner, B. (2013). *Qualitätsmanagement und Zertifizierung. Praktische Umsetzung in Krankenhäusern, Reha-Kliniken, stationären Pflegeeinrichtungen (2. Aufl.).* Berlin, Heidelberg: Springer Verlag.

Feigenbaum, A. V. (1955). *Quality Control.* New York: McGraw-Hill.

Fischer, M., Möller, K., & Schultze, W. (2012). *Controlling. Grundlagen, Instrumente und Entwicklungsperspektive.* Stuttgart: Schäffer-Poeschel Verlag.

GAB. (2016). *Menschen entwickeln Qualität. Qualitätsmanagement nach dem GAB-Verfahren. Ein Leitfaden für pädagogische und soziale Arbeitsfelder.* Bielefeld: Bertelsmann Verlag.

Geiger, W. (1998). *Qualitätslehre. Einführung, Systematik, Terminologie (3. Aufl.).* Braunschweig, Wiesbaden: Vieweg Verlag.

Geiger, W., & Kotte, W. (2005). *Handbuch Qualität. Grundlagen und Elemente des Qualitätsmanagements: Systeme – Perspektiven (4., vollständig überarbeitete und erweiterte Aufl.).* Wiesbaden: Vieweg & Sohn Verlag.

Grunwald, K. (2013). Dienstleistung. In K. Grunwald, G. Horcher, & B. Maelicke (Hrsg.), *Lexikon der Sozialwirtschaft (2., aktualisierte und vollständig überarbeitete Aufl.)* (S. 242–248). Baden-Baden: Nomos Verlag.

Grunwald, K., & Thiersch, H. (2003). Lebenswelt und Dienstleistung. In T. Olk, & H.-U. Otto, *Soziale Arbeit als Dienstleistung. Grundlegungen, Entwürfe und Modelle* (S. 67–89). Darmstadt: Luchterhand Verlag.

Gurcke, I., Falke, J., & Midlenberger, D. (2006). Klinisches Risikomanagement als unverzichtbarer Bestandteil der Planung, Organisation und Umsetzung von Qualitätsmanagement – ein Praxisbericht. In W. Hellmann (Hrsg.), *Strategie Risikomanagement. Konzepte für das Krankenhaus und die Integrierte Versorgung* (S. 19–50). Stuttgart: Kohlhammer Verlag.

Hafner, R., & Polanski, A. (2009). *Kennzahlenhandbuch für das Personalwesen.* Züric: Praxium Verlag.

Hagen, J. U. (2016). Fehlermanagement. In H.-D. Zollondz, M. Ketting, & R. Pfundtner (Hrsg.), *Lexikon Qualitätsmanagement. Handbuch des modernen Managements auf der Basis des Qualitätsmanagement (2., komplett überarbeitete und erweiterte Aufl.)* (S. 315–318). Oldenbourg: De Gruyter Verlag.

Hansen, F. (2010). *Standards in der Sozialen Arbeit.* Berlin: Eigenverlag des Deutschen Vereins für öffentliche und private Fürsorge.

Haufe. (16.3.2017). *Rechtsgrundlagen des Risikomanagements/1.1 Gesetz zur Kontrolle und Transparenz von Unternehmen (KonTraG).* Abgerufen am 10.11.2017 von https://www.haufe.de/unternehmensfuehrung/profirma-professional/rechtsgrundlagen-des-risikomanagements-11-gesetz-zur-kontrolle-und-transparenz-von-unternehmen-kontrag_idesk_PI11444_HI2711385.html

Hensen, P. (2016). *Qualitätsmanagement im Gesundheitswesen. Grundlagen für Studium und Praxis.* Wiesebaden: Springer Gabler.

Hensen, P. (2019). *Qualitätsmanagement im Gesundheitswesen. Grundlagen für Studium und Praxis (2., überarbeitete und erweiterte Aufl.).* Wiesebaden: Springer Gabler.

Herrmann, J., & Fritz, H. (2021). *Qualitätsmanagement. Lehrbuch für Studium und Praxis (3., aktualisierte und erweiterte Aufl.).* München: Hanser Verlag.

Herrscher, P., & Goepfert, A. (2014). Implementierung des Risikomanagements in der Klinik. In W. Merkle (Hrsg.), *Risikomanagement und Fehlervermeidung im Krankenhaus* (S. 164–172). Berlin, Heidelberg: Springer Verlag.

Hinsch, M. (2014). *Die neue ISO 9001:2015 – Status, Neuerungen und Perspektiven.* Berlin, Heidelberg: Springer Verlag.

Hongler, H., & Keller, S. (2015). Risiko in der Sozialen Arbeit und Risiko der Sozialen Arbeit – Spannungsfelder und Umgang. In H. Hongler, & S. Keller (Hrsg.), *Risiko und Soziale Arbeit. Diskurse, Spannungsfelder, Konsequenzen* (S. 21–45). Wiesbaden: Springer Fachmedien.

Imai, M. (1997). *Gemba Kaizen. Permanente Qualitätsverbesserung, Zeitersparnis und Kostensenkung am Arbeitsplatz.* München: Wirtschaftsverlag Langen Müller/Herbig.

Ishikawa, K. (1985). *What is Total Quality Control? The Japanese Way.* Englewood Cliffs-New York: Prentice Hall.

Ishikawa, K. (1986). *Guide to Quality Control.* Tokyo: Gemba Mp QC Shuho.

Kamiske, G. (2015). *Handbuch QM-Methoden. Die richtige Methode auswählen und erfolgreich umsetzen (3., aktualisierte und erweiterte Aufl.).* München: Hanser Verlag.

Kano, N., Seraku, N., Takahashi, F., & Tsuji, S. (1984). Attractive Quality and Must-be-Quality. Quality, 14(2), 39–48.

Kaplan, R. S., & Norton, D. P. (1997). *Die Balanced Scorecard. Strategien erfolgreich umsetzen.* Stuttgart: Schäffer-Poeschel Verlag.

Köhler, M., Frank, D., & Schmitt, R. (2014). Six Sigma. In T. Pfeifer, & T. Schmitt, *Masing Handbuch Qualitätsmanagement (6., überarbeitete Aufl.)* (S. 254–293). München, Wien: Carl Hanser Verlag.

KTQ. (2021a). *KTQ-Manual. KTQ-Katalog Krankenhaus. Version 2021.* Berlin.

KTQ. (2021b). *KTQ-Verfahren.* Abgerufen am 6.9.2022 von https://www.ktq.de/Das-KTQ-Verfahren.9.0.html

Literaturverzeichnis

KTQ (2006). *KTQ-Manual inkl. KTQ-Katalog Version 1.0 für stationäre und teilstationäre Pflegeeinrichtungen, ambulante Pflegedienste, Hospize und alternative Wohnformen.* Hachenburg: Deutsche Krankenhaus Verlagsgesellschaft.

Lachhammer, H. (2000). Qualitätscontrolling als Steuerungsinstrument eines Non-Profit-Unternehmens. In J. König, C. Oerthel, & H.-J. Puch, *Qualitätsmanagement und Informationstechnologien im Sozialmarkt* (S. o.S.). Starnberg: Schulz Verlag.

Leyendecker, B. (2016). Six Sigma. In H.-D. Zollondz, M. Ketting, & R. Pfundtner (Hrsg.), *Lexikon Qualitätsmanagement. Handbuch des modernen Managements auf Basis des Qualitätsmanagement (2., komplett überarbeitete und erweiterte Aufl.)* (S. 1077–1082). De Gruyter Verlag.

Lindenau, M., & Kressig, M. (2015). Wenn Prävention zum Problem wird. Die Soziale Areit in der Hochsicherheitsgesellschaft. In H. Hongler, & S. Keller (Hrsg.), *Risiko und Soziale Arbeit. Diskurse, Spannungsfelder, Konsequenzen* (S. 81–98). Wiesbaden: Springer Fachmedien.

Lunau, S. (Hrsg.). (2007). *Six Sigma + Lean Toolset. Verbesserungsprojekte erfolgreich durchführen (2., überarbeitete Aufl.).* Berlin, Heidelberg, New York: Springer Verlag.

Maxwell, R. J. (1984). Quality assessment in health. *British Medical Journal, 288*, S. 1470–1472.

Maxwell, R. J. (1992). Dimensions of quality revisited: from thought to action. *Quality in Health Care*(1), S. 171–177.

Meinhold, M., & Matul, C. (2011). *Qualitätsmanagement aus der Sicht von Sozialarbeit und Ökonomie, (2., überarbeitete und aktualisierte Aufl.).* Baden-Baden: Nomos Verlag.

Merchel, J. (2014). *Qualitätsmanagement in der Sozialen Arbeit. Eine Einführung (4., aktualisierte Aufl.).* Weinheim, Basel: Beltz Juventa Verlag.

Middendorf, C. (2006). Aufgaben, Inhalte und Ansatzpunkte des Risikomanagements. In W. v. Eiff (Hrsg.), *Risikomanagement. Kosten-/Nutzen-basierte Entscheidungen im Krankenhaus* (S. 58–81). Landshut: Busch Druck.

Moll, A. (2019d). Die RADAR-Bewertungslogik 2020. In A. Moll, & S. Khayati, *Excellence-Handbuch. Grundlagen und Anwendung des EFQM Models 2020* (S. 85–99). Kissin: WEKA MEDIA.

Moll, A. (2019a). Was ist Excellence? In A. Moll, & K. Saousen, *Excellence-Handbuch. Grundlagen und Anwendung des EFQM Modell 2020* (S. 47–56). Kissing: WEKA MEDIA.

Moll, A. (2019b). Die Neuerungen des EFQM Modells 2020. In A. Moll, & K. Saousen (Hrsg.), *Excellence-Handbuch. Grundlagen und Anwendung des EFQM Modells 2020* (S. 101–108). Kissing: WEKA.

Moll, A. (2019c). Das Kriterienmodell 2020. In A. Moll, & K. Saousen, *Excellence-Handbuch. Grundlagen und Anwendung des EFQM Models 2020* (S. 57–84). Kissin: WEKA MEDIA.

Moll, A., & Saousen, K. (Hrsg.). (2019). *Excellence-Handbuch. Grundlagen und Anwendung des EFQM Modells 2020.* Kissing: Weka Media.

Moos, G. (2012). Risikomanagement. In G. Hensen, & P. Hensen, *Gesundheits- und Sozialmanagement. Leitbegriffe und Grundlagen modernen Managements.* Stuttgart: Kohlhammer Verlag.

Parasuraman, A., Zeithaml, V., & Berry, L. L. (1985). A conceptual model of service quality and its implications for future research. *Journal of Marketing, 49, Vol. 49*, S. 41–50.

Parasuraman, A., Zeithaml, V. A., & Berry, L. L. (1988a). Communication and Control Processes in the Delivery of Service Quality. *Journal of Marketing, Vol. 52*, S. 35–48.

Parasuraman, A., Zeithaml, V., & Berry, L. L. (1988b). SERVQUAL: A Multiple-Item S cale for Measuring Consumer Perceptions of Service Quality. *Journal of Retailing, 64*(1), S. 13–40.

Parasuraman, A., Zeithaml, V. A., & Berry, L. L. (1991). Refinement and Reassessment of the SERVQUAL Scale. *Journal of Retailing, Vol. 67*(4), S. 420–450.

Pfitzinger, E. (2016). *Projekt DIN EN ISO 9001:2015. Vorgehensmodell zur Implementierung eines Qualitätsmanagementsystems (3., vollständig überarbeitete Aufl.).* Berlin: Beuth Verlag.

Reimann, G. (2016). *Erfolgreiches Qualitätsmanagement nach DIN EN ISO 9001:2015. Lösungen zur praktischen Umsetzung (4., überarbeitete Aufl.).* Berlin, Wien, Zürich: Beuth Verlag.

Schellberg, K. (2017). *Betriebswirtschaftslehre für Sozialunternehmen. BWL-Grundwissen für Studium, Fortbildung und Praxis (6., aktualisierte Aufl.).* Regensburg: Walhalla.

Schmitt, R., & Pfeifer, T. (2015). *Qualitätsmanagement. Strategien – Methoden – Techniken (5., überarbeitete Aufl.).* München, Wien: Carl Hanser Verlag.

Scholz, R., & Vrohlings, A. (1994). Prozess-Redesign und kontinuierliche Prozessverbesserung. In M. Gaitanides, R. Scholz, & A. Vrohlings (Hrsg.), *Prozessmanagement, Konzepte, Umsetzungen und Erfahrungen des Reengineering* (S. 99–122). München.

Staehle, W. H. (1999). *Management: Eine verhaltenswissenschaftliche Perspektive (8., überarbeitete Aufl.* München: Vahlen.

Stauss, B. (2016). Beschwerdemanagement. In H.-D. Zollondz, M. Ketting, & R. Pfundtner (Hrsg.), *Lexikon Qualitätsmanagement. Handbuch des modernen Managements auf Basis des Qualitätsmanagement (2., komplett überarbeitete und erweiterte Aufl.)* (S. 85–89). Odenbourg: De Gruyter Verlag.

Stauss, B. & Seidel, W. (2014). *Beschwerdemanagement.* Unzufriedene Kunden als profitable Zielgruppe (5., vollständig überarbeitete Aufl.). München: Hanser Verlag.

Stoll, B. (2013). *Balanced Scorecard für Soziale Organisationen. Qualität und Management durch strategische Steuerung. Arbeitshilfe mit Beispielen (3. Aufl.).* Regensburg: Walhalla Verlag.

Tomys, A.-K. (1994). *Kostenorientiertes Qualitätsmanagement. Ein Beitrag zur Klärung der Qualitätskosten-Problematik*. München: Hanser Verlag.

Vahs, D. (2019). *Organisation. Ein Lehr- und Managementbuch (10., überarbeitete Aufl.)*. Stuttgart: Schäffer-Poeschel Verlag.

Vomberg, E. (2010). *Praktisches Qualitätsmanagement. Ein Leitfaden für kleinere und mittlere Soziale Einrichtungen*. Stuttgart: Kohlhammer Verlag.

Wagner, K. W., & Käfer, R. (2017). *PQM-Prozessorientiertes Qualitätsmanagement. Leitfaden zur Umsetzung der ISO 9001 (7., vollständig überarbeitete Aufl.)*. München: Hanser Verlag.

Wiedenegger, A., & Walder, F.-P. (2013). *Unternehmensqualität wirkt. Den Nutzen aus der Steigerung der Unternehmensqualität erkennen und umsetzen*. Wien: Quality Austria.

Wolf, G. (2009). Erst lernen, dann handeln! Irrtümer um den „Demin'schen PDCA-Zyklus. *QZ*(10), S. 18–19.

Zollondz, H.-D. (2011). *Grundlagen Qualitätsmanagement. Einführung in Geschichte, Begriffe, Systeme und Konzepte (3., überarbeitete, aktualisierte und erweiterte Aufl.)*. München: Oldenbourg Verlag.

Zollondz, H.-D. (2016a). Total Quality Management. In H. D. Zollondz, M. Ketting, & R. Pfundtner (Hrsg.), *Lexikon Qualitätsmanagement. Handbuch des modernen Managements auf Basis des Qualitätsmanagements (2. kompl. überarb. u. erweit. Aufl.)* (S. 1155–1161). Oldenbourg: De Gruyter.

Zollondz, H.-D. (2016b). Qualitätsmanagement. In H.-D. Zollondz, M. Ketting, & R. Pfundtner (Hrsg.), *Lexikon Qualitätsmanagement. Handbuch des modernen Managements auf Basis des Qualitätsmanagements (2., kompl. überarb. u. erweit. Auflage)* (S. 929–935). Oldebourg.

Zollondz, H.-D. (2016c). Kaizen. In H.-D. Zollondz, M. Ketting, & R. Pfundtner (Hrsg.), *Lexikon Qualitätsmanagement. Handbuch des modernen Managements auf Basis des Qualitätsmanagements (2., komplett überarbeitete und erweiterte Aufl.)* (S. 555–565). Oldenbourg: De Gruyter Verlag.

Zollondz, H.-D. (2016d). Prozessmanagement. In H.-D. Zollondz, M. Ketting, & R. Pfundtner (Hrsg.), *Lexikon Qualitätsmanagement. Handbuch des modernen Managements auf Basis des Qualitätsmanagement (2., komplett überarbeitete und erweiterte Aufl.)* (S. 829–833). Oldenbourg: De Gruyter Verlag.

Zollondz, H.-D. (2016e). Risiko Management (generell). In H.-D. Zollondz, M. Ketting, & R. Pfundtner (Hrsg.), *Lexikon Qualitätsmanagement. Handbuch des modernen Managements auf Basis des Qualitätsmanagements (2., komplett überarbeitete und erweiterte Aufl.)* (S. 1022–1025). Oldenbourg: De Gruyter Verlag.

Stichwortverzeichnis

Aachener Qualitätsmanagementmodell 90
Ablauforganisation 101
Anspruchsgruppen 21
Anspruchsgruppenanalyse 103
Anspruchsgruppenorientierung 36
Archivierung 112
Auditarten 55
Auditierung 55
Audits 82
Aufbauorganisation 98

Balanced Scorecard 126
Bekanntmachung 112
Beschreibung von Prozessen 115
Beschwerdemanagement 138
Beteiligungsorientierung 43
Betriebsperspektive 91
Bewertungsverfahren 42
Bezugsrahmen für Qualität 19
Branchenspezifische Qualitätsmanagementkonzepte 78
Business Excellence 62

Change-Management 96
Change-Vorhaben 95
CtQ-Analyse 135

Datenschutz 112
Deming, PDSA-Kreis 31, 38
Dienstleistungsbegriff 21
Dienstleistungsqualität 25
DIN EN ISO 9000er Normenreihe 45
DIN EN ISO 9001:2015 45, 75
DIN-geforderte Dokumentation 54
Dokumentation 111
Dokumentenlenkung 93
Donabedian, Qualitätsdimensionen 23

EFQM 61
EFQM-Kriterienmodell 63, 76
Ergebnisqualität 24
Ergebnisverantwortung 44
Erstzertifizierung 56

European Foundation for Quality Management 61
Evaluation 82, 119
Excellenceorientierung 57

Fehlermanagement 139
Fehlersammelkarte 131
Fischgrätendiagramm 129
Flussdiagramm 116
Fremdbewertung 74, 89, 120
Führungsperspektive 91
Führungsverantwortung 43
Funktionskreislauf 29

GAB-Verfahren 78
GAP-Modell der Dienstleistungsqualität 25

Haftungsrisiko 35
Handbuch 113
Handlungsleitlinien 81
Humanistisches Menschenbild 80

Implementierung und Steuerung 95
Indikatoren 42, 120
Initiative Ludwig-Erhard-Preis 74
Integration
 – Anspruchsgruppen 34
 – Gesamtorganisation 33
Integrierte Qualitätsentwicklung 29
Interessengruppen 64
Internes Audit 82

Kaizen 31, 39
Kano-Modell 27
Kenngrößen 120
Kennzahlen 42, 120
Kernprozesse 108
Kollegiales Lernen 82
Kontinuierliche Verbesserung 38
Koordinationsteam 100
Koordinator 100
Kosten 145
Kriterienmodell des EFQM 63

Stichwortverzeichnis

KTQ-Verfahren 83
Kundenorientierung 31, 36
Kundenperspektive 91
Kundenzufriedenheit, Erhebung 132

Leistungsprozess 41
Leistungsqualität 97
– Bewertung 26
Leitbild 81, 106

Managementprozesse 109
Management-Review 82
Marktperspektive 91
Marktposition 98
Maxwell, Qualitätsdimension 28
Messverfahren 122

Nachhaltigkeit 65
Normative Planungsebene 105

Operative Planungsebene 105
Operative Prozesssteuerung 110
Organisation des Qualitätsmanagements 98
Organisationsentwicklung 98
Organisationskultur 64
outcome 24

Parasuraman, Dienstleistungsqualität 25
Partizipation 43
Patientenversorgung 83
PDCA-Zyklus 39
PDSA-Kreis 31
PDSA-Zyklus 38
Praxisüberprüfung 82
Primärorganisation 98
Prozessanalyse 133
Prozessarten 108
Prozessbeschreibung 115
Prozesslandkarte 108
Prozessmanagement 108
Prozessmodell der DIN EN ISO 9001:2015 48
prozessorientiertes Arbeiten 44
Prozessorientierung 40, 48
Prozessqualität 24
Prozesssteuerung 110

QM-Handbuch 113
Qualitätsaudits 55
Qualitätsbegriff 19
Qualitätsbewertung 119
Qualitätscontrolling 120, 123
Qualitätsdimensionen
– Donabedian 23
– Maxwell 28
Qualitätsdokumentation 111
Qualitätserwartungen 27
Qualitätsevaluation 119
Qualitätsforderungen 21, 103
Qualitätsindikator 42, 120
Qualitätskennzahlen 120
Qualitätskosten 145
Qualitätsmanagementbeauftragter 100
Qualitätsmanagement-Handbuch 82
Qualitätsmanagement, historischer Kontext 30
Qualitätsmanagementkonzepte 78
Qualitätsmanagements in sozialwirtschaftlichen Organisationen 33
Qualitätsmanagementsysteme 45
Qualitätsmerkmale 20
Qualitätsmessung 42, 119, 122
Qualitätsmodelle 23
Qualitätsorganisation 101
Qualitätsplanung 103
Qualitätspreise 32
Qualitätsspirale 30
Qualitätsstandards 106
Qualitätsvergleich 119
Qualitätsverständnis in sozialwirtschaftlichen Organisationen 21
Qualitätswaage. 19
Qualitätswerkzeuge 129
Qualitätsziele 42, 105
Qualitätszirkel 43, 99, 102
Qualitätszirkelmoderator 100
Quality Stream 92
Q.wiki 93

RADAR-Bewertungsmatrix 63, 67
Regelkreis der Verbesserungen 30
Reifegradmodell 59
Relationendiagramm 131

Stichwortverzeichnis

Ressourceneinsatz 44
Risiko-Chancen-Analyse 50
Risikomanagement 140

Schnittstellen des Qualitätsmanagements 138
Sekundärorganisation 99
Selbstbewertung 59, 74, 86, 120
SERVQUAL 132
Six Sigma 133
Soll-Ist-Vergleich 119
Sozialgesetzliche Vorgaben 34
Sozialrechtliches Leistungsdreieck 22, 29
Stabsstelle 100
Stakeholderorientierung 49
Standards in der Sozialwirtschaft 106
Steuerung der Organisation 32
Steuerungsgremium 100
Steuerungsmodell 29
Strategieziele 106
Strategische Ausrichtung des Qualitätsmanagements 97
Strategische Planungsebene 105
Strukturqualität 24

Total Quality Management 32
Transformation 65

Uno-Actu-Prinzip 21
Unternehmensqualität 62
Unterstützungsprozesse 109

Veränderungsvorhaben 95
Vision 64
Vorgabedokumente 112

Weisungsrecht 101
Wertschöpfungsprozess 41
Wettbewerbsfähigkeit 98
Wirtschaftlichkeitsüberlegungen 145
Workshop 74

Zertifizierung 55, 89
Zertifizierungsaudit 56
Zielbild 64
Zielentwicklung 105
Zweck und Vision 66, 69
Zweistufige Dienstleistungsproduktion 22

DIE BLAUE REIHE
Praxiswissen für Aus- und Weiterbildung

Leitbild- und Konzeptentwicklung
Eine Arbeitshilfe für soziale Organisationen
Pedro Graf, Martin Nugel, Maria Spengler
176 Seiten, kartoniert
ISBN 978-3-8029-5485-6

Strategisches Management im Sozialen Bereich
Analyseinstrumente, Strategien, Planungshilfen
Georg Kortendieck
202 Seiten, kartoniert
ISBN 978-3-8029-5473-3

Organisationsentwicklung, Transformations- und Change-Management
Nutzenstiftende Veränderungen bei sozialen Dienstleistern gestalten
Paul Brandl
176 Seiten, kartoniert
ISBN 978-3-8029-5494-8

Betriebswirtschaftslehre für Sozialunternehmen
BWL-Grundwissen für Studium, Fortbildung und Praxis
Klaus-Ulrich Schellberg
226 Seiten, kartoniert
ISBN 978-3-8029-5471-9

Kostenmanagement in Sozialunternehmen
Grundlagen – Methoden – Instrumente
Uwe Kaspers, Klaus-Ulrich Schellberg, Sonja Zey
224 Seiten, kartoniert
ISBN 978-3-8029-5498-6

Finanzierung von Organisationen der Sozialwirtschaft
Finanzierungsströme – Finanzgeber – Verhandlungsstrategien
Claudia Holtkamp, Klaus-Ulrich Schellberg
190 Seiten, kartoniert
ISBN 978-3-8029-5478-8

Prozessoptimierung: Basis zur Neugestaltung sozialer Dienstleistungen
Mehr Nutzen – weniger Ressourcen – mehr Nachhaltigkeit
Paul Brandl
208 Seiten, kartoniert
ISBN 978-3-8029-5496-2

Qualitätsmanagement in Sozialunternehmen
Grundlagen – Systeme und Konzepte – Implementierung und Steuerung
Jochen Ribbeck
184 Seiten, kartoniert
ISBN 978-3-8029-5497-9

Die ersten 100 Tage und danach… Handbuch für neue Führungskräfte
Den eigenen Weg in der sozialen Organisation finden
Blaue Reihe Sozialmanagement
Armin Schneider
160 Seiten, kartoniert
ISBN 978-3-8029-5495-5

Personalmanagement in Sozialunternehmen
Theoretische und methodische Grundlagen
Jochen Ribbeck
240 Seiten, kartoniert
ISBN 978-3-8029-5489-4

Personalentwicklung in Sozialunternehmen
Einflussfaktoren – Handlungsfelder – Konzepte – Strategien – Ziele
Brigitta Nöbauer
192 Seiten, kartoniert
ISBN 978-3-8029-5487-0

Auch als E-Book erhältlich.

DIE BLAUE REIHE
Praxiswissen für Aus- und Weiterbildung

Social Service Design & Marketing
Theorie und Kreativwerkstatt sozialer und gesundheitsbezogener Dienstleistungen – für mehr Wert und Wohlergehen in der „Helfer"-Branche
Astrid Herold-Majumdar
182 Seiten, kartoniert
ISBN 978-3-8029-5468-9

Fundraising: Betriebswirtschaftliche und organisatorische Grundlagen für die Praxis sozialer Organisationen
Rahmenbedingungen für eine professionelle Ressourcen- und Mittelbeschaffung
Joachim Birzele, Sabine Schmeißer
160 Seiten, kartoniert
ISBN 978-3-8029-5488-7

Projektmanagement in der Sozialwirtschaft – einfach wirksam
Grundlagen – Werkzeuge – Ablauforganisation – Erfolgsbeispiele
Irmtraud Ehrenmüller
ca. 176 Seiten, kartoniert
ISBN 978-3-8029-5512-9

Innovationen bei sozialen Dienstleistungen (Band 1 und 2)
Ein Blick in die nahe Zukunft der Sozialwirtschaft
Paul Brandl, Thomas Prinz
494 Seiten, kartoniert
ISBN 978-3-8029-5493-1

Digitale (R)Evolution in Sozialen Unternehmen
Praxis-Kompass für Sozialmanagement und Soziale Arbeit
Alois Pölzl, Bettina Wächter
160 Seiten, kartoniert
ISBN 978-3-8029-5482-5

Digitale Arbeitswelten von helfenden Berufen
Notwendige Skills und Kompetenzen für eine zukunftsgewandte Arbeit in sozialen Unternehmen
Lisa Apollonio, Helene Kletzl, Bettina Wächter
176 Seiten, kartoniert
ISBN 978-3-8029-5490-0

Freiwilligen-Management
Hintergründe und Handlungsempfehlungen für ein gutes Management des freiwilligen Engagements
Sarah G. Hoffmann, Thomas Kegel, Carola Reifenhäuser
134 Seiten, kartoniert
ISBN 978-3-8029-5457-3

Führungskommunikation in der Organisation
Projektentwicklung für die operative Einführung in Sozialunternehmen
Max Erhardt
144 Seiten, kartoniert
ISBN 978-3-8029-5486-3

Mit Mehrwert überzeugen – der Social Businessplan für Sozialunternehmen
Arbeitsbuch zur Erstellung eines wirkungsorientierten Businessplans
Klaus-Ullrich Schellberg
112 Seiten, kartoniert
ISBN 978-3-8029-5475-7

Wirkungsorientierung und Wirkungsmessung in der regionalen Integrationsarbeit
Ein Praxisbeispiel mit Handlungsempfehlungen
Christina Pree
176 Seiten, kartoniert
ISBN 978-3-8029-5480-1

Wirkungsorientierte Leistungsmessung: Der Balanced Performance Report
Der Weg zu einem ganzheitlichen Performance Measurement System für Social-Profit-Organisationen
Gerhard Gruber
128 Seiten, kartoniert
ISBN 978-3-8029-5479-5

Sozialökonomische Wirkungsevaluation in der Sozialwirtschaft
Grundlagen und Praxisbeispiele
Renate Kränzl-Nagl, Markus Lehner, Thomas Prinz
288 Seiten, kartoniert
ISBN 978-3-8029-5481-8

Weiterführende Informationen, Branchennews, Impulse sowie Praxistipps aus den Bereichen Soziales, Pflege und Gesundheit unter: **www.fokus-sozialmanagement.de**

WALHALLA Fachverlag
Haus an der Eisernen Brücke
93042 Regensburg

Tel. 0941 5684-0
Fax 0941 5684-111
E-Mail: WALHALLA@WALHALLA.de